RALF SENFTLEBEN

ENTDECKE DEINE
WILLENS
KRAFT

Wie du endlich erreichst, was du dir
vorgenommen hast

W0189908

Inhalt

Dein Weg zu noch mehr Willenskraft **4**
Vorsatz-Erfüllungs-Garantie 5
Die richtigen Vorhaben und Ziele wählen 9

Vorsätze umzusetzen ist leider echt schwierig **12**
13 Gegenkräfte, die uns scheitern lassen 13
Es liegt nicht an dir, es ist einfach schwierig 33

Wie du trotzdem tust, was du dir vorgenommen hast . . . **35**
Die acht Zutaten großartiger Umsetzungskraft 36
Wann nutze ich welche Zutat? 60

Einfachheit **67**
Die Trittsteine – den Anfang einfacher machen 68
Der Hilferuf: Hol dir Unterstützung 71
Das Gewächshaus – klein starten und wachsen lassen 76
Das gemachte Bett: alles extrem gut vorbereiten 89

Klarheit **92**
Lampe an – wie du herausfindest, was du
wirklich willst 93
Ziel schön machen – mach dein Vorhaben konkret
und klar 99
Der Vertrag 107
Dein Masterplan 115

Energie **122**
Energieräuber finden 123
Schlaf plus – der Weg zu besseren Schlafgewohnheiten . . . 126
Ernährung plus – klüger essen und trinken bringt
mehr Energie 131
Bewegung plus – mobiler im Alltag 139

Erholung plus – denn jeder Mensch braucht Freiräume . . . 145
Kopfklar – lass los, was an dir nagt 153

Motivation **159**
Dein Selbstbild klug umbauen 160
Der Sinn-Turbo: richtig gute Gründe für dein
Vorhaben 166
Veröffentlichen: sozialen Druck nutzen 171
Das positive Selbstgespräch 176

Unterstützende Umgebung **181**
Der äußere Rahmen 182
Die Erinnerung 188
Der gerade Weg 193
Gegner zu Unterstützern machen 199

Gewohnheiten **204**
Die Maschine 205
Die Sabotage 212

Innere Einigkeit **219**
Innere Widerstände finden und auflösen 220
Der innere Dialog 229

Willenskraft **234**
Der entschlossene Blick 235
Die Abhärtung – lerne, nicht gleich auszuweichen 238
Der Power-Fokus 242

Der nächste Schritt **247**
Vergiss das Prinzip Hoffnung 248
Die Absichtserklärung 251

Danke 253
Bücher und Adressen 254
Impressum mit GU-Garantie 256

Dein Weg zu noch mehr Willenskraft

Dieses Buch ist für Menschen geschrieben, die
mehr wollen vom Leben. Für Menschen, die Ziele
haben und diese auch erreichen wollen.
Für Menschen, die Dinge bewegen wollen.
In diesem Buch lernst du vor allem eines:
wie du deine Willenskraft nutzt. Wie du
deine Umsetzungskraft steigerst. Wie du deine
Schaffenskraft in die richtige Richtung lenkst.
Denn wenn du das kannst, macht das dein Leben
um vieles einfacher.

Vorsatz-Erfüllungs-Garantie

Ich bin mir sicher, du hast dein Leben im Großen und Ganzen schon gut im Griff.

Aber als Mensch vergisst du auch mal was. Oder du nimmst dir etwas vor und bekommst es dann nicht hin. Oder du schaffst es – trotz Vorsatz – nicht, einer Versuchung zu widerstehen. Oder du arbeitest lange an einer Sache, ohne dass etwas Greifbares dabei herauskommt.

Vielleicht drückst du dich vor deiner Steuererklärung. Oder du schiebst das schwierige Gespräch mit deinem Chef vor dir her. Vielleicht hast du dir vorgenommen, regelmäßig deine Rückenübungen zu machen, oder dein Yoga, oder zu meditieren, und dann im Alltag vergisst du es einfach. Oder du hast abends keine Energie mehr. Du hattest dir vielleicht zum Ziel gesetzt, dich selbstständig zu machen oder ein Buch zu schreiben. Aber die Sache ist irgendwie wieder versandet.

Ja, wir sind eben Menschen. Wir wollen Dinge. Und wir tun dann nichts dafür. Oder nur halbherzig. Oder wir wollen Dinge nicht mehr tun und tun sie dann trotzdem. Das alles ist normal – aber auch ziemlich unpraktisch. Weil wir so unsere wertvolle Energie und Lebenszeit verschwenden.

Wenn du unbegrenzten Mut und unbegrenzte Kraft hättest – was würdest du dir dann vornehmen? Diese Frage führt dich zu deinen Wünschen. Und zu den Vorhaben, die sich daraus ergeben.

In diesem Buch geht es darum, wie du deine Vorhaben, Vorsätze und Ziele zuverlässiger und kraftvoller erreichen kannst. Du sagst: »Das will ich« und dann überlegst du dir den direkten Weg dorthin. Du tust alles Notwendige dafür und gehst diesen Weg. So lange, bis du bekommen hast, was du willst. Ohne dass dein Alltag dein Vorhaben verschluckt, und ohne dass dir die Motivation abhandenkommt. Dieses Buch zeigt dir, wie das geht.

Stell dir bitte mal vor, wie das wäre, wenn du die Dinge auch wirklich erreichen würdest, die du dir zum Ziel gesetzt hast. Wenn du tatsächlich alles umsetzt, was du gern in deinem Leben machen würdest, und alles durchhältst, was du dir vorgenommen hast. Einfach weil du verlässlich wie ein Uhrwerk das tust, was dafür getan werden muss. Stell dir vor, wie es wäre, wenn dich nichts aufhalten könnte. Keine Kraft von innen und keine Kraft von außen. Was wäre möglich, wenn du wüsstest, dass du es schaffst?

Der erste Schritt, um diese Umsetzungskraft tatsächlich in dein Leben zu bringen, besteht darin, zu verstehen, warum du manchmal steckenbleibst und warum es manchmal ganz einfach geht. Und wo genau der Unterschied zwischen diesen Situationen liegt.

Es geht in diesem Buch um die Kräfte in deinem Leben, die dich systematisch und mit Freude handeln lassen. Es geht aber auch um die Kräfte, die dich bremsen und schwächen. Denn hinter deinem Handeln und Nicht-Handeln steckt ein System. Sobald du dieses System verstanden und verinnerlicht hast, kannst du anfangen, damit zu spielen. Denn es gibt Zutaten, die machen es dir einfacher und es gibt Zutaten, die lassen dich scheitern.

Erfolg entsteht, wenn du so lange an einer Sache dranbleibst, bis du sie erreicht hast. So einfach ist das.

Wenn du die richtigen Zutaten auswählst und geschickt in einem Topf verrührst, kommt dabei eine starke und stabile Umsetzungskraft heraus. Eine Umsetzungskraft, die dich dazu bringt, wieder und wieder das Richtige zu tun. Auch in den Situationen, in denen du eigentlich keine Lust dazu hast. Oder in denen du nicht weißt, wo du anfangen sollst, weil es so viel zu tun gibt. Oder in denen du gerade an deinem Vorhaben zweifelst. Du tust dann trotzdem, was getan werden muss. Bis dein Vorhaben umgesetzt ist. Um schließlich dieses wunderbare Gefühl zu genießen, dass du es trotz der Schwierigkeiten geschafft hast. Und dann bist du stolz auf dich, weil du weißt, dass du dich auf dich und deine Umsetzungskraft verlassen kannst.

Darum geht es in diesem Buch

Es geht in diesem Buch also um die Zutaten, die eine starke Umsetzungskraft in dir erzeugen. Zum Beispiel geht es um deine Motivation und wie du diese gezielt aktivieren kannst, um deine Vorhaben leichter zu bewältigen. Weil du dann die Dinge, die gut für dich sind, einfach tust, weil du Lust darauf hast.

Es geht auch darum, wie sehr deine Umgebung deine Umsetzungskraft beeinflusst. Und wie du durch einfache, einmalige Veränderungen in deiner Umgebung deine Schaffenskraft dramatisch steigern kannst.

Außerdem geht es hier um deine Gewohnheiten. Also um die Dinge, die du ganz automatisch, unbewusst und ohne Kampf tust, ohne dass es deine Willenskraft oder Motivation brauchen würde. Und es geht darum, wie du für dich wichtige Dinge wie Sport oder gute Ernährung zu einer Gewohnheit machen kannst, sodass du sie einfach tust, weil du sie sonst vermissen würdest.

Deine Gewohnheiten, also das, was du automatisch wieder und wieder tust, ohne Anstrengung und ohne darüber nachzudenken, sind die stärkste Kraft in deinem Leben. Eine Kraft, die du nutzen kannst.

Es geht auch um deine inneren Widerstände, um deine Aufschieberitis, um deinen inneren Schweinehund. Und um deine ganz normale und menschliche Bequemlichkeit. Du lernst hier, wie du klug und mit einer großen

Portion Selbstmitgefühl mit diesen inneren Gegenkräften umgehen kannst.

Nicht zuletzt geht es in diesem Buch um deine Willenskraft. Also um die Fähigkeit, die Dinge *trotzdem* zu tun, auch wenn sie keinen Spaß machen. Du lernst hier, wie du deine Willenskraft stärkst und pflegst, damit du sie dann zur Verfügung hast, wenn du sie brauchst.

Am Ende des Buches wirst du das Wechselspiel all dieser Dinge verstanden haben. Du wirst dann wissen, wann du welche dieser Zutaten nutzt und wann du welche besser nicht einsetzt. Und wenn alles gut läuft, wirst du deinen Willen dann viel einfacher lenken können. Du wirst ihn mit entschlossener Miene wie einen Scheinwerfer auf etwas richten, ein Ziel oder einen Vorsatz, und dann wirst du anfangen, mit den Zutaten der Umsetzungskraft zu spielen, und dich so dazu bringen, wieder und wieder das Notwendige zu tun. Bis du erreicht hast, was du wolltest. Das gilt für deine alltäglichen Pflichten und Aufgaben genauso wie für deine großen Lebensträume. Denn auf all das kannst du deine Umsetzungskraft loslassen.

Dann wirst du dieses wunderbare Gefühl spüren, dass du etwas bewegen kannst in der Welt. Dass du deine Kraft dazu nutzen kannst, dein Leben und das deiner Lieben wirklich zu verbessern. Du wirst merken, dass deine Träume, Wünsche und Sehnsüchte ein Stück näher gerückt sind, weil du nun weißt, wie du dich selbst verlässlich in Bewegung bringen kannst.

Ein italienisches Sprichwort sagt: »Zwischen dem Reden und dem Handeln liegt das Meer.« Das vorliegende Buch hilft dir, das Schiff zu bauen, um dieses Meer zu überqueren.

Lass uns starten.

Die richtigen Vorhaben und Ziele wählen

Wenn du die Ideen und Methoden aus diesem Buch anwendest, wirst du mehr erreichen. Du wirst mehr deiner Vorhaben umsetzen können und so schneller im Leben vorankommen. Aber wie heißt es so schön: Mit großer Macht kommt auch große Verantwortung.

Die Gefahr ist, dass du besonders schnell und wirksam in eine Richtung gehst, die nicht wirklich gut für dich ist. Denn manchmal nehmen wir uns Dinge vor, von denen wir nur glauben, wir sollten sie erreichen. Weil gerade alle davon reden. Weil es Mode ist. Oder weil alle unsere Freunde das auch tun. Aber nicht, weil sie einem Bedürfnis von uns selbst entsprechen.

Du denkst, dass du das musst? Oder dass du das solltest? Das meiste »du musst« oder »du solltest« existiert nur in deinem Kopf.

Doch du musst auch mit ein paar Pfunden mehr nicht abnehmen, wenn du dich in deinem Körper wohlfühlst und keine körperlichen Einschränkungen hast. Du musst nicht meditieren oder zum Yoga, wenn das nicht deine Nummer ist. Du musst nicht täglich Tagebuch schreiben, wenn du es nicht tief aus dir heraus willst. Und du brauchst auch kein Morgenritual, nur weil ein Experte sagt, dass es dein Leben so viel besser machen würde.

Ich persönlich liebe diese Dinge und sie machen mein Leben tatsächlich jeden Tag besser. Aber das muss ja nicht auch für dich gelten. Wir alle sind unterschiedlich und vielleicht liegen dir ganz andere Dinge am Herzen, Dinge, die womöglich weniger gesellschaftlich akzeptiert sind.

Vielleicht willst du Schlittenhundrennen in Alaska fahren oder du willst die größte Mokkatassen-Sammlung der Welt aufbauen. Das ist dein Leben und es ist deine Sache, was du damit machst. Es ist so schnell passiert, dass wir uns etwas vornehmen, was eigentlich gar nichts mit uns und unseren Lebenszielen zu tun hat. Das ist dann eine große Verschwendung von wertvoller Lebenszeit. Denn das Leben ist kurz und es ist wichtig, was wir damit anstellen.

Wenn du Menschen auf dem Sterbebett fragst, was sie wirklich bereuen, dann sagen sie Dinge wie:

»Ich wünschte, ich wäre mehr ich selbst gewesen.«

»Ich wünschte, ich hätte nicht so viel versucht, es anderen recht zu machen.«

»Ich wünschte, ich hätte mehr mein Ding gemacht.«

»Ich wünschte, ich hätte mehr Abenteuer erlebt.«

»Ich wünschte, ich hätte mehr Nein gesagt zu den Dingen, die mir nichts bedeuten.«

Deswegen möchte ich dir ans Herz legen: Nutze deine Zeit und vergeude sie nicht mit Dingen, die dir eigentlich nichts bedeuten.

Damit du deine Zeit nicht mit dem Verfolgen unpassender Ziele verschwendest, findest du hier einen kleinen Test, mit dem du überprüfen kannst, ob ein Vorhaben wirklich etwas für dich ist. Stelle dir dazu die Fragen im Kasten auf der nächsten Seite.

Du bist nicht auf der Welt, um es anderen recht zu machen. Du bist dazu da, die beste Version deiner selbst zu werden. Und wie die aussieht, entscheidest allein du.

Wenn du nicht mindestens zweimal aus ganzem Herzen mit Ja antworten kannst, dann lass es. Wähle lieber ein anderes Ziel, wenn du dir nicht ganz sicher bist. Und zwar ein Ziel, von dem du ganz genau weißt, dass dich das glücklicher und zufriedener machen wird.

Aber wenn du zwei-, drei- oder viermal mit Ja antwortest, dann kannst du dir ziemlich sicher sein, dass du in der richtigen

Richtung unterwegs bist. Und wenn das so ist, wünsche ich dir mit deinem Vorhaben jede Menge Erfolg, Durchhaltevermögen und den Stolz, dein Leben im Griff zu haben.

Testfragen zum passenden Ziel

1. Würde ich dieses Vorhaben auch angehen, wenn mich alle lieben, respektieren und bewundern würden, wenn ich es nicht täte?

2. Hilft mir dieses Vorhaben dabei, ein schmerzhaftes und nerviges Problem zu lösen und mich dann befreiter zu fühlen?

3. Schafft dieses Vorhaben neue Möglichkeiten für mich, die mir wichtig sind? Kann ich dadurch etwas für mich sehr Wünschenswertes tun, was ich sonst nicht tun könnte?

4. Werde ich durch dieses Vorhaben die Dinge, die mich glücklich und zufrieden machen, schneller, einfacher und mit mehr Freude erreichen?

5. Werde ich öfter lächeln, entspannter, glücklicher oder zufriedener sein, wenn ich dieses Vorhaben umgesetzt habe?

Vorsätze umzusetzen ist leider echt schwierig

Junge, das Leben wäre so einfach, wenn wir uns
nur für ein Ziel entscheiden müssten, dann einen
Knopf drücken könnten und sofort würden wir
alles Notwendige für unser Vorhaben tun.
Mit einem Lächeln. Einfach so. Ohne Kampf.
Ganz von allein.
Leider gibt es so einen Knopf nicht.
Zum Glück haben wir aber auch viele gute
Methoden, um es trotzdem zu erreichen.

13 Gegenkräfte,
die uns scheitern lassen

Schauen wir uns doch mal kurz an, wie es üblicherweise um unsere Vorhaben und Ziele bestellt ist. Wir fassen einen Vorsatz, oft sogar nur einen vagen Vorsatz. So etwas wie: »Ich müsste mal mehr Sport machen.« Und dann versandet dieser Vorsatz in neun von zehn Fällen im Alltag, weil der Motor unserer Umsetzungskraft nur müde stottert.

Die meisten von uns sind nicht besonders gut darin, ihren Willen und ihre Absicht so entschlossen zu kanalisieren, dass sie ihre Vorhaben mit Biss und Motivation durchziehen. Das liegt in der Regel aber nicht daran, dass wir Menschen charakterschwach wären oder dass wir nicht genug Disziplin hätten. Das Problem ist einfach, dass es extrem viele unsichtbare Gegenkräfte gibt, die unsere Vorsätze torpedieren. Denn wenn es einfach wäre, dann hättest du es schon getan, oder?

Hier möchte ich dir die verschiedenen Gegenkräfte vorstellen, die deine Umsetzungskraft ausbremsen. Damit du weißt, gegen wen du eigentlich kämpfst. Und damit du verstehst, dass es nicht an dir liegt, sondern dass es einfach grundsätzlich nicht leicht ist, das zu tun, was du dir eigentlich vorgenommen hast.

Wenn du alle Gründe ausgeschaltet hast, warum etwas nicht funktioniert, wird es plötzlich ganz einfach.

Die Gegenkräfte – ich nenne sie die großen Vernichter von Willens- und Umsetzungspower – musst du kennen, damit du ihnen etwas entgegensetzen kannst; um sie gezielt eine nach der anderen auszuschalten. Damit es irgendwann einfach wird, zu tun, was du dir vorgenommen hast. Damit deine Umsetzungskraft mit 10 000 Umdrehungen surrt wie ein Tiger auf der Jagd.

Also lass uns anfangen. Hier kommen die Gegenkräfte, die verhindern, dass du tust, was du dir vorgenommen hast, hier kommen die Vernichter deiner Willens- und Umsetzungskraft.

Gegenkraft 1: Zu viele einfache Alternativen

Manche Aufgaben machen Spaß und sind einfach. Andere Aufgaben sind doof und anstrengend. Müll rausbringen ist für die meisten von uns eher doof. Schauen, ob es neue E-Mails gibt, und diese lesen ist einfach. Unterlagen und Belege sortieren ist doof. Im Internet nach einer neuen Kamera oder einem neuen Paar Schuhe zu suchen ist angenehm und macht Spaß. An der Masterarbeit zu schreiben ist doof. Sich mit Freunden auf ein Bier zu treffen ist erfreulich und macht Spaß.

Und wenn wir die Wahl haben zwischen einer angenehmen, einfachen Aufgabe und einer schwierigen, unangenehmen, aber notwendigen – welche erledigen wir dann in acht von zehn Fällen? Doch eher die angenehme Aufgabe, oder? Weil wir uns überwinden müssen, das Schwierige und Unangenehme zu tun. Und wenn wir nicht gut darin sind, uns zu überwinden, oder wenn wir zu müde sind, dann gewinnt zu oft die einfachere Tätigkeit.

Wie viel Zeit in der Woche verbringst du damit, soziale Medien zu checken, mit Freunden zu chatten, Serien zu schauen, im Internet rumzudaddeln, Spiele zu spielen oder sonstige Dinge zu tun, die nur der eigenen Zerstreuung dienen?

Je mehr dieser einfachen Alternativen und Ablenkungen es in unserem Leben gibt, desto schwerer fällt es uns, das Richtige zu tun. Noch schlimmer: Je mehr sich unsere Gesellschaft zu einer Unterhaltungsgesellschaft entwickelt, desto mehr Ablenkungen und einfache Alternativen gibt es in unserem Leben. Gerade das Internet ist eine grenzenlose Ablenkungsmaschine.

Die Lösung für diesen Gegner unserer Umsetzungskraft: Die einfachen Alternativen für eine gewisse Zeit unmöglich machen. Deswegen ziehen sich Buchautoren auch in einsame Berghütten ohne Internet zurück. Damit sie nicht in Versuchung geraten, sich den einfachen Alternativen zuzuwenden (siehe »Der gerade Weg« auf Seite 193), oder besser darin werden, sich zu überwinden (siehe »Der entschlossene Blick« auf Seite 235).

PS: Erstaunlich viele Menschen beschäftigen sich stundenlang damit, eine perfekte Aufgabenliste zu entwickeln, also das beste System, um die eigenen Aufgaben zu verwalten. Das ist einfacher und macht mehr Spaß, als die verflixten Aufgaben auf unserer weltbesten Liste endlich zu erledigen.

Gegenkraft 2: Das fruchtlose Bestehen auf Willenskraft

Wenn es uns nicht gelingt, unsere Vorsätze umzusetzen und durchzuhalten, glauben wir häufig, dass es an fehlender Willenskraft oder fehlender Selbstdisziplin liege. Wobei ich mit Willenskraft hier die Fähigkeit meine, etwas *trotzdem* zu tun, auch wenn ich keine Lust dazu habe, müde bin oder schlecht drauf.

Außerdem sind viele Menschen davon überzeugt: Entweder man hat Willenskraft oder man hat keine. Und wenn man keine hat, dann hat man eben Pech gehabt. Dann braucht man sich aber auch nicht weiter anzustrengen, weil man eben schwach ist.

Das stimmt aus verschiedenen Gründen nicht. Erstens: Willenskraft ist kein gottgegebener Charakterzug, sondern etwas, *Für erstaunlich viele Vorhaben ist Willenskraft das falsche Werkzeug.* das du trainieren, stärken und ausbauen kannst. Wie das geht, kannst du in »Der entschlossene Blick« (Seite 235) nachlesen.

Zweitens, und noch wichtiger: Es gibt viele Arten von Vorhaben, die sind allein mit Willenskraft nicht zu schaffen. Dazu gehören langfristige Vorhaben, oder Vorsätze, die an unseren eingeschliffenen Gewohnheiten rütteln, so wie eine Ernährungsumstellung oder der Wunsch, mit dem Rauchen aufzuhören. Wenn du versuchst, diesen Themen mit Willenskraft beizukommen, wirst du in neun von zehn Fällen scheitern.

Bitte nicht falsch verstehen: Willenskraft ist eine ganz wichtige und nützliche Sache, und es ist großartig, wenn du Zugang zu deiner inneren Stärke und deinem Willen hast. Aber es gibt Situationen, da solltest du sie in der Tasche lassen.

Für den Moment musst du lediglich wissen: Fehlende Willenskraft ist nur dann ein Problem, wenn du ihr Fehlen als Entschuldigung nimmst, um etwas einfach nicht zu tun. Und dann aufzugeben. Denn wie überall gilt: Wenn du mit Kraft nicht weiterkommst, musst du anfangen, deinen Verstand zu benutzen. Das ist auch beim Thema Willenskraft so. Und die Antwort lautet dann erstaunlich oft: Verändere deine Umgebung, stärke deine Motivation oder löse Stück für Stück deine inneren Widerstände auf.

Die entsprechenden Methoden, wie du das anstellst, findest du weiter hinten im Buch.

Gegenkraft 3: Deine Halbherzigkeit

Der nächste Gegner deiner Umsetzungskraft ist die Halbherzigkeit. Wenn du dir eine Sache vorgenommen hast, aber es vielleicht, eigentlich, eventuell, auch ein bisschen nicht richtig willst. Wenn du glaubst, du müsstest es, oder wenn du es dir nur vorgenommen hast, um es jemand anderem recht zu machen. Weil dein Partner gesagt hat, du sollst es tun, oder dein Arzt. Solche halbherzigen Vorsätze bringen auch nur halbherzige Umsetzungskraft zum Vorschein.

Zum Glück lässt sich mit diesem Umsetzungskraft-Blockierer einfach umgehen. Du hast hier verschiedene Möglichkeiten zur Verfügung: Entweder du erklärst den Vorsatz für beendet, weil du erkannt hast, dass dir die Sache nicht wirklich wichtig ist. Oder, falls du das aus irgendwelchen Gründen nicht kannst, du machst deinen Vorsatz einfach viel kleiner und erinnerst dich daran, dich irgendwann zu steigern. Wie das geht, erfährst du im Kapitel »Das Gewächshaus« (Seite 76).

Wenn du etwas nur mit halbem Herzen willst, wirst jede Entschuldigung und jede Ablenkung nutzen, um dich selbst vom rechten Weg abzubringen.

Es gibt noch eine andere Möglichkeit, mit der Halbherzigkeit umzugehen: Suche nach echten Gründen, warum es doch wichtig ist für dich, dein Vorhaben umzusetzen. Nach Gründen, die dich emotional bewegen. Die dich die Wichtigkeit der Sache tief im Herzen spüren lassen. Finde also richtig gute Gründe, die die Halbherzigkeit in eine Ganzherzigkeit verwandeln. Sodass du wirklich mit ganzem Herzen bei deinem Vorhaben bist. Dass du wirklich und vollkommen davon überzeugt bist, dass du es willst. Wie das genau geht, dazu kommen wir später beim Thema Motivation. (Mehr dazu in »Der Sinn-Turbo« auf Seite 166.)

Gegenkraft 4: Fehlende Abhärtung

Es gibt Sachen, die machen keinen Spaß. Selbst wenn ich an meinem größten Herzensprojekt arbeite, werde ich irgendwann auf etwas stoßen, von dem ich sage: »Das mag ich nicht. Diese Aufgabe ist zu frustrierend, zu langweilig, zu anstrengend.«

Dann gibt es Menschen, die tun diese Sache trotzdem. Ohne zu zögern und ohne zu jammern. Weil sie abgehärtet sind. Auch sie empfinden den Frust, die Langeweile und die Anstrengung, aber sie halten sie aus. Weil sie das gelernt haben. Und weil sie es mittlerweile auch nicht mehr als so schlimm erleben. Sie sind dagegen abgehärtet, so wie man sich gegen Kälte oder gegen Angst abhärten kann – nämlich indem man sich der Kälte oder der Angst in Mikrodosen aussetzt und sich dann langsam steigert.

Willenskraft bedeutet: Ich tue es trotzdem, auch wenn ich keine Lust habe, müde oder schlecht drauf bin, wenn ich mich überfordert fühle oder gefrustet bin. Auch dann tue ich es.

Wenn ich umsetzungsstark sein will, muss ich lernen, ein bisschen Frust, Langeweile oder Anstrengung auszuhalten. Also bei einer doofen Aufgabe nicht gleich beim ersten schlechten Gefühl abzubrechen und die Sache hinzuschmeißen, sondern die Sache durchzuziehen, auch wenn es für eine Weile unangenehm ist – wohl wissend, dass zu jedem Vorsatz auch schwierige und doofe Aufgaben gehören.

Diese Fähigkeit, unangenehme Gefühle auszuhalten, ist übrigens auch ein wichtiger Bestandteil der Willenskraft. Eine unangenehme Aufgabe auszuhalten, weil ich weiß, dass diese Aufgabe für mein größeres Ziel notwendig ist.

Der Trick ist, sich das bewusst zu machen. Dass ein bisschen Frust, Anstrengung oder Langeweile nicht schlimm sind. Dass wir das ertragen können. Dass wir uns dagegen abhärten können. Und dass wir immer besser darin werden, je öfter wir es tun. Mehr dazu findest du unter »Der entschlossene Blick« (Seite 235).

Gegenkraft 5: Der Sinn ist nicht (mehr) da

Ein wichtiger Aspekt deiner Umsetzungskraft ist, dass du klar vor dir siehst, wo du hinwillst. Und noch wichtiger: *warum* du da hinwillst, also warum du das alles tust.

Oft wissen wir, wir *sollten* etwas tun. Die Aufgabe steht bei uns auf der Aufgabenliste. Trotzdem schieben wir sie schon ewig vor uns her. Und irgendwann stellen wir uns dann die Frage: »Warum sollte ich das noch mal? Warum war das sinnvoll?« Wenn du dann keine plausible und dich überzeugende Antwort darauf geben kannst, wird plötzlich klar, warum du hier ein Umsetzungsproblem hast und die Sache aufschiebst. Der Gegner deiner Umsetzungskraft heißt in diesem Falle: Sinnlosigkeit. Oder fehlende Klarheit darüber, was du erreichen willst im Leben und was dir am wichtigsten ist. Denn wir Menschen brauchen Sinn. Wir brauchen Orientierung. Wir brauchen eine Richtung. Wir müssen wissen, wo wir hinwollen und wozu etwas gut ist. Sonst geht uns die Energie verloren.

Finde dein Warum. Und dein Leuchten. Und deinen inneren Raketenantrieb.

Sinn und das Gefühl für die Richtung sind der Turbolader für unsere Umsetzungskraft. Wenn du weißt, warum du es tun willst. Warum es eine gute Sache ist. Und inwiefern es dein Leben besser macht.

Wenn uns der Kontakt mit dem Sinn einer Aufgabe verlorengegangen ist, schwächt uns das massiv. Insbesondere schwächt es unsere Willens- und unsere Umsetzungskraft. Deswegen ist es wichtig, dass du dir den Sinn deiner Aufgaben regelmäßig klarmachst und die Klarheit wach und präsent in deinem Kopf hältst. Sonst passiert es schnell, dass du wie ein Schmetterling von einem Projekt oder einem Interessensgebiet zum anderen fliegst und nie lange bei einer Sache bleibst. Weil du nur den Dingen hinterherjagst, die dich strohfeuermäßig begeistern.

Wenn du einmal wirklich keinen Sinn mehr in einer Aufgabe oder einem Vorsatz findest, dann wäre es vielleicht gut, den Vorsatz zu beenden oder die Aufgabe zu streichen. Oder wenn es eine berufliche Aufgabe ist, mit deinem Vorgesetzten zu verhandeln, um sie, wenn möglich, loszuwerden. Oder du erinnerst dich doch wieder an den Sinn der Aufgabe. Wie das geht, lernst du in »Der Sinn-Turbo« auf Seite 166.

Gegenkraft 6: Planlosigkeit

Hier ein weiterer Grund, warum du etwas vor dir herschiebst oder die Sache nicht durchziehst: Du hast keinen Plan. Du weißt nicht richtig, wie du es angehen sollst. Du weißt zwar, wo du hinwillst, aber du kennst den Weg dorthin noch nicht. Oder du hast es auf eine bestimmte Art versucht und gemerkt, dass du so nicht weiterkommst.

Das ist frustrierend, klar. Viele Menschen reagieren darauf, indem sie sich einfacheren und klareren Aufgaben zuwenden. Statt an meiner Masterarbeit zu schreiben, bringe ich lieber den Müll runter. Das ist zwar auch nicht schön, aber da weiß ich wenigstens, wie das geht. Statt das schwierige Gespräch mit meinem Partner zu beginnen, räume ich endlich die Garage auf oder putze im ganzen Haus die Fenster. Das sind zwar auch unangenehme Aufgaben, aber wenigstens sehe ich hier klar vor mir, was zu tun ist.

Planlos wird heute oft als Synonym für dumm verwendet. Warum nur?

Wenn du merkst, dass du bei einer Aufgabe zögerst, weil du keinen Plan hast, dann besteht deine erste und wichtigste Aufgabe darin, einen Plan zu entwickeln. Wie du das klug anstellst, kannst du in »Dein Masterplan« auf Seite 155 nachlesen.

Gegenkraft 7: Dein Alltag ist zu voll

Eine der mächtigsten Gegenkräfte, gerade gegen neue Ziele, Vorhaben und Vorsätze, ist unser Alltag.

Unser Alltag besteht aus allem, was wir an gewöhnlichen Tagen so tun. Also aus all unseren Pflichten und all den Dingen, die wir sonst noch so regelmäßig machen. Zur Arbeit gehen, etwas essen, uns mit Freunden treffen, fernsehen, lesen, Sport treiben, im Garten arbeiten – kurz gesagt aus allem, was wir erledigen müssen, was wir erledigen wollen und auch dem, was wir gewohnheitsmäßig tun.

Vermutlich wird dein Alltag ziemlich gut gefüllt sein. Die wenigsten von uns haben ein oder zwei Stunden pro Tag Leerlauf, wo sie einfach nichts tun. Keine Zeit, die nur darauf wartet, mit sinnvollen neuen Vorsätzen gefüllt zu werden. Wenn du dann ein neues Vorhaben umsetzen willst oder dir etwas vornimmst, kostet das meistens zusätzliche Zeit – Zeit, die du eigentlich nicht hast, eben weil dein Alltag schon voll ist mit den bestehenden Dingen.

Das bedeutet: Wenn du etwas Neues und noch Ungewohntes erledigen willst, musst du in deinem Alltag ganz bewusst Platz dafür schaffen. Was wiederum bedeutet, dass du andere Dinge schneller erledigen musst. Oder dass du mit einer bestehenden Tätigkeit aufhören oder diese kürzen musst, damit du Zeit für das Neue hast. Das heißt im besten Fall, dass du täglich eben zwei Stunden weniger Fernsehen schaust oder im Internet surfst. Denn seien wir ehrlich: Oft füllen wir einen Teil unseres Alltags mit Dingen, die reine Unterhaltung und Zerstreuung sind. Was ja auch natürlich ist, schließlich können wir nicht 16 Stunden am Tag Höchstleistungen bringen.

Dein Alltag ist die Summe all deiner gewohnten Tätigkeiten, Verpflichtungen und Zerstreuungen.

Manchmal aber tun wir im Alltag wirklich nur produktive Dinge und es gibt eigentlich keinen Raum für Neues. Dann gilt es zu entscheiden, worauf du verzichten kannst und was du nicht mehr tun wirst, um Raum für das Neue zu schaffen. Die große Gegenkraft hier ist, dass sich die meisten Menschen gar nicht darüber bewusst sind, dass ihre Zeit und ihre Energie pro Tag begrenzt sind. Das heißt, sie beginnen etwas Neues und wundern sich dann, dass sie sich gestresst fühlen, weil ihnen plötzlich Zeit und Energie fehlen.

Unser Alltag neigt deswegen dazu, neue und noch ungewohnte Dinge ganz automatisch auszusortieren. Weil sonst zu viel Stress und Druck entstehen.

Der Trick hier ist, mit neuen Vorhaben sehr bewusst umzugehen, sich also bewusst dafür zu entscheiden, andere Dinge nicht mehr oder weniger zu tun. Weil wir sonst zu viel auf dem Teller haben. Oder anders gesagt: Eine Entscheidung für ein neues Vorhaben oder einen neuen Vorsatz muss oft auch eine bewusste Entscheidung gegen etwas Bestehendes sein, sonst wird unser Alltag das Neue automatisch wieder verschwinden lassen, indem wir es vergessen oder indem wir es tagsüber so lange vor uns herschieben, bis es Zeit zum Schlafen ist und wir wirklich keine Kraft und Lust mehr dazu haben.

Um das Problem zu lösen, gibt es einen einfachen Trick: Schreibe einmal alle deine Tätigkeiten, Routinen, Verpflichtungen und alle deine Dinge auf, die du tust, um dich zu unterhalten und zu zerstreuen. Also zum Beispiel:

◇ Frühstück
◇ Kinder zur Schule fahren
◇ Candy Crash spielen
◇ Ins Büro fahren
◇ Arbeiten
◇ Vorstandsarbeit
◇ Social Media
◇ Fernsehen
◇ Musik hören

Dann schreibe hinter jede Tätigkeit, wie viele Stunden sie dich pro Woche kostet. Und dann bringe alle Tätigkeiten in eine Reihenfolge. Zuerst die für dich wichtigen Dinge, die Dinge, ohne die dein Leben zusammenbrechen würde. Oder die wichtig für dein Seelenheil sind. Und am Ende kommen die Dinge, die du ohne Konsequenzen streichen könntest.

Nun hast du einen Überblick über deinen Alltag und weißt auch gleich, wo du ansetzen kannst, wenn du Raum für neue Dinge gewinnen willst. Vielleicht ist in diesem Zusammenhang auch »Die Sabotage« (Seite 212) nützlich.

Gegenkraft 8:
Selbstüberforderung

Es gibt Menschen, die kommen prima damit zurecht, wenn sie viele Projekte parallel laufen haben. Sie schaffen es, punktuell in ein Projekt einzutauchen, es einen guten Schritt voranzubringen und sich dann einem anderen Projekt zuzuwenden. Und sie sind auch bei vielen gleichzeitigen Projekten weiterhin produktiv und umsetzungsstark.

Dieses Talent haben aber nicht viele. Die meisten von uns sind mental vollkommen ausgelastet, wenn sie die Fäden für zwei oder drei größere Vorhaben in ihrem Leben zusammenhalten müssen. Deswegen ist es häufig ein großer Vernichter deiner Willens- und Umsetzungskraft, wenn du auf zu vielen Hochzeiten gleichzeitig tanzt; wenn du zu viele Dinge gleichzeitig in deinem Leben hast, um die du dich kümmern musst.

Die allermeisten Vorsätze scheitern daran, dass wir zu schnell zu viel ändern wollen. Wenn du ankommen willst, lass dir Zeit.

Um deine Umsetzungskraft zu erhöhen, gibt es daher einen wichtigen Schritt: Liste alle Projekte, Verpflichtungen und Rollen auf, die dir Energie und Aufmerksamkeit abverlangen. So etwas wie Familie, der Vereinsvorsitz, der Job, Sport, eine Weltreise, die angehende Selbstständigkeit, die Fotografie, die Greenpeace-Mitgliedschaft und Ähnliches. Und dann überlege dir, ob du all diesen Rollen, Pflichten und Projekten gerecht werden kannst und welche davon du am ehesten einschränken oder sogar aufgeben könntest.

Triff anschließend eine bewusste Entscheidung, welche dieser Punkte du einschränken oder streichen kannst. Denn wenn zu viele Dinge gleichzeitig deine Aufmerksamkeit, deine Kreativität und deine Schaffenskraft beanspruchen, bleibt am Ende des Tages immer zu wenig für jedes einzelne Thema übrig. Oder anders gesagt: Wer alles gleichzeitig macht, macht nichts davon wirklich gut und richtig.

Das ist also ein weiterer Gegner deiner Umsetzungskraft: zu viele Hochzeiten. Was hier hilft, ist, dich selbst zu zügeln und dir auf die Finger zu klopfen, wenn du dich dabei erwischst, wie du noch etwas Neues beginnen willst, obwohl du schon genug auf deinem Zettel hast. Denk daran: Du kannst so vieles im Leben erreichen. Aber nicht gleichzeitig. Sondern nacheinander.

Hier hilft es, eine Liste mit allen Wünschen, Vorhaben und Projekten zu machen. In der Reihenfolge, wie du sie nacheinander angehen willst. Und schreibe ruhig darunter: »Ein Projekt nach dem anderen – in genau der Zeit, die es braucht.«

Gegenkraft 9: Deine Umstände arbeiten gegen dich

Kommen wir zum nächsten Vernichter deiner Umsetzungs- und Schaffenskraft: ungünstige Umstände. Damit meine ich, wenn du in einer Umgebung bist, die dich ablenkt. Oder wenn alles gegen dich und dein Vorhaben arbeitet.

Stell dir vor, du sitzt am Küchentisch und versuchst deine Bewerbungsunterlagen fertigzustellen, während neben dir die Kinder schreien. Die Luft ist stickig und es sind 35 Grad im Raum. Du hörst die Autos von der Autobahn, die 20 Meter neben deinem Haus entlanggeht. Eines der Kinder wackelt ständig an deinem Stuhl. Dein Computer stürzt im 2-Minuten-Takt ab und um deinen Kopf surrt ständig eine Mücke. Das ist ein etwas übertriebenes Beispiel für eine ungünstige Umgebung für eine

Aufgabe. Aber wie oft versuchen wir etwas zu erledigen und die Umstände sind hinderlich und störend!

Stell dir vor, du willst gerade auf Zucker verzichten und im Eingangsbereich deines Büros steht ein großer Korb mit den leckersten Süßigkeiten. Dann ist dein Büro gerade eine ungünstige Umgebung für dein Vorhaben. Oder da gibt es diesen Freund, der dich hartnäckig auf ein Bier einlädt, obwohl du am Abend doch eigentlich Sport machen willst.

Gute Produktivität besteht zu 50 Prozent aus günstigen Umständen. Der Rest ist Planung und ein bisschen Willenskraft.

Als wäre es nicht schon schwer genug, die eigenen Dämonen niederzuringen, arbeitet oft genug auch das Außen gegen uns und legt uns Steine in den Weg. Der Trick, um diese Gegenkraft auszuhebeln, ist, zum Architekten deiner Umstände zu werden. Also deine Umstände so zu organisieren, dass dir deine Aufgabe maximal leichtfällt. Oder dass zumindest nichts gegen dich arbeitet. Mehr dazu im Kapitel »Unterstützende Umgebung« auf Seite 181.

Gegenkraft 10: Ablenker, Verführer und Gegner

Wir Menschen sind ja keine Inseln. Wir haben Freunde, Kollegen, Nachbarn, und die meisten von uns sind Teil einer Familie.

Diese anderen Menschen sind erstaunlich oft eine Gegenkraft gegen unsere Vorhaben oder Aufgaben. Da gibt es zum Beispiel die Ablenker, die dann auf einen Plausch in unser Büro kommen, wenn wir eigentlich gerade eine wichtige Aufgabe erledigen wollen. Falls besagte Aufgabe unangenehm ist, gehen wir vielleicht sogar gern auf die Ablenkung ein. Manchmal sind wir aber auch einfach nur zu höflich, um zu sagen: »Hey, ich brauche Ruhe, ich will arbeiten.«

Dann gibt es die Verführer. Das sind Menschen, die uns unbewusst oder mutwillig dazu bringen möchten, mit unseren Vorsätzen zu scheitern. So wie die wohlwollende Mama, die ihrem dicken Sohn immer wieder Süßigkeiten anbietet, obwohl er abnehmen will. Sie meint es ja nur gut.

Verführer sind also Menschen, die uns dazu bringen wollen, das für uns Falsche zu tun. Oft, damit wir so sind wie sie. Damit wir das tun, was sie auch tun. Damit sie wegen ihrer eigenen Laster nicht so ein schlechtes Gewissen haben müssen. Willst du eine Zigarette? Willst du ein Stück Kuchen? Willst du noch ein Glas? Rauchst du eine Tüte mit?

Erfolg hängt oft davon ab, ob wir Unterstützer haben. Misserfolg dementsprechend vom Gegenteil.

Und dann gibt es da noch die Gegner. Das sind Menschen, die uns wirklich in unseren Bemühungen scheitern sehen wollen, oft aus Eigennutz. Der Mann will nicht, dass seine Frau sich selbstständig macht, weil er dann mehr im Haushalt übernehmen müsste. Die Frau will nicht, dass ihr Mann an seinem Fernstudium arbeitet, weil sie dann abends gelangweilt allein auf dem Sofa sitzt.

Gegner haben ein starkes Interesse daran, dass wir es nicht schaffen. Deswegen torpedieren sie unser Vorhaben aktiv und mutwillig. Häufig passiert das auch unbewusst, ist deswegen aber nicht weniger hinderlich.

Was du tun kannst, um deine Gegner dauerhaft loszuwerden, erfährst du in »Gegner zu Unterstützern machen« (Seite 199).

Gegenkraft 11: Innere Widerstände

Ja, die Liste der Gegenkräfte ist lang und hier kommt eine weitere: innere Widerstände. Das sind irgendwelche schwer fassbaren inneren Gegenkräfte gegen das, was wir eigentlich tun sollten. Wir müssten es tun. Wir wollen es ja auch tun. Es ist die richtige Sache. Es ist die vernünftige Sache. Und trotzdem tun wir es nicht. Weil sich etwas in uns sperrt.

Innere Widerstände können sich auf die verschiedensten Arten zeigen. Zum Beispiel, indem wir plötzlich fürchterlich müde werden. Oder durch einen abgelenkten und verwirrten Geisteszustand, wo unser Kopf entweder wie in Watte gepackt oder auf eine unangenehme Art und Weise leer zu sein scheint.

Solche inneren Widerstände können sich auch durch verspannte Muskeln im Nacken oder im Rücken zeigen. Oder du bemerkst sie durch Bauchweh oder Kopfschmerzen. Oder durch die absurdesten Impulse, jetzt doch lieber schnell noch etwas anderes zu tun als das, was du eigentlich tun solltest. Manchmal schieben uns unsere inneren Widerstände sogar in die komplette Handlungsunfähigkeit, wo wir keinen Schritt mehr vor oder zurück machen können.

Wenn alle Kräfte in dir in die gleiche Richtung streben, dann ist das, als ob du fliegen kannst.

Die Ursachen für unsere inneren Widerstände sind wie gesagt schwer zu fassen. Manchmal ist es einfach nur der Widerwille gegen eine notwendige, aber schwierige und anstrengende Tätigkeit, manchmal ist es die Angst, zu versagen oder die Sache nicht perfekt hinzubekommen, und manchmal ist es die Angst, erfolgreich zu sein, weil wir nicht wissen, was uns dann erwartet. Oder weil wir genau wissen, was uns dann erwartet. Manchmal ist es auch das Gefühl, das Ganze nicht verdient zu haben. Oder wir haben Zweifel, ob diese Sache überhaupt richtig für uns ist. Vielleicht wissen wir, dass unser Vater oder unsere Mutter diese Sache nicht gutheißen würde. Oder wir haben Sorge, dass unsere Freunde uns nicht mehr mögen, wenn wir unser Vorhaben durchziehen.

Die Ursachen unserer inneren Widerstände sind häufig nicht ganz einfach zu ergründen, aber sobald wir sie gefunden haben, wird es einfacher. Weil wir dann bewusst und verstandesmäßig damit umgehen können. Dann können wir anfangen, mit uns selbst zu verhandeln. Wie das geht, dazu kommen wir noch. Für den Augenblick ist nur wichtig zu wissen: Innere Widerstände sind normal, wir alle haben sie. Sie sind ziemlich machtvolle Gegner, aber es gibt Möglichkeiten, damit umzugehen. Du findest sie im Kapitel »Innere Einigkeit« (Seite 219).

Gegenkraft 12: Fehlende Impulskontrolle

Du arbeitest an einer wichtigen Sache, und da fällt dir plötzlich etwas ein. Du wolltest ja noch recherchieren, wo es die günstigsten Flüge nach Spanien gibt. Und schon surfst du eine Stunde auf den verschiedensten Reiseportalen herum und sammelst Preise. Oder du hast gerade mit deinem Projekt angefangen und plötzlich stellst du fest, dass du Durst hast. Also willst du dir schnell einen Kaffee holen, aber neben dem Kaffeeautomaten triffst du einen Kollegen, mit dem du dich verquatschst. Eine halbe Stunde später sitzt du wieder an deinem Projekt, doch jetzt hast du irgendwie den Faden verloren. Oder du versuchst gerade auf Zucker zu verzichten, aber vor dir steht dieser Teller mit lecker aussehenden Keksen. Ohne es richtig zu merken, greifst du zu und schiebst dir einen in den Mund. Oh lecker.

Alle diese Situationen haben eines gemeinsam: Du hast deine Impulse nicht unter Kontrolle.

Je entspannter und gelassener du bist, desto besser bist du darin, deine Impulse zu kontrollieren.

Impulse sind Handlungsaufforderungen, die uns unser Unbewusstes schickt: Du musst jetzt unbedingt dieses oder jenes tun. Jetzt. Sofort. Manche dieser Impulse sind absolut sinnvoll. Andere aber laufen unseren langfristigen Zielen entgegen.

Wenn ich noch schnell etwas anderes erledige, obwohl ich eigentlich konzentriert an einer wichtigen Aufgabe arbeiten sollte. Oder wenn ich den Keks futtere, obwohl ich mir versprochen hatte, gerade keinen Zucker zu essen.

Es geht darum, unsere Impulse zu kontrollieren. Das bedeutet, die Impulse erst einmal wahrzunehmen und sie in »zielführend« und »schädlich« einzusortieren. Um dann den guten Impulsen zu folgen und die weniger guten zu unterdrücken oder die Erfüllung auf später zu verschieben.

Impulskontrolle ist ein sehr wichtiger Teil unserer Willenskraft. Wenn du nicht gut darin bist, deine Impulse zu kontrollieren, dann bist du ihnen ausgeliefert wie ein Blatt im Wind. Und dann ist es enorm schwer, deine Willenskraft fokussiert auf deine Ziele und Aufgaben zu lenken, und schwer, deine Vorsätze wahrzumachen.

Zum Glück kannst du deine Impulskontrolle aber wie einen Muskel trainieren. Wie, das erfährst du in dem Kapitel »Der Power-Fokus« (Seite 242).

Gegenkraft 13:
Hinderliche Gewohnheiten

Gleich haben wir es geschafft mit den Gegnern deiner Umsetzungs- und Schaffenskraft. Jetzt kommt noch ein letzter, und zwar deine Gewohnheiten.

Du kannst nicht jede Minute des Tages ganz bewusst bei dem sein, was du gerade tust. Im Gegenteil, einen Großteil unserer Zeit funktionieren wir eher im automatischen Modus. Wir tun Dinge aus Gewohnheit. Wir putzen uns jeden Tag die Zähne. Wir gehen morgens immer zur selben Zeit aus dem Haus. Wir schauen immer wieder dieselben Dinge im Fernsehen. Wir essen oft dasselbe. Wir Menschen sind Gewohnheitstiere. Aus dem einfachen Grund, weil das unser Leben bewältigbar macht. Wir würden durchdrehen, wenn wir jede kleine Entscheidung jeden Tag neu treffen müssten.

Unsere Gewohnheiten, also all das, was wir automatisch tun, sind daher tatsächlich die stärkste Kraft in unserem Alltag.

Morgens unser Kaffee. Oder das Marmeladenbrot. Der gute Wein am Abend, der uns immer so schön entspannt. Den Arbeitstag regelmäßig damit beginnen, die E-Mails zu lesen. Abends immer ausgiebig mit den Freundinnen telefonieren. Oder jeden Tag stundenlang bei Youtube stöbern und uns nette Filmchen reinziehen.

Alles, was wir täglich wieder und wieder ohne Zwang und Kampf tun, ist eine Gewohnheit. Aber auch alles, was wir in einer bestimmten Situation verlässlich und automatisch tun, ist eine Gewohnheit.

Wenn du zum Beispiel in der Pizzeria immer Nudeln oder Pizza bestellst, aber niemals einen Salat, ist das auch eine Gewohnheit, ein Automatismus. Und diese Automatismen bestimmen unser Leben. Die Dinge, die wir automatisch tun, ohne uns anzustrengen. Die Dinge, die uns so leichtfallen und für uns so natürlich sind, dass wir sie tun, ohne überhaupt darüber nachzudenken.

Wenn du dein Leben tiefgehend ändern willst, leg dir einen Satz neuer, guter Gewohnheiten zu.

All diese Gewohnheiten sind ja auch gar kein Problem. Bis zu dem Zeitpunkt, wo wir uns dazu entschließen, etwas Neues zu tun, das ihnen entgegenläuft. Da kommt zum Beispiel irgendwann jemand und sagt, dass ich eine Gewohnheit aufgeben soll, weil sie kontraproduktiv ist:

Hör auf zu rauchen, sonst bekommst du Krebs. Lies keine E-Mails mehr vor 15 Uhr, damit du vorher die wichtigen Sachen erledigen kannst. Kümmere dich abends erst um dein Fernstudium, bevor du im Internet surfst. Unterhalte dich nicht mehr über andere Menschen (nur noch mit ihnen), weil das nicht gut für dein Karma ist. Lies morgens keine Zeitung mehr, weil die schlechten Nachrichten deinen Geist vergiften…

Und dann verhalten wir uns tatsächlich für eine gewisse Zeit anders. Weil wir entschieden haben, dass die Gewohnheit nicht gut für uns ist.

Das machen unsere bestehenden Gewohnheiten auch für ein paar Tage mit. Solange unsere Entscheidung und unser Vorsatz noch neu ist. Aber nach ein paar Tagen ist der Vorsatz in unserem Kopf schon weniger präsent. Er wird schwächer. Und wie von Zauberhand sitzen wir plötzlich abends wieder vor dem Fernseher, statt zu lernen. Zuerst noch mit einem Schuldgefühl, aber dann wieder ganz selbstverständlich. Warum? Weil unsere bestehenden Gewohnheiten eine unglaubliche Kraft haben. Eine so große Kraft, dass wir sie oft nicht einmal mit unserer ganzen Willenskraft überwinden können.

Deine alten Gewohnheiten sitzen am längeren Hebel, denn sie haben Zeit und können in deinen schwachen Momenten zuschlagen, um sich ihren Platz zurückzuerobern.

Eine Gewohnheit ist meist deutlich stärker als ein neuer Vorsatz, weil sie etabliert und eingespielt ist. Sie läuft automatisch ab, wenn wir gerade nicht aufpassen oder wenn wir müde oder abgelenkt sind. Und so ziehen uns unsere bestehenden Gewohnheiten oft wie ein Gummiband wieder zurück in unser altes, kuscheliges, gewohntes Verhalten. Ohne dass wir es merken. Das macht bestehende Gewohnheiten zu einem formidablen Gegner für alle neuen Vorhaben und Vorsätze.

Später wirst du erfahren, wie du klug mit deinen bestehenden Gewohnheiten umgehst, sodass du trotzdem tust, was getan werden muss. Für jetzt ist nur wichtig zu wissen: Gegen deine Gewohnheiten brauchst du nicht mit Kraft und Willen angehen. Da verlierst du immer. Gewinnen kannst du hier nur, indem du klug und geschickt vorgehst. Und zwar, indem du dir neue, bessere Gewohnheiten zulegst. Gewohnheiten, die dich automatisch zu deinem Ziel tragen, weil du ohne nachzudenken und ohne Widerstände das tust, was für dein Ziel oder deinen Vorsatz nützlich ist.

Tatsächlich gibt es Leute, die behaupten, dass sich herausragende Künstler, Wissenschaftler und Unternehmenslenker in nur einem einzigen Punkt von anderen Menschen unterscheiden: Sie haben zielführende Gewohnheiten. Sie tun das, was sie so erfolgreich sein lässt, automatisch. Aus Gewohnheit. Auch an den schlechten Tagen.

Deswegen ist es so hilfreich, wenn du dir gute Gewohnheiten antrainierst und vielleicht auch die schlechten abstellst. Wie das dann im Detail geht, erfährst du im Kapitel »Gewohnheiten« (Seite 204).

Tipp

Die Liste mit den Gegenkräften ist nützlich, wenn du irgendwann einmal feststeckst. Wenn du etwas tun solltest, es nicht tust und dich über dich selbst ärgerst. Schau dir dann die Gegenkräfte in diesem Kapitel an und versuche herauszufinden, welche von ihnen dir gerade das Leben schwermacht. Anschließend kannst du das passende Kapitel im Buch aufschlagen und dir überlegen, wie du die Gegenkraft aushebelst.

Dieses Kapitel mit den Gegenkräften ist also ein bisschen so etwas wie ein Reiseführer zurück in deine Umsetzungskraft.

Es liegt nicht an dir, es ist einfach schwierig

Jetzt hast du eine Idee, warum es so unglaublich schwierig ist, regelmäßig und konsequent das Richtige zu tun. Warum es so schwierig ist, neue Projekte langfristig durchzuziehen. Und warum die meisten unserer Vorsätze scheitern.

Es ist wichtig, dass du nicht vergisst: Vorsätze einzulösen und Dinge durchzuhalten ist schwer, weil so viele Gegenkräfte von innen und von außen auf dich einwirken. Wir glauben immer, es liege an uns, wenn wir etwas nicht schaffen. Weil wir so schwach seien. Weil wir keine Willenskraft hätten. Aber es liegt nicht an dir und es hat nichts mit Charakterschwäche zu tun. Das geht jedem so. Die allermeisten Menschen haben an bestimmten Punkten ihres Lebens mit Aufschieberitis und inneren Widerständen zu kämpfen. Es ist schwierig, weil es eben schwierig ist.

Wenn wir etwas in unserem Leben ändern wollen, ist der Normalfall, dass wir scheitern. Weil so viele Kräfte gegen uns arbeiten.

Es gibt allerdings bestimmte Situationen, die es einem leichter machen, das Richtige zu tun. Wenn dir zum Beispiel dein Teamchef im Nacken sitzt. Wenn du »plötzlich« merkst, dass du nur noch zwei Wochen für deine Masterarbeit hast. Wenn die Steuererklärung morgen fällig ist. Wenn du etwas zusammen mit deinen Freunden tust und das Ganze keine Arbeit mehr ist, sondern eine Art Spiel wird. Wenn dein Kumpel dich zum Sport abholt und du mitgehst, obwohl du eigentlich keine Lust hast. Weil du ihn nicht im Stich lassen willst. Oder wenn du Dinge tun sollst, die wirklich deinem Naturell entsprechen. Alle diese

Situationen machen es uns einfacher, weil sie spezielle Motivationsfaktoren beinhalten.

In vielen anderen Situationen ist es hingegen einfach nicht leicht, wieder und wieder das Richtige zu tun. Noch nicht einmal, wenn du dich selbst dafür entschieden hast.

Etwas dauerhaft zu verändern ist keine Frage deiner Kraft, sondern eher deiner Klugheit und Geschicklichkeit.

Ich weiß nicht, was dich in deiner speziellen Situation genau zurückhält. Aber es wird eine Kombination von Gegenkräften sein. Die gute Nachricht ist: Mit all diesen Dingen lässt sich umgehen. Indem du schaust, was genau dich zurückhält. Indem du die Gegenkräfte durchgehst und dich fragst, was es bei dir ist. Indem du diese Gegenkräfte dann eine nach der anderen aushebelst. Wie das genau geht, dazu findest du später im Buch jede Menge Ideen. Denn für jede Gegenkraft gibt es auch ein Gegenmittel.

Wenn du das verstanden hast, ist das der Anfang deiner Reise zu mehr Umsetzungskraft. Und dann wirst du immer öfter erleben, wie du einfach tust, was du dir vorgenommen hast. Du wirst erleben, wie deine Vorhaben plötzlich einfach werden. Weil du dich auf dich und deine Versprechen dir selbst gegenüber verlassen kannst.

Der erste Schritt dazu ist, dass du aufhörst, den Fehler bei dir zu suchen. Stattdessen kannst du dich lieber fragen:

»Was machen Menschen anders, die ihre Vorsätze umsetzen, die ihre langfristigen Projekte durchhalten und die ihr Leben wirklich im Griff haben?«

Diese Frage wird im folgenden Kapitel beantwortet.

Wie du trotzdem tust, was du dir vorgenommen hast

Menschen mit großer Umsetzungskraft wissen, wie sie ihre Vorhaben organisieren müssen, damit sie diese fokussiert, konsequent und dauerhaft umsetzen können. Sie nutzen bestimmte Regeln, um sich selbst das Leben einfacher zu machen und um ihre Umsetzungskraft in Schwung zu bringen. Und um die Gegenkräfte aus dem letzten Kapitel zu umschiffen. Wie sie das machen, das erfährst du hier.

Die acht Zutaten
großartiger Umsetzungskraft

Wovon hängt es nun ab, ob du heute, morgen und auch übermorgen etwas für dein Vorhaben tust? Ob du das, was du erledigen willst, auch wirklich in die Tat umsetzt?

Ob du ins Handeln kommst, hängt von den acht Zutaten der Umsetzungskraft ab. Wenn du diese acht Zutaten verstehst und sie geschickt einzusetzen weißt, dann kannst du dich ziemlich verlässlich dazu bringen, zu tun, was getan werden muss. Was richtig ist. Was vernünftig ist. Und was dich weiter auf deinem Weg bringt, wo immer er auch hinführen soll.

Der Zaubertrank namens
Umsetzungskraft

Mit diesen acht Zutaten ist es ein bisschen wie in der Alchemie. Du tust eine Kelle hiervon und eine Prise davon in den Topf, rührst um und trinkst den Trank. Wenn du dann merkst, dass du Motivation spürst und verlässlich zu handeln beginnst, stimmt die Mixtur. Wenn nicht, müssen noch ein paar andere Zutaten in den Topf. Häufig aber brauchen nicht alle acht Zutaten zugleich im Zaubertrank sein. Manchmal reichen eine größere Klarheit und ein bisschen Willenskraft schon aus. Und manchmal kannst du das Erreichen deines Ziels auch wunderbar allein über deine Gewohnheit organisieren. Wenn du die Grundprinzipien hinter diesen Zutaten verstanden hast und wenn du gelernt hast, mit welchen Methoden du die Zutaten bewusst produzieren kannst, wirst du deine Umsetzungskraft gezielt und kraftvoll aktivieren können.

Lass uns die Zutaten nun einmal genauer anschauen. Damit dir klar wird, wie du diese für dich einsetzen kannst, wie du also zu einem gewieften Alchemisten in Sachen Umsetzungskraft wirst.

Zutat 1: Die Einfachheit der Aufgabe

Ob du eine Aufgabe erledigst oder nicht, hängt logischerweise davon ab, wie sie beschaffen ist. Einfache Aufgaben erledigst du eher als schwere, anstrengende, frustrierende und angsteinflößende Aufgaben. Du tust es also eher, wenn die Aufgabe für dich leicht und stressfrei ist. Was ja irgendwie logisch ist.

Diesen Umstand kannst du für dich nutzen. Und zwar, indem du deine Aufgabe anfangs einfacher und kleiner machst. Oder indem du zuerst nur einen kleinen, einfachen Teil der Aufgabe erledigst. So fängst du eher an. Und du kennst das bestimmt, dass du oft einfach weitermachst, wenn du eine Sache erst einmal begonnen hast.

Lass uns genauer betrachten, was eine einfache von einer schweren Aufgabe unterscheidet. Das hilft dir dabei, in Zukunft bewusster und klüger mit deinen Aufgaben umzugehen.

Eine einfache Aufgabe ...
- ist schmerzfrei
- ist angstfrei
- macht dir keinen Stress
- macht dir vielleicht sogar richtig Spaß
- ist machbar und bewältigbar
- ist klar und du weißt genau, was zu tun ist
- dauert nicht lange
- ist nicht peinlich und lässt dich nicht doof aussehen

Eine schwere Aufgabe …

◇ ist körperlich oder geistig anstrengend

◇ dauert ewig

◇ macht dir Angst oder Stress

◇ verlangt dir etwas ab, das dir unangenehm ist

◇ ist langweilig

◇ ist unüberschaubar

◇ ist unklar und du weißt nicht, wie du an sie herangehen sollst

◇ überfordert dich

◇ ist dir unangenehm und peinlich, vielleicht auch, weil sie gegen deine Wert- oder Moralvorstellungen verstößt

Der Trick, um mit der ersten Zutat zu arbeiten, besteht darin, eine Aufgabe einfacher zu machen. Damit du leichter damit anfangen und die Aufgabe durchziehen kannst.

Diese vier Vorgehensweisen helfen dir dabei

Die Salami-Taktik: Um eine Aufgabe oder einen Vorsatz leichter umsetzbar zu machen, kannst du die Sache in viele kleine Teilaufgaben (Salamischeiben) zerschneiden und dann jede Teilaufgabe einzeln erledigen. Eine nach der anderen. Die alten Römer haben das *divide et impera* (dt.: teile und herrsche) genannt. Indem wir uns eine kleine Teilaufgabe nach der anderen vornehmen, verliert die Gesamtaufgabe ihre Bedrohlichkeit. Dazu müssen wir uns natürlich einmal hinsetzen und einen schriftlichen Plan mit den Teilaufgaben machen.

Pirsch dich ran: Um eine Aufgabe oder einen Vorsatz einfacher zu machen, kannst du mit der Sache zuerst ganz klein starten. Statt deine komplette Ernährung umzustellen, isst du erst einmal jeden Tag einen Apfel. Statt 3-mal die Woche 1 Stunde joggen zu gehen, machst du zuerst jeden Tag 1 Liegestütz und rennst 20 Sekunden auf der Stelle. Und das machst du 1 oder 2 Wochen.

Nach einer Weile, das wirst du bemerken, passiert etwas Seltsames. Durch die Gewohnheit wird diese einfache Aufgabe noch einfacher werden. Und dann kannst du dich steigern, ohne dass es anstrengend oder unangenehm für dich wird. Dann ergänzt du deinen täglichen Apfel durch ein Glas Wasser zum Aufstehen. Und später isst du jeden Tag einen Salat zu Mittag. Du pirschst dich also in kleinen Schritten an deinen Vorsatz »gesund ernähren« ran.

Du startest mit einer extrem einfachen Sache und durch die Gewohnheit wird der nächste kleine Schritt dann auch einfacher und leichter. So transportierst du die Einfachheit, die dich handeln lässt, zu den eigentlich schwereren Aufgaben hinüber. Bis dir auch die schweren Aufgaben leichtfallen. Durch die Macht der langsamen Gewöhnung.

Am wichtigsten ist es, erst einmal in Bewegung und in den Rhythmus zu kommen und an der Sache dranzubleiben. Mehr machen kannst du später immer noch.

Hole dir Hilfe: Eine weitere Möglichkeit, um die Aufgabe einfacher zu machen, besteht darin, dir helfen zu lassen. Hole dir Unterstützung und Anleitung. Bitte jemanden, dich zu motivieren und zu begleiten. Auch das macht schwierige Aufgaben einfacher zu bewältigen.

Training: Oft fällt dir eine Sache auch einfach nur schwer, weil du dich noch nicht gut genug damit auskennst. Oder weil du die Sache noch nicht oft genug gemacht hast. Auch hier gibt es einen einfachen Ausweg: ein Training. Oder du liest ein Buch zum Thema. Übe das, was dir schwerfällt, einfach im stillen Kämmerlein – so lange, bis es dir leichter fällt. Die grundsätzliche Vorgehensweise, um die erste Qualität zu nutzen, ist also:

1. Frage dich, wie schwer der Vorsatz oder die Aufgabe für dich ist und was genau es schwer für dich macht.
2. Überlege dir, ob du die Aufgabe in kleinen Schritten angehen willst, ob du dich an die Sache ranpirschen möchtest,

ob du Hilfe brauchst oder ob du einfach noch ein bisschen Training benötigst.

So wird eine schwere Aufgabe auf einmal leicht. Und du erwischst dich plötzlich dabei, wie du sie einfach tust. Und dann musst du lächeln.

Weitere Möglichkeiten, das Prinzip der Einfachheit zu nutzen, findest du im Kapitel »Einfachheit« (Seite 67).

Zutat 2: Deine Klarheit

Du tust es eher, wenn du weißt, *was* genau du tun sollst, *warum* du es tun sollst und *wie* du am besten vorgehst. Wenn du weißt, was du willst, warum du es willst und wie der Plan aussieht, um es zu erreichen.

Je klarer eine Aufgabe ist, desto eher erledigst du sie. Das ist der Inhalt der zweiten Zutat. Klarheit bedeutet hier, dass du detaillierte und konkrete Antworten auf die folgenden drei Fragen hast:

◇ Wo will ich hin?
◇ Warum will ich da hin?
◇ Und wie sehen meine nächsten Schritte aus, um der Sache näherzukommen?

Bei einfachen Aufgaben ist es leicht, Klarheit zu haben:
»*Wo will ich hin?*«
»*Ich will die Garage aufräumen.*«
»*Warum will ich da hin?*«
»*Weil es halt gemacht werden muss. Meine Frau ist sonst sauer. Und es ist auch immer toll, wenn wieder alles an seinem Ort ist und ich es schneller finde.*«
»*Was sind die nächsten Schritte, um der Sache näherzukommen?*«

»Arbeitsklamotten und Handschuhe anziehen, Garagenschlüssel nehmen, zur Garage gehen, sie aufschließen, alles rausräumen, die Sachen, die ich behalten will, wieder einräumen, da wo sie hingehören, die anderen Sachen in die Mülltonne tun.«

Wenn du die Antworten so deutlich im Kopf hast, hast du Klarheit. Und mit dieser Klarheit wirst du es eher tun. Klarheit wirkt wie ein Turbo für deine Umsetzungskraft.

Bei größeren Vorhaben ist es allerdings häufig nicht so einfach mit der Klarheit. Wenn dein Ziel ist, dich selbstständig zu machen, eine Weltreise zu unternehmen oder endlich wieder fit und gesund zu werden, ist es aufwendiger, wirkliche Klarheit im Kopf herzustellen. Die Vorgehensweise ist aber die gleiche. Finde Antworten auf die drei Fragen von oben: Wo will ich hin? Warum will ich da hin? Und wie sehen meine nächsten Schritte aus, um der Sache näherzukommen?

Stell dir dreimal die Frage: »Warum will ich das eigentlich?« So bekommst du schnell Klarheit über deine Beweggründe.

Normalerweise drücken wir uns davor, diese Fragen systematisch zu beantworten. Und zwar, weil es anstrengend ist, über solche Dinge nachzudenken. Es kostet mentale Energie. Es kostet Überwindung. Es kostet eine gewisse Willenskraft. Deswegen setzen wir uns zu selten hin, nehmen Stift und Zettel und schaffen mithilfe der drei Fragen Klarheit über unsere Vorhaben. Aber weil wir das nicht tun, haben wir oft nur eine diffuse Richtung im Kopf. Wir sehen nur verschwommen, was wir wollen, warum wir es eigentlich wollen und was wir dafür tun können. Und dann fehlt uns die Umsetzungskraft.

Wenn es dir gelingt, dir diese Klarheit zu verschaffen, wirst du merken, dass du viel einfacher ins Handeln kommst. Weil du den Weg plötzlich klar vor dir siehst.

Zutat 3: Deine Energie

Je mehr Energie und Kraft du hast, desto eher tust du eine Sache. Das ist ja auch irgendwie logisch. Denn wenn wir gut drauf und ausgeschlafen sind, ist alles einfacher. Wenn wir uns körperlich gut fühlen und seelisch im Gleichgewicht sind, haben wir einfach mehr Schwung für unsere Vorhaben und mehr Kraft, Versuchungen zu widerstehen.

Die meisten Menschen nehmen ihr Energieniveau als gegeben hin, als etwas, das sie nicht direkt verändern können. Das ist schade, denn das stimmt nicht. Wie hoch unser Energieniveau ist, hängt von Dingen ab, die wir ziemlich direkt beeinflussen können:

◇ von unseren Schlafgewohnheiten
◇ davon, wie oft wir Pausen machen und uns erholen
◇ davon, was und wie viel wir essen
◇ davon, wie viel wir uns bewegen
◇ von gesundheitlichen Problemen
   (und wie wir damit umgehen)
◇ und nicht zuletzt davon, was wir tun, damit unsere
   Psyche aufgeräumt und entspannt bleibt
   (ja, dafür kannst du einiges tun!)

Wenn du dir also mehr Umsetzungskraft wünschst und zu oft müde bist, wenn du anfängst, Dinge aufzuschieben, oder nicht so viel schaffst, wie du gern würdest, dann empfiehlt es sich, direkt an deiner Energie zu arbeiten. Frage dich:

◇ Schlafe ich genug?
◇ Mache ich ausreichend Pausen und habe ich Tage ohne viel
   Programm, wo ich meine Batterien wiederaufladen kann?
◇ Ernähre ich mich ordentlich oder esse ich viel Quatsch?
◇ Trinke ich auch genug?

◇ Bewege ich mich ausreichend? Ist mein Herz-Kreislauf-System trainiert? Sind meine Muskeln trainiert?

◇ Schiebe ich einen Arztbesuch auf, der eigentlich nötig wäre?

◇ Tue ich genug, damit meine Seele im Gleichgewicht bleibt? Meditiere ich, mache ich Autogenes Training, oder schreibe ich meine Sorgen und Probleme auf? Rede ich regelmäßig mit jemandem über das, was mich bewegt? Und am wichtigsten: Löse ich belastende Situationen schnell und konstruktiv auf?

Solche Fragen kannst und solltest du dir stellen, um herauszufinden, ob es in Sachen Vitalität und Energie gerade Handlungsbedarf bei dir gibt. Um dann im nächsten Schritt etwas für deine Vitalität zu tun. Konkrete, machbare Methoden, um dein Energieniveau zu steigern, findest du im Kapitel »Energie« (Seite 122). Denk daran: Kümmere dich immer erst um die Grundlagen, also um deine körperliche und geistige Energie. Das macht alles einfacher. Alles!

Zutat 4: Deine Motivation

Du ziehst ein Vorhaben eher durch, wenn du gute Kopf- und Herzensgründe dafür hast, wenn du die Sache also wirklich tun willst. Oder auch wenn du sie tun musst, weil es keine Alternative gibt. Genau genommen gibt es drei Arten von Motivation:

Die Selbstmotivation – wir wollen etwas der Sache wegen tun, weil es Spaß macht.

Die Ergebnismotivation – wir wollen etwas tun, um später eine Belohnung zu kassieren.

Die Fremdmotivation – wir wollen etwas tun, weil uns jemand oder etwas unter Druck setzt, es zu tun. Zum Beispiel der Chef oder das Finanzamt.

Am schönsten finden wir es, etwas zu tun, wenn wir es aus uns heraus wollen. Weil wir Lust darauf haben und es gerne tun (Selbstmotivation) oder weil wir es für eine gute Sache tun (Ergebnismotivation). Was wäre das Leben einfach, wenn wir all unsere Aufgaben aus Lust und Laune tun könnten... Aber in der Realität geht es bekanntlich anders zu.

Was allerdings viele nicht wissen, ist, dass wir gezielt etwas dafür tun können, um unsere Selbst- und Ergebnismotivaton zu stärken. Indem wir uns zum Beispiel bestimmte Fragen stellen, Fragen wie:

◇ Warum ist es wichtig für mich, das zu tun?
◇ Warum wäre es wichtig für meine Lieben?
◇ Werde ich mich gut fühlen, wenn ich es erledigt habe?
◇ Wer wird stolz auf mich sein, wenn ich es tue?

Wenn du solche Fragen konzentriert beantwortest, steigerst du oft deinen Antrieb, die Sache zügig zu erledigen. Was du aber auch machen kannst, ist, die Fremdmotivation zu stärken: Du kannst dir zum Beispiel selbst Druck machen, indem du anderen von deinem Vorhaben erzählst und ein öffentliches Versprechen abgibst. Oder du schließt sogar eine Wette ab, dass du tun wirst, was du dir vorgenommen hast.

Es gibt noch weitere Möglichkeiten, deine Motivation zu stärken, aber dazu kommen wir später bei den Methoden für mehr Motivation ab Seite 159. An dieser Stelle ist es nur wichtig zu wissen, dass du deine Motivation steigern kannst. Damit du es von allein tun willst – was ja der einfachste Weg ist.

Zutat 5: Eine unterstützende Umgebung
(Ort, Menschen, Ausrüstung)

Deine Umgebung kann es dir einfacher oder schwerer machen, das zu tun, was du dir vorgenommen hast. Je besser deine Umgebung organisiert ist, desto eher tust du es. Und mit Umgebung meine ich hier alles, was außerhalb von dir passiert. Dazu gehören der Ort, an dem du dein Vorhaben ausführst, und die Gegenstände, die an diesem Ort so rumstehen; die Ausrüstung, die du für dein Vorhaben benötigst, und auch die Menschen, von denen du umgeben bist. Also alles, was nicht in dir selbst ist.

Mit einer unterstützenden Umgebung schwimmst du mit dem Strom, ohne schwimmst du dagegen.

Wenn du zum Beispiel viel am Computer arbeitest, ist es klug, dir einen schnellen und wartungsarmen Computer (dein Werkzeug) zu besorgen. Wenn du als Handwerker jeden Tag zwei Stunden lang mit dem Bohren von Löchern verbringst, dann spart dir die beste Bohrmaschine auf dem Markt Zeit und Mühe. Und wenn dein Vorsatz lautet, dich besser zu ernähren, musst du dafür sorgen, dass du immer und jederzeit das richtige Material, also gesunde Lebensmittel, zu Hause hast – und dass möglichst wenig ungesundes Zeugs rumsteht.

Indem du die Werkzeuge und Materialien für deine Vorhaben klug wählst, kannst du es dir einfacher machen. Denn wenn du weißt, dass deine Werkzeuge nichts taugen, wirst du weniger Lust aufs Anfangen haben. Schlechtes Werkzeug vergrößert den Einstiegswiderstand in eine Aufgabe. Du schiebst sie dann eher auf. Das Gleiche gilt für den Ort, an dem du dein Vorhaben umsetzen willst. Wenn du dich zum Beispiel für eine Aufgabe konzentrieren musst, setzt du dich besser nicht an einen Ort, wo es laut ist und du ständig abgelenkt wirst.

Um deine Ziele zu erreichen und deine Vorhaben umzusetzen, gibt es bessere und schlechtere Orte: Wenn du gerade eine Diät machst, ist eine Pizzeria mit ihren Verführungen ein eher schlechter Ort. Falls du dann noch mit Freunden da bist, die sich alle Käsenudeln und Salamipizza bestellen, ist es schwer, deinen Vorsatz einzuhalten und einen Salat zu essen. Man könnte dann wohl sagen: Du hast die Umgebung für das Einhalten deines Vorsatzes ungeschickt gewählt. Es stellt sich also bei einem Vorhaben immer die Frage: »Welche Orte sind gut für mich und welche sollte ich meiden?« Eine gute, unterstützende Umgebung macht es dir einfacher, deinem Vorsatz treu zu bleiben.

Die Menschen in deinem Leben haben vielleicht den größten Einfluss auf dich und ob du dem, was du dir vorgenommen hast, gerecht werden kannst oder nicht. Denn wir orientieren uns unbewusst immer an unserem sozialen Umfeld. Und wenn alle meine Freunde dick sind, ist es einfach deutlich schwerer, abzunehmen.

Sagen wir, du hast dir vorgenommen, 3-mal die Woche laufen zu gehen, doch nun macht dein Partner jedes Mal ein mauliges Gesicht, wenn du aus der Tür gehst – das erschwert dein Vorhaben. Wenn dein Partner dich hingegen anfeuert und dir eine gute Zeit wünscht, wird es einfacher. Noch einfacher wird es, wenn jeden Montagmorgen ein Freund vorbeikommt und ihr gemeinsam eine Runde dreht. Hier wirkt der Freund als Erinnerung, als Rahmen und als Motivator, damit du deinen Vorsatz einhalten kannst.

Deine Umgebung – der Ort, deine Ausrüstung, die Menschen – beeinflusst also enorm, ob du tust, was du dir vorgenommen hast. Und auch, ob du dranbleibst, wenn du einmal angefangen hast. Indem du deine Umgebung für deinen Vorsatz oder deine Aufgabe klug wählst und gestaltest, erhöhst du deine Umsetzungskraft gewaltig. Deswegen ist es bei jeder Art von Ziel oder größerer Aufgabe sinnvoll, sich die folgenden Fragen zu stellen:

Ort:

◇ Ist der Ort für meinen Vorsatz gut gewählt?

◇ Macht es mir der Ort einfacher oder schwerer, das Richtige zu tun?

◇ Habe ich hier alles, was ich brauche?

◇ Ist der Ort frei von Ablenkungen und Störungen?

◇ Gibt es an diesem Ort Dinge, die mich verführen, das Falsche zu tun?

Ausrüstung:

◇ Habe ich die Ausrüstung, alle Werkzeuge und alles Material, das ich für die Erfüllung meines Vorhabens brauche?

◇ Ist das Material da, sodass ich es nicht noch erst besorgen muss?

◇ Habe ich für die Aufgabe auch das *richtige* Werkzeug, das meine Arbeit erleichtert und nicht erschwert?

Menschen:

◇ Sind die Menschen in meiner Umgebung für oder gegen mein Vorhaben?

◇ Wer verführt mich, das Falsche zu tun, und wer ermuntert mich, meinen Vorsätzen gerecht zu werden?

◇ Muss ich hier ernsthafte Gespräche führen, damit die Menschen anfangen, mich zu unterstützen?

◇ Wer kann mir helfen, schneller anzufangen und länger bei der Stange zu bleiben?

Nachdem du diese Fragen durchgegangen bist, kannst du dich abschließend fragen: »Was müsste ich konkret tun, um meine Umgebung klug zu wählen und zu gestalten, damit es mir leichter fällt, anzufangen und das Richtige zu tun?«

Und dann verändere die Umgebung für dein Vorhaben so, dass du es dir einfacher machst: Such dir den besten Ort dafür (und vermeide die Orte, die es dir schwerer machen) besorge dir die beste Ausrüstung und sorge dafür, dass du immer alles vorrätig hast, um deine Aufgabe zu erledigen oder deinem Vorsatz gerecht zu werden. Sorge dafür, dass die Menschen um dich herum dich unterstützen und dein Vorhaben nicht sabotieren. Vielleicht kümmerst du dich sogar um gezielte Unterstützung.

Frage dich wieder und wieder: »Was macht es mir leichter? Und was macht es mir schwerer?« Und dann gestalte deine Umgebung zu deinen Gunsten.

Das Gestalten einer förderlichen Umgebung ist extrem gut investierte Zeit. Denn meistens musst du nur einmal etwas ändern und kannst dann dauerhaft davon profitieren. Du schmeißt zum Beispiel einmal all deine Süßigkeiten in den Müll und hast dadurch dauerhaft die Versuchung abgestellt.

Und vor allem kannst du deine Umgebung dann verbessern, wenn du gerade Energie hast und deine Willenskraft auf der Höhe ist. Das hilft, damit du in den Momenten, wenn du müde bist und deine Willenskraft am Boden liegt, trotzdem tust, was du dir vorgenommen hast. Tatsächlich ist das geschickte Gestalten der Umgebung für langfristige Vorhaben oft vielversprechender, als sich mit viel Willenskraft und Selbstmotivation durch eine Sache durchzuboxen. So wie das Eichhörnchen Nüsse für den Winter sammelt, sorgst du jetzt dafür, dass du es später einfacher hast und dann eher das Richtige tun wirst.

Wie du deine Umgebung geschickt gestalten kannst, erfährst du im Kapitel »Unterstützende Umgebung« (Seite 181).

Zutat 6: Deine Gewohnheiten

Es fällt dir leicht, es zu tun, wenn die Sache eine Gewohnheit ist. Weil du es dann automatisch tust, oft unbewusst. Und weil dir etwas fehlen würde und du ein komisches Gefühl hättest, wenn du es nicht tätest. So wie dir täglich die Zähne zu putzen. Oder zu duschen, wenn du merkst, dass du müffelst. Gewohnheiten sind großartig, wenn sie für dich arbeiten, du gehst ihnen ohne Kampf und ohne Selbstüberwindung nach.

Jetzt stell dir mal vor, wie einfach und mühelos dein Leben wäre, wenn du alle für dich wichtigen Dinge ganz automatisch tun würdest. Ohne dich selbst zu zwingen.

Stell dir vor, du würdest viele Dinge, die gut für dich sind, ganz automatisch, ohne Anstrengung und ohne Kampf tun. Zum Beispiel Sport treiben oder dich gesund ernähren. Das wäre doch was, oder?

Ohne ständige Selbstermahnung. Wenn du Sport ganz von allein machen würdest, weil du es so gewohnt bist. Wenn du dich gewohnheitsmäßig richtig gesund ernähren würdest. Ohne Kampf. Wenn du jeden Tag 20 Minuten meditieren würdest. Oder wenn du als Selbstständiger gewohnheitsmäßig und vollkommen mühelos jeden Arbeitstag fünf potenzielle Kunden kontaktieren würdest, um neue Aufträge zu bekommen. Stell dir bitte wirklich einmal intensiv vor, wie einfach und geschmeidig dein Leben dann wäre.

Nützliche Gewohnheiten aufbauen

Und tatsächlich kannst du das erreichen. Denn deine Gewohnheiten sind ja kein Zufall; sie entstehen in erster Linie durch Wiederholung und positive Bestätigung. Wenn du etwas in einer bestimmten Situation wieder und wieder und wieder tust und dabei jedes Mal ein einigermaßen gutes Gefühl hast, dann wird daraus irgendwann eine Gewohnheit. Diesen Umstand kannst du nutzen, indem du dir gezielt Gewohnheiten aufbaust.

Zugegeben, dies ist ein längerer Prozess und erfordert ein gewisses Maß an Willenskraft und Durchhaltevermögen, aber du kannst es schaffen. Und dann tust du die für dich guten Sachen automatisch. Ohne dass du dich ständig daran erinnern und dazu ermahnen musst. So werden die guten und dienlichen Handlungen zu einem festen Teil deines Lebens.

Tatsächlich ist es genau das, was Menschen ausmacht, die in einem Bereich langfristig erfolgreich sind: Sie tun das, was sie erfolgreich macht, automatisch und aus Gewohnheit. Auch wenn sie mal müde oder kraftlos sind. Oder wenn sie keine Lust haben. Sie tun es ohne Kampf und ohne innere Widerstände.

Wir denken zu viel über schlechte Gewohnheiten nach und zu wenig darüber, wie wir die guten Gewohnheiten aufbauen könnten.

Deswegen ist das Schaffen von klugen und nützlichen Gewohnheiten eine der machtvollsten Möglichkeiten, um öfter das Richtige zu tun. Wie das geht, erfährst du in »Die Maschine« (Seite 205).

Gewohnheiten loswerden

Die Beschäftigung mit den eigenen Gewohnheiten ist aber noch aus einem anderen Grund wichtig, denn es gibt ja nicht nur gute Gewohnheiten. Wir alle tun automatisch auch Dinge, mit denen wir uns eigentlich schaden oder die nicht zu dem passen, was wir uns vorgenommen haben.

Wenn wir uns zum Beispiel vorgenommen haben, morgens als Erstes an unserem Buch zu schreiben, kann die Gewohnheit, nach dem Aufstehen zuerst einmal E-Mails zu lesen und zu beantworten, sehr hinderlich sein. Denn oft findest du in deinen E-Mails Aufgaben oder interessante Dinge, um die du dich dann gleich kümmern willst, und als Nächstes ist es Mittag und du wunderst dich, wo die Zeit geblieben ist. So sabotiert deine E-Mail-Gewohnheit dein höheres Ziel, morgens in deiner frischesten Zeit an deinem Buch zu arbeiten.

Deswegen ist es sinnvoll, dir diese Gewohnheit abzutrainieren. Das ist erstaunlich einfach, wenn du einmal verstanden hast, wie Gewohnheiten funktionieren. Wie das genau geht, erfährst du im Kapitel »Die Sabotage« (Seite 212).

Unser Verhältnis zu Gewohnheiten

Eines solltest du über unsere Gewohnheiten noch wissen: Wir Menschen haben ein ganz spezielles Verhältnis zu dem, was wir gewohnheitsmäßig tun. Wir hängen unglaublich stark an unseren bestehenden Gewohnheiten. Sie sind kuschelig und bequem, wir fühlen uns darin zu Hause. Wenn dann jemand kommt und sagt, wir sollen damit aufhören, gefällt uns das gar nicht. Wir wollen das nicht. Oder ein Teil von uns will es nicht. Wenn du dich also dazu entschieden hast, eine ungünstige und kontraproduktive Gewohnheit loszuwerden, dann rechne bitte mit inneren Widerständen.

Genauso reagieren wir oft komisch, wenn uns jemand rät, günstige und nützliche Gewohnheiten aufzubauen, also dafür zu sorgen, dass wir bestimmte gute Dinge automatisch tun. Die einen haben Angst davor, ihre Wahlfreiheit aufzugeben – denn wenn wir etwas erst einmal automatisch tun, dann können wir ja nicht mehr frei entscheiden –, die anderen scheuen die Arbeit, die es mit sich bringt, eine neue Gewohnheit zu installieren. Und wieder andere tun sich überhaupt schwer mit der Idee, dass unser Leben im Alltag von unseren Gewohnheiten und Automatismen bestimmt wird und nicht von unserem Verstand.

All das führt dazu, dass viele Menschen nicht über ihre Gewohnheiten nachdenken wollen und über die unglaubliche Macht, die diese Gewohnheiten in ihrem Leben haben. Das ist schade, denn das gezielte Gestalten unserer Gewohnheiten ist eine der einfachsten und wirkungsvollsten Möglichkeiten, um uns dazu zu bringen, das zu tun, was gut und richtig für uns ist.

Zutat 7: Deine innere Einigkeit

Du tust eine Sache eher, wenn du dir wirklich sicher bist, dass du sie willst. Wenn du frei von Zweifeln bist. Wenn es keine versteckten Gründe gibt, die Sache nicht zu erledigen. Wenn alle

Herzen in deiner Brust deinem Vorsatz gegenüber positiv einge-
stellt sind – wenn du also mit dir selbst innerlich einig bist. In
den Fällen, wo du zu hundert Prozent an dein Vorhaben glaubst,
gehen deine Füße den Weg von allein.

Doch wie wir alle wissen, ist das häufig nicht der Fall. Oft
wollen wir etwas, unbedingt, aber gleichzeitig haben wir irgendwie auch Zweifel oder Bauchschmerzen damit. Vielleicht wollen wir es auch nur, weil jemand anderes will, dass wir es wollen.
Wenn uns zum Beispiel unser Arzt sagt, wir müssten dringend auf unser Cholesterin achten und Butter und Eier weglassen, dann nehmen wir uns das vor. Schließlich geht es um unsere Gesundheit. Wir wollen also. Aber ein anderer Teil in uns
sagt: »Mmmmhhh ... leckere Butter. Leckeres Spiegelei. Leckere
Pfannkuchen. Mmmhhh ...« Wir sind also innerlich entzweit.

Der Psychologieprofessor Friedemann Schulz von Thun
spricht hier von unserem inneren Team mit seinen Persönlich-
keitsanteilen. Das sind Teile in uns, die unterschiedliche Ziele
verfolgen. Der eine Teil will gesund und vernünftig sein, der andere Teil will das gute Gefühl genießen, wenn wir leckere Sachen
essen.

Wenn du weißt, wovon ich spreche, ist das kein Zeichen
einer gespaltenen Persönlichkeit – jeder Mensch hat verschiedene Persönlichkeitsanteile. Das ist ganz normal. Aber auch
wenn es normal ist, führt das oft
zu einem inneren Kampf, einem
Kampf, bei dem mal der eine
und mal der andere in uns gewinnt. Mal sind wir vernünftig
und reißen uns zusammen, mal
knicken wir ein und übertreiben es dann oft, weil wir meinen,
dass es jetzt ja auch nicht mehr darauf ankommt, wo wir doch
schon schwach geworden sind.

*Wenn du innere Widerstände hast,
versuche nicht mit Willenskraft,
die Sache in den Griff zu bekommen. Da kannst du nur verlieren.*

In dieser Hinsicht hilft dir auch deine Willenskraft nur bedingt, da es immer einen schwachen Moment geben wird, wo

gerade der unvernünftige Teil in dir stärker und deine Willenskraft für diesen Tag schon verbraucht ist. Was hier aber hilft, ist, dir deinen inneren Kampf bewusst zu machen, um dann gezielt eine innere Einigkeit herzustellen. Denn wenn du innerlich einig bist und die meisten deiner inneren Stimmen zueinander passende Ziele haben, dann geht es nahezu von allein, einen Vorsatz systematisch Tag für Tag umzusetzen. Weil alle Kräfte in dir zusammenarbeiten und alle Energie in dir in die gleiche Richtung fließt.

Deswegen ist es bei deinen Vorsätzen immer wichtig, auf dein inneres Kräfteverhältnis zu achten und darauf, wann es angebracht ist, gezielt innere Einigkeit herzustellen. Wie das geht, erfährst du im Kapitel »Innere Einigkeit« (Seite 219).

Zutat 8: Deine Willenskraft

Du tust etwas eher, wenn dein Wille stark ist, diese Aufgabe zu erledigen. Wenn du den Biss spürst, es durchzuziehen und zu Ende zu bringen. Auch wenn es unangenehm sein sollte oder wenn du dich dafür überwinden musst.

Je willensstärker wir sind, desto eher tun wir eine Sache. Mit Willenskraft ist die Fähigkeit gemeint, sich selbst und die eigene Bequemlichkeit zu überwinden.

Die Fähigkeit, es trotz Unlust, Angst oder Frust zu tun.

Was viele nicht wissen: Willenskraft ist keine Sache des Charakters. Es ist keine Eigenschaft, die ich habe oder nicht. Willenskraft ist wie ein Akku

Wenn du dich an deine Steuer machst, obwohl du keine Lust dazu hast und obwohl nebenan deine Freunde feiern und obwohl heute Abend deine Lieblingsserie auf dich wartet – das ist Willenskraft.

in uns. Wenn wir unsere Willenskraft für eine Sache aufwenden, verbrauchen wir etwas von ihr, so wie bei einem Akku. Willenskraft nutzen wir, wenn wir uns zu etwas überwinden, wenn wir uns zusammenreißen oder wenn wir unerwünschte Impulse unterdrücken. Genauer gesagt verbraucht jede Art mentaler Anstrengung Willenskraft. Deswegen nimmt unsere Willenskraft im Laufe des Tages auch immer weiter ab. Je nachdem, wie stark wir sie eingesetzt haben, kommt irgendwann der Punkt, wo wir nicht mehr können. Ab da folgen wir dann nur noch unseren Automatismen und tun das Einfachste und Gewohnteste.

Zum Glück lädt sich unsere Willenskraft durch eine gute Nacht mit erholsamem Schlaf wieder auf, so wie ein Akku am Ladegerät. Das heißt, am nächsten Tag starten wir wieder mit neuer Kraft zur Selbstüberwindung. Aber es ist noch komplizierter: Du kannst die Kapazität deines Willenskraft-Akkus auch größer oder kleiner machen, sodass du grundsätzlich mehr oder weniger Willenskraft zur Verfügung hast.

Das verringert deine Willenskraft
Es gibt also Dinge, die deine Fähigkeit, dich selbst zu überwinden, kleiner machen. Zum Beispiel, wenn du dich zwingst, etwas trotz Unlust zu tun (du räumst die Spülmaschine aus, obwohl du eigentlich fertig mit der Welt bist). Wenn du dich zurückhältst und etwas nicht tust, was du gern tätest (das Stück Schokolade essen). Oder wenn du einen Impuls unterdrückst (ihm eine zu klatschen). Und schließlich, wenn du deinen Verstand benutzt und durch Nachdenken, Rechnen oder Abwägen Entscheidungen triffst.

Deine Willenskraft ist wie ein Eimer voller Energie. Und deine Aufgabe ist, die Löcher im Eimer zu finden und zu stopfen.

All diese Tätigkeiten entladen deinen Willenskraft-Akku über den Tag. Nachdem du geschlafen hast, ist deine Willenskraft zwar wieder da, aber für diesen Tag ist sie erst mal zu Ende.

Es gibt aber auch Umstände, die die Größe deines Willenskraft-Akkus dauerhaft kleiner machen. Dann hast du grundsätzlich nicht so viel Willenskraft zur Verfügung. Solche Negativ-Faktoren sind:

Negative Gefühle: Wenn du Angst hast, wenn du niedergeschlagen bist oder anderen seelischen Stress hast. Das entzieht deinem Willenskraft-Akku den Strom.

Überlastung: Wenn du zu viele Dinge gleichzeitig erledigen sollst und dich überfordert fühlst. Auch das macht deinen Willenskraft-Akku kleiner.

Fehlende Klarheit: Wenn du dich verwirrt und orientierungslos fühlst. Auch das lässt deinen Willenskraft-Akku schrumpfen.

Fremdbestimmung: Wenn du sanft oder weniger sanft gezwungen wirst, etwas zu tun, wenn du es also nicht wirklich freiwillig tust. Dadurch hast du ein dauerhaftes Leck in deinem Willenskraft-Akku.

All diese Dinge entziehen dir ständig Willenskraft. Was ja Mist ist. Deswegen solltest du sie vermeiden, indem du die folgenden Dinge tust:

1. Sorge aktiv dafür, dass du seelisch ausgeglichen bist. Indem du Sport machst, denn nichts baut so gut seelischen Druck ab. Oder durch Meditation. Aber auch, indem du seelische Belastungen aktiv verarbeitest, dadurch, dass du mit Freunden sprichst oder Tagebuch schreibst. Sorge also dafür, dass du regelmäßig Psychohygiene betreibst.
2. Achte darauf, dass auf Phasen von Anstrengung Phasen der Erholung folgen. Und sorge dafür, dass du nicht zu viele schwierige Dinge gleichzeitig in deinem Leben jonglieren musst. Das hat etwas mit Selbstorganisation zu tun und die lässt sich lernen.

3. Sorge wieder und wieder für Klarheit. Mach dir regelmäßig klar, was dir im Leben wichtig ist, was du erreichen willst und in welche Richtung du dich mit deinem Leben bewegen möchtest.
4. Übe deine Selbstbestimmung aus. Wir alle haben das Recht, über uns selbst und unser Leben zu bestimmen. Auch wenn andere uns erzählen, dass wir bestimmte Regeln befolgen müssen oder bestimmte Erwartungen zu erfüllen haben. Es ist dein Leben und du kannst darüber entscheiden. Triff also deine eigenen Entscheidungen und lebe dein Leben nach deinen eigenen Regeln.

Ausgeglichenheit, Psychohygiene, Klarheit und Selbstbestimmung: Diese vier Dinge helfen dir dabei, deine Willenskraft stabil zu halten.

Das steigert deine Willenskraft
Es gibt auch Dinge, die deinen Willenskraft-Akku auf Dauer größer machen, sodass du dich über den Tag zu mehr Dingen überwinden kannst. Diese Willenskraft-Verstärker sind:

Training: Wenn du deine Willenskraft einsetzt, und dich regelmäßig selbst überwindest, dann trainierst du deine Willenskraft und dein Willenskraft-Akku wird größer.

Pausen und Entspannung: Wenn du regelmäßig die Seele kurz baumeln lässt und mal nichts tust, vergrößerst du ebenfalls deinen Willenskraft-Akku, sodass mehr reingeht.

Meditation: Regelmäßige meditative Übungen oder Autogenes Training erhöhen die Kapazität deines Willenskraft-Akkus über den Tag.

Selbstbestimmung: Wenn du etwas freiwillig machst, weil es dir wichtig ist oder weil du es für eine gute Sache tust, macht auch das deinen Willenskraft-Akku größer.

Klare Notwendigkeit: Wenn du die Sache heute wirklich erledigen musst, wenn kein Weg daran vorbeiführt und du dich nicht mehr rausmogeln kannst, lässt das deinen Willenskraft-Akku so richtig viel größer werden.

Neben guten Schlafgewohnheiten kannst du also so Einiges tun, um deine Willenskraft zu steigern.

Wie du geschickt mit deiner Willenskraft umgehst

Aus diesen Zusammenhängen lässt sich eine Strategie ableiten, wie du deine Willenskraft auf einem guten und stabilen Niveau halten und dann klug für deine Vorhaben einsetzen kannst. Diese Strategie sieht aus wie folgt:

1. Mach dir immer klar, dass deine Willenskraft zum Abend hin kleiner wird. Plane also Dinge, die dir schwerfallen und für die du dich überwinden musst, am Anfang des Tages ein.
2. Gehe sparsam mit deiner Willenskraft um und nutze sie nur da, wo es wirklich notwendig ist. Wenn du dich anders dazu bringen kannst, das Richtige zu tun, dann nutze andere Möglichkeiten. Trainiere dir zum Beispiel gute Gewohnheiten an, gestalte deine Umgebung so, dass dir dein Vorhaben leichter fällt und mache die Aufgaben am Anfang so einfach wie möglich, damit du zum Starten keine Willenskraft aufwenden musst.
3. Mach regelmäßig eine Bestandsaufnahme, ob dir Gefühle oder Zustände deine Willenskraft abziehen, etwa Stress, Angst und Sorgen, Fremdbestimmung oder Orientierungslosigkeit, und versuche dann so gut es geht diese Negativ-Faktoren abzustellen.

4. Überlege auch, wie du deinen Willenskraft-Akku dauerhaft größer machen kannst. Zuerst ist es wichtig, dass du ausreichend und erholsam schläfst. Und dann nutze deine Willenskraft im Alltag und überwinde dich gezielt zu unangenehmen Dingen, um dir selbst zu zeigen, dass du es kannst. Aber sorge auch dafür, dass deine Vorhaben selbstbestimmt sind. Außerdem: Meditiere und mach regelmäßig Pausen.

5. In Ausnahmefällen kann es sinnvoll sein, dass du dir gezielt einen kurzfristigen, verbindlichen Termin für eine Aufgabe setzt. Oder dass du ein öffentliches Versprechen abgibst, um eine unausweichliche Notwendigkeit zu schaffen. Weil das die Größe deines Willenskraft-Akkus schlagartig verdoppelt. Das merkt jeder, wenn am nächsten Tag die Steuererklärung fällig ist. Deadlines sind der Turbo für deine Willenskraft.

Deine Willenskraft meisterlich einsetzen

Wie gesagt: Deine Willenskraft klug einzusetzen, bedeutet manchmal auch, sie *nicht* einzusetzen, sondern lieber andere Zutaten zu nutzen. Gerade bei langfristigen Vorhaben sind andere Qualitäten besser geeignet, insbesondere wenn es um Ernährung, Sport oder Laster wie Rauchen oder zu viel Alkohol geht. Denn deine Willenskraft liegt durch innere und äußere Umstände immer mal wieder am Boden, daher ist sie bei langfristigen Vorhaben oder bei Vorhaben, wo es darum geht, bereits bestehende Gewohnheiten zu durchbrechen, nicht so richtig verlässlich. Je mehr du langfristige Vorhaben über andere Zutaten organisierst, die nicht von deiner Tagesform abhängen, desto verlässlicher wirst du sie umsetzen.

Das beste Einsatzgebiet für deine Willenskraft ist, wenn du dich mit Entschlossenheit zu den folgenden Dingen bringen willst:

◇ Kluge, konkrete Pläne zu machen (Seite 115)
◇ Deine Umgebung geschickt zu gestalten, sodass es dir dauerhaft leichter fällt, das Richtige zu tun (Seite 181)
◇ Dinge zu tun, die deine Motivation langfristig stärken (Seite 159)
◇ Nützliche Gewohnheiten aufzubauen (Seite 76, 205)

Denn diese Dinge können, wenn sie einmal erledigt sind, deine Umsetzungskraft dauerhaft stärken und funktionieren dann ohne Willenskraft. Wenn du dich dagegen jeden Tag mit eisernem Willen dazu bringen willst, dich gesund zu ernähren – sagen wir mal so, das schaffen nur ganz wenige …

Wann nutze ich welche Zutat?

Jetzt hast du die acht Zutaten im Detail kennengelernt und dadurch vielleicht ein gewisses Gefühl dafür bekommen, wie ihre Alchemie funktioniert.

Aber wie genau wendest du diese Zutaten nun an? Ganz einfach: Normalerweise wirst du über das Thema Umsetzungskraft nur nachdenken, wenn du gerade bei einer konkreten Aufgabe oder bei einem konkreten Vorhaben nicht vorankommst. Wenn du eine Sache aufschiebst oder ein Vorsatz im Alltag einfach immer hinten runterfällt.

Deine erste Aufgabe besteht oft darin, über dein Tun und deine Umgebung nachzudenken, bevor du deine Kraft auf deine Projekte loslässt.

Der erste Schritt besteht dann darin, mit ernster Stimme zu dir selbst zu sagen: »Stopp! So geht das nicht weiter. Ich muss jetzt etwas tun, damit ich endlich in dieser Sache vorankomme.« Und dann atmest du einmal tief durch, setzt dich in Ruhe hin und gehst die Zutaten einzeln durch. Die folgenden Fragen helfen dir herauszufinden, was genau dir eigentlich gerade fehlt und was du bräuchtest, um in dieser Sache verlässlich ins Handeln zu kommen.

Zutat 1: Wie einfach ist die Aufgabe?
Drückst du dich vielleicht um eine Aufgabe herum, weil sie zu schwierig oder unangenehm ist? Wenn ja, kannst du die Aufgabe irgendwie einfacher machen?

◇ Wenn deine Aufgabe dir Angst oder zu viel Druck macht, dann mach sie einfacher, schmerzfreier, kleiner, kürzer und weniger beängstigend.

◇ Wenn dich die Aufgabe überfordert, nutze die Salami-Taktik (Seite 38).

◇ Wenn die Sache zu groß und zu unangenehm ist und du Zeit hast, dann starte klein und steigere dich Woche für Woche (siehe »Das Gewächshaus«, Seite 76).

◇ Wenn du es irgendwie allein nicht hinbekommst, organisiere dir Hilfe, damit es einfacher wird (siehe »Der Hilferuf«, Seite 71)

◇ Wenn du die Sache aufschiebst, mach dir den Einstieg in die Aufgabe leichter (siehe »Die Trittsteine«, Seite 68)

◇ oder bereite die Aufgabe richtig gut vor, damit das Anfangen einfach ist (siehe »Das gemachte Bett«, Seite 89).

Zutat 2: Wie klar bist du dir über deinen Vorsatz?

Fehlt es dir vielleicht an Klarheit? Weißt du nicht genau, was zu tun ist oder wie du an die Sache herangehen kannst? Solltest du das Ziel also vielleicht noch einmal konkretisieren und einen konkreten Plan für die nächsten Schritte machen?

◇ Wenn du nur diffus vor Augen hast, was du erreichen willst, dann nutze die Methode »Lampe an« (Seite 93).

◇ Wenn dein Ziel oder Vorhaben noch schwammig ist, dann mach es richtig konkret und klar, damit du deutlich siehst, wo du hinwillst (siehe »Ziel schön machen«, Seite 99).

◇ Wenn du einen Vorsatz gefasst hast, dann verwandele diesen in einen Vertrag und steigere damit die Wahrscheinlichkeit dramatisch, dass du ihn auch durchhältst (siehe »Der Vertrag«, Seite 107).

◇ Mach einen einfachen, aber guten Plan, damit du genau vor dir siehst, was getan werden muss (siehe »Dein Masterplan«, Seite 115).

◇ Und stelle dir wieder und wieder die drei Fragen:
Wo will ich hin?
Warum will ich da hin?
Und wie sehen meine nächsten Schritte aus, um der Sache näherzukommen?

Zutat 3: Hast du genug Energie?

Bist du vielleicht gerade zu müde oder ausgelaugt? Fehlt es dir an Energie? Und solltest du deswegen mal gezielt auf deine Schlafgewohnheiten, deine Bewegung, deine Ernährung und deine seelische Ausgeglichenheit achten?

◇ Wenn dir die Energie fehlt, teste zuerst, was dir Energie raubt (siehe »Energieräuber finden«, Seite 123).

◇ Wenn es an deinen Schlafgewohnheiten liegt, nutze die Methode »Schlaf plus« (Seite 126).

◇ Sind deine Ernährungsgewohnheiten schuld, nutze die Methode »Ernährung plus« (Seite 131).

◇ Falls es an deinen Bewegungsgewohnheiten liegt, schau dir die Methode »Bewegung plus« an (Seite 139).

◇ Wenn du einfach nicht genug Pausen und Erholung hast, dann nutze die Methode »Erholung plus« (Seite 145).

◇ Oder wenn dir psychische Belastungen zu schaffen machen, wende die Methode »Kopfklar« an (Seite 153).

Zutat 4: Bist du motiviert genug?

Weißt du noch, warum du es tun willst und was du davon hast, oder was deine Lieben davon haben? Oder ist dir deine Motivation abhandengekommen? Musst du ihr vielleicht mal wieder einen Schubs geben?

◇ Wenn du dich noch nicht als Menschen siehst, der sein Vorhaben verwirklichen kann, dann nutze die Methode »Dein Selbstbild klug umbauen« (Seite 160).

◇ Falls dein Ziel eher ein Vernunft-Ziel ist, dann schalte den »Sinn-Turbo« an (Seite 166) oder lasse das Ziel im »Gewächshaus« wachsen (Seite 76).

◇ Wenn du es ohne Druck einfach nicht tust, mach dein Ziel öffentlich (»Veröffentlichen«, Seite 171).

◇ Wenn du deine Motivation durch zu viel Selbstkritik schädigst, schau dir die Methode »Das positive Selbstgespräch« (Seite 176) an.

Zutat 5: Unterstützt dich deine Umgebung?

Hat dein Vorhaben keine Verbindung nach außen und schmorst du komplett im eigenen Saft? Ist deine Umgebung für deine Aufgabe irgendwie hinderlich? Ist sie voller Ablenkungen und Verführungen? Fehlen dir die notwendigen Werkzeuge und Materialien? Sind die Menschen in deiner Umgebung gegen dein Vorhaben? Musst du hier etwas ändern? Wenn du dir diese Fragen hier regelmäßig stellst, kannst du dir unglaublich viel Kraft und Frust sparen.

◇ Wenn es niemanden gibt, mit dem du über dein Vorhaben reden kannst und den es interessiert, dann brauchst du vielleicht einen unterstützenden Rahmen (Seite 182).

◇ Wenn du einfach immer wieder vergisst, zu tun, was du dir vorgenommen hast, dann ist »Die Erinnerung« wichtig für dich (Seite 188).

◇ Wenn es zu viele Ablenkungen, Verführungen und schlechte, weil einfache Alternativen gibt, dann brauchst du einen geraderen Weg (Seite 193).

◇ Falls es Menschen gibt, die dein Ziel erschweren, musst du »Gegner zu Unterstützern machen« (Seite 199).

Zutat 6: Arbeiten deine Gewohnheiten für dich?

Hast du bestimmte Gewohnheiten, die dir dein Vorhaben oder die Aufgabe erschweren? Wäre es einfacher, wenn du diese Gewohnheiten ablegen würdest? Oder wäre es vielleicht sogar möglich und sinnvoll, deinen Vorsatz durch eine passende Gewohnheit auszuführen, also dir das, was regelmäßig getan werden muss, als feste, verlässliche Gewohnheit anzueignen?

◇ Wenn es bei deinem Vorsatz Dinge gibt, die du wieder und wieder tun musst, dann mache diese doch zu einer guten Gewohnheit (siehe »Die Maschine«, Seite 205).

◇ Und wenn es schlechte Gewohnheiten gibt, die deinem Vorhaben entgegenstehen, dann ist es Zeit, diese zu sabotieren (siehe »Die Sabotage, Seite 212).

Zutat 7: Hast du innere Widerstände?

Bist du innerlich nicht so richtig sicher, ob du die Sache wirklich umsetzen willst? Spürst du Zweifel oder innere Widerstände? Ist es vielleicht notwendig, hier erst einmal gezielt innere Einigkeit herzustellen? Damit du sagen kannst: »Ich will das von ganzem Herzen.«

◇ Wenn du dich blockiert fühlst, an deinem Ziel zweifelst und herausfinden willst, was dich blockiert, dann schau dir die Methode »Der innere Dialog« (Seite 229) an.

◇ Wenn du innere Widerstände gefunden hast und diese auflösen willst, dann nutze »Innere Widerstände finden und auflösen« (Seite 220).

Zutat 8: Wie steht es gerade um deine Willenskraft?

Kannst du deinen Willen und deine Entschlossenheit nicht so richtig spüren? Solltest du vielleicht mal wieder etwas dafür tun, um deinen Willenskraft-Akku besser aufzuladen?

◇ Frage dich zuerst, ob deine Aufgabe dafür geeignet ist, dich durch diese Sache mit Willenskraft durchzuboxen, oder ob du lieber eine andere Qualität einsetzen solltest.

◇ Wenn du vergessen hast, wie sich Willenskraft und Biss anfühlen und was diese Qualitäten bewirken können, kannst du das wieder hervorholen (siehe »Der entschlossene Blick«, Seite 235).

◇ Falls du Schwierigkeiten hast, unangenehme Aufgaben anzugehen, oder falls du bei Frust zu schnell das Handtuch wirfst, dann schau dir die Methode »Die Abhärtung« (Seite 238) an.

◇ Wenn du deine Willenskraft stärken und gleichzeitig deine Konzentrationsfähigkeit erhöhen willst, um länger fokussiert an deinem Vorhaben zu arbeiten, dann lerne, wie du einen »Power-Fokus« entwickelst (Seite 242).

Indem du diese acht Fragenkomplexe und die anschließenden Kapitelverweise durchgehst, betreibst du nicht nur eine ausgefeilte und gründliche Selbstanalyse, um den Gegnern deiner Schaffenskraft auf die Schliche zu kommen, sondern du versetzt dich auch in die Lage, dir einen Plan mit den entsprechenden Zutaten auszuarbeiten. Damit du es dann schaffst, deine Aufgabe oder deinen Vorsatz verlässlich zu erledigen, und deine Umsetzungskraft durch die Decke geht. Was dich dann stolz macht und lächeln lässt.

In den folgenden Kapiteln findest du für jede Zutat konkrete Methoden, wie du mehr dieser Zutat bekommen kannst. Wenn du diese Methoden systematisch anwendest, wirst du merken, wie deine Umsetzungskraft und deine Schaffenskraft sich auf eine neue Ebene bewegen. Du wirst merken, wie du deine Vorsätze und Vorhaben schneller und vor allem mit weniger Kampf und Überwindung erledigen kannst. Und du wirst immer mehr verstehen, dass es hinter unserem Handeln und Nichthandeln ein System gibt.

Dass du etwas nicht tust, wenn:
- es zu viele einfache Alternativen gibt
- du alles mit Willenskraft lösen willst
- du zu halbherzig an dein Vorhaben herangehst
- du nicht abgehärtet bist und instinktiv vor jeder unangenehmen Sache zurückweichst
- du keinen Sinn in einer Sache siehst
- du keinen Plan hast
- dein Alltag zu voll ist
- du zu viel und zu schnell auf einmal willst
- deine Umstände gegen dich arbeiten
- du abgelenkt oder sogar verführt wirst, das Falsche zu tun
- du innere Widerstände gegen dein Vorhaben hast
- du dich nicht gegen deine Impulse wehren kannst
- du schlechte Gewohnheiten hast, die deinem Vorhaben entgegenlaufen

Das ist das System hinter deinem Nicht-Handeln.
Und du handelst, wenn:
- die Aufgabe einfach ist
- du klar vor dir siehst, was getan werden muss und warum du es tust
- du voller Energie bist und dich motiviert fühlst
- deine Umgebung dich unterstützt und für dich arbeitet
- du für dein Vorhaben hilfreiche Gewohnheiten hast
- du innerlich einig bist und an dein Vorhaben glaubst
- du deine Willenskraft einsetzen kannst, wenn keins der anderen Dinge hilft

Das ist das System hinter deinem Handeln. Und je mehr und je tiefer du dieses System verstehst, desto mehr kannst du bewegen in deinem Leben. Desto mehr wird für dich möglich.

Einfachheit

Wir setzen ein Vorhaben eher um, wenn es
klein und einfach ist. Logisch. Dennoch nutzen
wir diesen Umstand oft nicht. Vielleicht,
weil die Idee zu trivial ist.
Aber du kannst und solltest dieses Prinzip nutzen,
um dich zum Handeln zu bringen, indem du eine
Aufgabe oder einen Vorsatz am Anfang einfacher
machst. Damit es zu Beginn keine so große
Überwindung kostet. Größer machen kannst
du eine Aufgabe später immer noch. Wenn du
die folgenden Methoden lernst und anwendest,
wird dein Leben einfacher werden. Und du wirst
einfacher tun, was getan werden muss.

Die Trittsteine – den Anfang einfacher machen

Du kennst das bestimmt: Tagelang drückst du dich um eine Aufgabe herum, und wenn du dann endlich anfängst, läuft alles wie von selbst. Und es ist auch gar nicht so schlimm, wie du erwartet hattest.

Manchmal müssen wir einfach nur beginnen. Denn wenn wir in Bewegung kommen, bleiben wir auch in Bewegung. Wenn du zum Beispiel in der Küche nur kurz einen Topf wegstellst, dann wischst du oft auch noch schnell die Arbeitsplatte ab und räumst die Spülmaschine aus. Du wolltest eigentlich gar keine große Küchenputzaktion machen, aber sobald du einmal angefangen hast, machst du einfach weiter.

Das ist wie in der Physik: Sobald ein Körper in Bewegung ist, bleibt er auch in Bewegung. Bis er durch eine andere Kraft abgebremst wird.

100 Minischritte langsam und verlässlich zu gehen ist besser, als nach dem fünften großen Schritt einzuknicken, weil es jedes Mal so anstrengend ist.

Dieses Prinzip nutzen wir bei den Trittsteinen. Sie bringen dich dazu, den ersten Schritt zu machen. Die Trittsteine kannst du immer dann nutzen, wenn du Schwierigkeiten hast, mit einer Sache anzufangen. Wenn du weißt, du solltest es tun, aber du tust es einfach nicht und machst stattdessen andere, einfachere Dinge. Um dich abzulenken. Und um nicht loslegen zu müssen.

Diese Methode ist aber auch dann hilfreich, wenn du während der Arbeit an einer Aufgabe Widerstände spürst. Wenn du irgendwo hängst und merkst, dass du frustriert wirst. Oder wenn du aufgeben willst.

Und so geht es Schritt für Schritt

Schritt 1: Suchen und Finden
Finde die ersten 2–5 wirklich kleinen und einfachen Schritte für die Aufgabe, zu der du dich gerade nicht aufraffen kannst. Wenn du jemanden anrufen sollst, dann wären die ersten kleinen Schritte:

1. das Handy vor dich hinlegen,
2. das Handy entsperren,
3. den Kontakt auswählen,
4. auf »wählen« drücken.

Wenn du mit der Steuererklärung anfangen willst, wären die ersten kleinen Schritte:

1. in den Raum gehen, wo der Schrank mit den Unterlagen steht,
2. die Box mit den Unterlagen aus dem Schrank nehmen,
3. die Box auf den Tisch stellen und dich davor hinsetzen,
4. die Unterlagen-Box öffnen.

Du musst die ersten Schritte nicht aufschreiben, doch gehe sie gründlich im Kopf durch. Vielleicht kommt dir das ein bisschen kindisch vor, aber es funktioniert. Indem du dir die einzelnen Trittsteine vorstellst, die in Richtung deiner Aufgabe führen, machst du es dir einfacher, loszugehen.

Schritt 2: Countdown
Nachdem du dir die Trittsteine zu deiner Aufgabe klargemacht hast, gibst du dir selbst einen Countdown zum Anfangen. So wie bei einem Raketenstart. Du zählst innerlich:
5
4

3

2

1

Und dann legst du los. Du tust, was du dir vorher vorgestellt hast. Et voilà.

Nachdem du über deine Trittsteine gelaufen bist, gibt es zwei Möglichkeiten: Entweder du hast dadurch die notwendige Anfangsbeschleunigung erreicht und kannst weitermachen oder du spürst immer noch Widerstände in dir. Dann wiederhole das Ganze. Überlege dir also wieder die nächsten 2–5 Schritte. Mach das so lange, bis du richtig in Fahrt gekommen bist.

Der wissenschaftliche Hintergrund dieser Methode ist, dass du im Kopf eine Absicht formulierst und diese visualisierst. Dadurch steigerst du die Wahrscheinlichkeit, dass du es tust. Und durch das Zählen aktivierst du (vereinfacht gesagt) deinen Neocortex. Das ist der Teil des Gehirns, der für Vernunft und logisches Denken zuständig ist. Und weil das, was du tun willst, ja eine vernünftige und richtige Sache ist, machst du es dadurch noch wahrscheinlicher, dass du anfängst.

Häufige Stolperfalle

Diese Methode ist so einfach, dass sie eigentlich keine Stolperfalle hat, höchstens, dass du im Alltag vergisst, dir die Trittsteine vor eine Aufgabe zu legen, und dass du sie dann aufschiebst oder etwas Einfacheres stattdessen tust. Der Trick ist, sich wieder an diese Methode zu erinnern. Damit du sie automatisch nutzt, wenn du dich beim Zögern oder beim Aufschieben erwischst.

Der Hilferuf:
Hol dir Unterstützung

Diese Methode ist immer dann sinnvoll, wenn du merkst, dass dir eine Sache entgleitet; wenn du dich in dir selbst verhedderst und in Gedankenschleifen hängst. Oder wenn du spürst, dass du starke innere Widerstände hast. Und vor allem ist sie sinnvoll, wenn du das Gefühl hast, dass das, was du dir vorgenommen hast, einfach zu schwer ist. Dann ist es Zeit für den Hilferuf, denn dann kann eine helfende Hand Wunder wirken.

Das Prinzip ist denkbar einfach. Du fragst jemanden, ob er dich bei deinem Vorhaben oder bei deiner Aufgabe unterstützt, damit es leichter für dich wird. Ich weiß, dass viele Menschen hier Schwierigkeiten haben. Schließlich wollen wir alles allein schaffen. Wir wollen uns ja keine Blöße geben.

Falls es dir auch so geht, bist du in guter Gesellschaft. Aber wenn du es schaffst, diese irrationale Vorstellung abzulegen, wird dein Leben deutlich einfacher werden. Denn uns gegenseitig zu helfen, das ist es, was das Menschsein ausmacht. Nur gemeinsam können wir überleben, im Großen und im Kleinen.

Also unterstütze bitte andere, wenn sie darum bitten, und bitte auch du selbst darum. So eine Unterstützung kann die verschiedensten Gesichter haben:

◇ Jemand tut es für dich.
◇ Jemand bringt dir bei, wie du es schneller und einfacher tun kannst.
◇ Jemand begleitet dich dabei, es zu tun.
◇ Jemand macht es gemeinsam mit dir.

Und so geht es Schritt für Schritt

Schritt 1: Das Eingeständnis

Zuerst gilt es, dir selbst einzugestehen: »Die Sache ist im Augenblick, so wie sie ist, zu schwierig für mich.« Dafür musst du manchmal deinen Stolz runterschlucken. Wer gibt schon gerne zu, dass er etwas nicht hinbekommt? Aber wenn wir ehrlich sind, geht das jedem von uns hin und wieder so. Wir alle wollen oder müssen manchmal Dinge tun, die jenseits unserer Möglichkeiten liegen. Wir alle scheitern an Aufgaben und Vorhaben. Dann ist es ein Zeichen des Erwachsenseins und der Reife, dass wir zugeben: »Das schaffe ich im Alleingang nicht. Ich brauche Hilfe.«

Schritt 2: Der Plan

Überlege genau, was du brauchst:

a) Soll es jemand für dich tun?
b) Brauchst du ein Training?
c) Soll es jemand gemeinsam mit dir machen?
d) Soll dich jemand dabei coachen?

a) Wenn es jemand für dich tun soll, kannst du dir einen Dienstleister suchen, der für Geld übernimmt, was dir schwerfällt. Oder du bittest einen Freund um einen Gefallen. Oder du bietest jemandem ein Tauschgeschäft an, zum Beispiel: »Wenn du meine Steuer machst, gestalte ich deine neue Website.« Oder: »Wenn du mir dabei hilfst, meine Unterlagen zu sortieren, dann bekoche ich dich für ein ganzes Wochenende.«

b) Wenn es dir jemand beibringen soll, dann buchst du einen Kurs oder engagierst einen persönlichen Trainer. Oder, wenn du ein guter Autodidakt bist, kaufst du dir ein Lehrbuch, einen Ratgeber oder suchst dir im Internet die Informationen zusammen. Das Problem ist hier allerdings, dass das Training dann ein weiteres selbstgesteuertes Projekt ist, zu dem du dich aufraffen musst. Da sind ein Kurs vor Ort oder ein persönlicher Trainer oft zielführender. Wenn du aber lieber den autodidaktischen Weg gehen willst, dann kannst du die Ideen aus dem Buch natürlich auch dazu nutzen, dich zum regelmäßigen Lernen zu bewegen. Lass es dir beibringen oder bringe es dir selbst bei. Das ist keine Geheimwissenschaft, man muss es eben nur tun.

c) Wenn es jemand gemeinsam mit dir machen soll, dann bittest du am besten einen Freund oder eine Freundin um einen Gefallen: »Du, kannst du mir bitte dabei helfen. Es ist mir etwas peinlich, das zuzugeben, aber ich brauche wirklich Hilfe. Ohne dich schaffe ich das nicht!« Hier kann es nicht schaden, wenn du den Spaßfaktor bei der Sache erhöhst, etwa indem du eine Belohnung für die getane Arbeit versprichst. Also danach schön gemeinsam essen zu gehen oder in die Sauna. Natürlich zahlst du. Oder du machst das zu erledigende Projekt selbst zu einem Event. Du könntest zum Beispiel eine Putz-und-aufräum-Party schmeißen, mit lauter Musik und Cocktails. Oder du teilst die Steuererklärung in zehn Teile und nach dem Erledigen eines Teils darf jeder ein Stück Kuchen essen. Lass einfach deiner Fantasie freien Lauf und denk dir etwas aus, damit es unterhaltsam wird.

d) Wenn dich jemand begleiten soll, dann brauchst du einen Coach. Also jemanden, der dir ein bisschen das Händchen hält. Jemanden, der deinem Vorhaben eine Struktur und einen Rahmen gibt. Jemand, der die einzelnen Schritte mit dir durchgeht, wenn du gerade nur Nebel im Kopf hast. Meist funktioniert das in Form regelmäßiger Telefonate oder Treffen. Ein guter Coach stellt dir dann Fragen, wie:

◇ Was willst du genau erreichen?

◇ Warum willst du das erreichen?

◇ Was sind die nächsten Schritte?

◇ Was hindert dich daran, es einfach zu tun?

◇ Was kannst du tun, um diese Hinderungsgründe aus dem Weg zu räumen?

◇ Was könnte es dir einfacher machen, es zu tun?

◇ Bis wann hast du es getan?

◇ Wie und mit wem wirst du es feiern, wenn du dein Vorhaben erst erreicht hast?

Bei jedem Kontakt mit deinem Coach geht ihr solche Fragen durch. Dein Vorhaben bekommt dadurch einen verbindlichen Rahmen. Das macht es leichter. Die Rolle des Coaches kann ein Profi einnehmen, was natürlich Geld kostet. Aber wenn es bei deinem Vorhaben um etwas geht, ist das vielleicht eine gute Investition.

Du kannst natürlich auch eine Freundin oder einen Freund bitten, in die Rolle des Coaches zu schlüpfen. Dann gilt es zu vereinbaren, wie und wie oft ihr über dein Vorhaben sprechen und welche Fragen ihr durchgehen wollt. Wichtig ist hierbei, dass dein Coach und du das Vorhaben wirklich ernst nehmt und während der Coaching-Sitzungen bei der Sache bleibt. Das Treffen oder Telefonat soll ja nicht zu einem freundlichen Kaffeeklatsch werden. Das solltet ihr vorher sehr verbindlich vereinbaren.

Dies sind also die vier Möglichkeiten, um dir Hilfe zu besorgen. Bitte entscheide dich jetzt für eine davon und mache einen Plan, wie du genau vorgehst, um dir Hilfe zu organisieren. Am besten setzt du dich wirklich hin und schreibst es dir auf.

Schritt 3: Do it

Und dann tust du es. Du setzt deinen Plan um. Du tust, was getan werden muss, um deinen Hilferuf in die Tat umzusetzen. So machst du dir die Sache einfacher.

Häufige Stolperfalle

Wie schon gesagt, es gibt eine Sache, die viele davon abhält, sich Hilfe zu holen, und das ist falscher Stolz. Wir wollen es allein schaffen. Weil wir nicht zugeben wollen, dass wir ohne andere nicht weiterkommen. Wir haben Angst, dass uns die anderen das als Schwäche auslegen. Dabei haben wirklich erfolgreiche Menschen bei ihren Projekten fast immer Hilfe; die wenigsten großen Dinge werden allein bewältigt.

Und mal ehrlich: Bei anderen findest du es doch auch ok, wenn sie sich Hilfe holen. Weil das zutiefst menschlich ist, wenn wir etwas zusammen erledigen. Mehr Freude macht es auch noch. Deswegen mein Appell an dich: Lass dir helfen. Und hilf, wenn du gefragt wirst. Auch das macht Menschsein aus.

Das Gewächshaus –
klein starten und wachsen lassen

Es gibt Arten von Vorhaben, die sind schwieriger zu verwirklichen als andere. Das sind die Vorhaben, die auf eine dauerhafte Veränderung unseres Verhaltens und unserer Gewohnheiten abzielen. So etwas wie eine grundsätzliche Ernährungsumstellung, der Vorsatz, von nun an regelmäßig zu meditieren, oder der Plan, jeden Tag für 1–2 Stunden an einem Buch zu schreiben.

Bei solchen Vorhaben ist häufig das Problem, dass wir zwar das Ziel gut finden, dass uns die notwendigen Schritte dahin aber nerven.

Mein Ziel ist zum Beispiel, fit durch die Gegend zu springen und mich einfach gut und gesund zu fühlen. Aber der Weg dahin ist anstrengend: jeden Tag gesunde Sachen essen und jeden Tag Sport machen, wieder und wieder und wieder. Das geht gegen meine Gewohnheiten und schränkt mich in meiner Lebensfreude ein.

Mit dem Gewächshaus kannst du dein eigenes Leben in nahezu allen Bereichen positiv auf den Kopf stellen.

Es ist also kein Wunder, dass die meisten von uns Schwierigkeiten mit dem Erreichen von solchen dauerhaften Zielen haben. Weil die Sache zuerst einfach keinen Spaß macht. Und weil wir uns nicht nur einmal überwinden müssen, sondern immer und immer wieder. Da ist es gewissermaßen vorprogrammiert, dass unsere Willenskraft irgendwann schlappmacht.

Wir können zwar einiges tun, um unsere Willenskraft zu stärken und stabil zu halten, aber bei längerfristigen Vorhaben reicht sie allein nicht aus. Denn irgendwann haben wir alle einen schwachen Moment, wo wir nicht mehr können und auch nicht mehr wollen – und dann knicken wir ein. Das ist dann oft der Anfang vom Ende unseres Vorhabens.

Eine Lösung für dieses Problem ist das Gewächshaus. Durch das Gewächshaus lernst du, den Weg zu deinem Ziel zu lieben. Und zwar, indem du in ganz kleinen und schmerzfreien Schritten vorgehst und dich selbst bei jedem Schritt ermutigst und bestätigst. Auf diese Weise kannst du das von dir gewünschte Verhalten nach und nach heranzüchten.

Alles, was das Gewächshaus braucht, sind Zeit und ein bisschen Organisation. So wie ein richtiges Gewächshaus auch. Dafür erreichst du dein Ziel ohne Willenskraft, ohne Zwang und ohne Kampf.

Und so geht es Schritt für Schritt

Schritt 1: Wähle die Pflanze

Zuerst überlegst du dir ganz konkret, welches neue, schöne Verhalten du in deinem Gewächshaus wachsen lassen möchtest, also was du am Ende verlässlich tun willst. Zum Beispiel täglich 20 Minuten Yoga machen, 3-mal die Woche eine Stunde laufen gehen, jeden Tag 50 Liegestütze und 50 Kniebeugen machen, nach 18 Uhr keine Kohlenhydrate mehr essen oder täglich 20 Minuten im Wald spazieren. Für Vorhaben dieser Art eignet sich das Gewächshaus sehr gut. Um dein eigenes Vorhaben konkret zu machen, stelle dir bitte die folgenden Fragen:

◇ Was will ich am Ende erreicht haben?
◇ Was will ich verlässlich tun?
◇ Wie oft will ich es pro Tag oder pro Woche tun?
◇ Für wie lange will ich es tun?

Wenn du diese Fragen – am besten schriftlich – beantwortet hast, hast du die Pflanze gewählt, die du in deinem Gewächshaus züchten willst.

Noch ein Hinweis: Pflanze, wenn du mit der Methode startest, zuerst nur einen Samen in dein Gewächshaus. Später kannst du mehrere Pflanzen gleichzeitig betütteln, in der Startphase aber bitte nur eine.

Schritt 2: Pflanze den Samen

Jetzt gilt es, den Samen in die Erde zu bringen, damit eine Pflanze daraus wachsen kann. Ein Samen ist normalerweise sehr klein, vielleicht einen Millimeter groß. Und genauso klein muss das Verhalten sein, mit dem du startest. Das könnte sein:

»Ich mache 20 Sekunden eine Yoga-Übung, die mir leichtfällt«, »Ich räume genau einen Gegenstand (und nicht mehr) in meiner Wohnung weg«, »Ich ziehe mir die Turnschuhe an und laufe 20 Schritte auf der Stelle«, »Ich mache einen Liegestütz, notfalls auch auf den Knien«, »Ich esse nach 21 Uhr keine Kohlenhydrate mehr«, »Ich gehe jeden Tag für 1 Minute vor die Tür zum Spazieren.« Der Start in dein neues Verhalten muss wirklich sehr einfach und schmerzfrei sein. Das bedeutet:

◇ Das Verhalten darf nicht anstrengend, angsteinflößend, unangenehm oder frustrierend sein.
◇ Das Verhalten darf nicht lange dauern. Idealerweise unter einer Minute.
◇ Das Verhalten darf keine große Vorbereitung erfordern, damit du sofort damit loslegen kannst.
◇ Das Verhalten muss so klein sein, dass es einfacher ist, es schnell zu erledigen, als mit sich selbst zu diskutieren.
◇ Das Verhalten darf nicht peinlich sein oder doofe Bemerkungen von anderen Menschen nach sich ziehen (notfalls nur machen, wenn du unbeobachtet bist).

◇ Das Verhalten muss klar und konkret sein, du musst sofort loslegen können, ohne zu überlegen oder eine Entscheidung treffen zu müssen.

Es geht im ersten Schritt darum, etwas zu finden, das so einfach und schmerzfrei ist, dass du es auch an schlechten Tagen verlässlich tust. Auch wenn du müde bist, wenn die Welt gegen dich ist, wenn du krank bist, wenn du schlecht drauf bist oder wenn dir alles über den Kopf wächst.

Noch etwas Wichtiges: Wähle unbedingt etwas, das du täglich tun willst, selbst wenn du auf ein Vorhaben zielst, das später nur 3-mal pro Woche ausgeführt werden soll. So gibt es dann keine innere Diskussion, ob du es heute oder morgen machst.

Und dann noch eine typische Stolperfalle bei diesem Schritt: Manch einer hat das Gefühl, dass es zu lächerlich ist, mit 20 Sekunden Yoga oder einem Liegestütz zu starten. Was soll das denn bringen? Die Antwort lautet: Es bringt, dass du dich daran gewöhnst, etwas dauerhaft zu tun. Es geht am Anfang nicht um die Größe der Pflanze, sondern darum, dass du sie täglich gießt – weil sie sonst verdurstet und stirbt. Es geht darum, dich daran zu gewöhnen, jeden Tag etwas für das zu tun, was dir wichtig ist. Damit diese Regelmäßigkeit entsteht, die deine Pflanze letztlich groß macht.

Schritt 2 des Gewächshauses besteht also darin, dich zu fragen: »Mit welcher wirklich kleinen, schmerzfreien und einfachen täglichen Sache werde ich starten?« Die Antwort ist dann der Samen, den du sinnbildlich einpflanzt, damit daraus eine große und schöne Pflanze wachsen kann.

Schritt 3: Stell den Wecker

Du willst in den nächsten Tagen deinen Samen regelmäßig gießen, indem du die kleine und schmerzfreie Sache täglich tust. Doch selbst wenn es keinen Grund gibt, sie nicht zu erledigen: Wenn du nicht daran denkst, tust du auch die einfachsten

Dinge nicht. In einem vollen Alltag vergessen wir solche Sachen, solange wir uns noch nicht daran gewöhnt haben.

Deswegen lautet Schritt 3: Stell dir einen Wecker. Moderne Smartphones sind wunderbar dazu geeignet, dich zu verschiedenen Uhrzeiten des Tages an etwas zu erinnern. Nutze das.

Man kann es nicht oft genug sagen: Erinnere dich daran, deinen Samen täglich zu gießen.

Natürlich nur, wenn du dein Smartphone die ganze Zeit bei dir trägst. Wenn nicht, installiere dir eine andere narrensichere Erinnerung. Narrensicher bedeutet: Es ist unmöglich, sie zu überhören oder nicht zu bemerken. Der beste Weg dazu ist, dich auf unterschiedliche Arten zu erinnern: Stell dir einen Wecker. Lege einen Stein auf die Fußmatte. Mach dir einen Knoten ins Taschentuch. Klebe ein Post-it an den Spiegel und hefte es jedes Mal an eine andere Stelle, weil du dich sonst schnell an den Anblick gewöhnst und es nicht mehr wahrnimmst. Erinnere dich so, dass du es wirklich nicht vergessen kannst.

Damit du es wirklich tust

Stell dir vor, du müsstest jeden Tag eine ganz bestimmte Tablette nehmen, sonst würdest du am nächsten sterben. Erinnere dich an dein neues Verhalten mit der gleichen Dringlichkeit.

Schritt 4: Gieße die Pflanze

Die Erinnerung klingelt. Oh, es ist Zeit, deine 20 Sekunden Yoga zu machen (oder was auch immer du dir vorgenommen hast). Tu es. Sofort. Ohne aufzuschieben. Das ist kein Problem, weil es so einfach und schmerzfrei ist, dass du es einfach so tun kannst.

Und wenn du genau hinschaust, siehst du deine Pflanze wachsen. Ein ganz kleines bisschen.

Aber zum Gießen deiner zarten Pflanze gehört noch ein zweiter Teil. Der besteht darin, dir selbst ein gutes Gefühl zu verschaffen, weil du es getan hast.

Und zwar binnen zwei Sekunden. In der Psychologie nennt man das positive Verstärkung.

Keine Handlung findet dauerhaft ohne positive Bestätigung von innen oder von außen statt. Es ist dein Job, dir diese Bestätigung zu verschaffen.

Wenn wir etwas tun und uns innerhalb von zwei Sekunden dafür belohnen, lernen wir, mit der Handlung etwas Positives zu verbinden, und die Sache brennt sich in unser Gehirn ein. Wir bekommen dann von allein Lust darauf, es zu tun. Und genau da willst du ja hin. Dann machst du Sport, weil Sport sich gut anfühlt, und nicht, weil der Arzt dir zu mehr Bewegung geraten hat. Und an deinem Buch schreibst du, weil dir das Schreiben Spaß macht, nicht weil du von Ruhm und Ehre träumst.

Indem du dafür sorgst, dass du ein gutes und schönes Gefühl nach deiner Mikrohandlung hast, schaffst du diese Verbindung. Du darfst mit der positiven Bestätigung nur nicht länger als zwei Sekunden warten, sonst findet die Verbindung nicht statt. Wähle aus den folgenden Ideen einfach die aus, die dir am meisten liegt.

Möglichkeiten, um dir ein gutes Gefühl zu verschaffen

Geste oder Bewegung

Du kannst eine bestimmte Geste oder Bewegung machen, die etwas Positives für dich ausdrückt. Wichtig dabei ist, dass du zu der Geste den passenden Gesichtsausdruck machst und dir dazu auch das passende Gefühl vorstellst. Du kannst zum Beispiel das Siegerzeichen machen, einen Daumen hochstrecken, dir selbst auf die Schulter klopfen oder dir – was ich gerne tue – mit

der Faust auf die Brust klopfen. Du kannst ein kleines Sieger-
tänzchen aufführen, dir selbst applaudieren oder dir über den
Kopf streicheln. Denke dir einfach irgendeine Geste oder Bewegung aus, mit der du dich selbst positiv bestätigen kannst.

Lob

Du kannst dir auch selbst etwas sagen oder singen – entweder
nur in deinem Kopf oder laut. Laut ist meistens wirkungsvoller,
und je enthusiastischer, entschlossener und intensiver du es dir
sagst, desto besser ist es.

Sage, sing oder denke auf enthusiastische, übertriebene Weise
so etwas wie: »Ja, ja, ja!« Oder: »Du bist großartig, das hast du
toll gemacht!« Oder: »Du bist der/die Beste!« Oder: »Bingo!«
Oder: »Niemand ist so gut wie du!« Oder: »Das ist der Weg, sehr
schön!« Oder: »Du hast es einfach drauf.« Oder: »Du rockst!«
Sage dir selbst irgendetwas, das eine positive Emotion in dir hervorbringt. Du kennst dich am besten und weißt, was das sein
kann. Mach ein Spiel daraus und nimm es nicht so ernst.

Visualisierung

Sieh vor deinem geistigen Auge etwas vor dir und mach dazu
den passenden Gesichtsausdruck. Sieh zum Beispiel vor dir,
wie eine Menschenmenge dir Beifall klatscht. Oder wie du auf
einem Siegertreppchen stehst, deine Familie und deine Freunde
dir zujubeln und du merkst, dass sie wirklich stolz auf dich sind.
Sieh vor dir, wie du eine Schampusflasche aufmachst oder wie
sich jemand, der dir wichtig, ist, voller Hochachtung vor dir
verbeugt. Oder sieh irgendwas anderes vor dir, was in dir eine
positive Emotion hervorbringt und für dich ein »Gut gemacht!«
symbolisiert.

Leuchten

Stelle dir vor, wie du für einen kurzen Augenblick in einer deiner Lieblingsfarben leuchtest, oder wenn du es hinbekommst,

erzeuge für einen Moment ein Gefühl von Erfolg und Glückseligkeit in dir. Manche Menschen können das.

Lächele

Noch eine Bestätigungsmöglichkeit: Lächle kurz und heftig. Ziehe die Mundwinkel nach oben – auch wenn es nicht ganz echt ist, wirkt es trotzdem auf den Körper.

Noch einmal zur Erinnerung

Probiere das bitte wirklich aus. Experimentiere so lange mit diesen Möglichkeiten zur Selbstverstärkung herum, bis du eine für dich befriedigende Variante gefunden hast. Du kannst sie auch nach Stimmungslage variieren.

Wenn du dich nach einem erwünschten Verhalten selbst bestätigst, erhöhst du damit die Wahrscheinlichkeit, dass du das Verhalten automatisch wiederholst, weil du einfach Lust darauf hast. Die positive Verstärkung ist beinahe der wichtigste Teil dieser Methode, weil du dadurch dein Gehirn neu programmierst und so aus einer anstrengenden Aufgabe eine einfache Aufgabe wird, die du gerne machst. Also lass diesen Teil bitte wirklich nicht aus.

Schritt 5: Die Pflanze kritisch-liebevoll betrachten

Du hast dir vorgenommen, jeden Tag eine klitzekleine Sache zu machen, um dein Ziel zu erreichen. Das ist dein Samenkorn, das du im Gewächshaus in einen Topf gepflanzt hast. Dann hast du dir einen Wecker gestellt, damit du es auch regelmäßig gießt.

Hier gibt es nun zwei mögliche Ergebnisse: Entweder du tust es tatsächlich jeden Tag, oder du bekommst es nicht hin, weil du deinen Wecker nicht zuverlässig genug gestellt hast oder weil es dir irgendwie doch zuwider oder zu anstrengend ist.

Es ist wichtig, deine Pflanze jeden Tag mit einem kritischen, aber liebevollen Blick betrachten, denn sonst verdurstet und vertrocknet sie ganz schnell. Frage dich: »Tue ich wirklich verlässlich jeden Tag, was ich mit mir selbst abgemacht habe?«

Wenn die Antwort »Ja« ist, kannst du einfach zur Tagesordnung übergehen und mit deinem Alltag weitermachen. Aber wenn die Antwort »Nein« ist, musst du noch tiefer bohren. Dann frage dich auf eine freundliche Art: »Ok, woran liegt es?«

Wichtig ist, dass du hier nett zu dir bist. Also nicht sauer auf dich sein, weil du es nicht geschafft hast. Konzentriere dich einfach darauf, eine Lösung zu finden, damit du es in Zukunft besser hinbekommst.

Mögliche Gründe, weshalb du es nicht tust – samt der passenden Lösungsmöglichkeiten

Ich vergesse es.
Dann mache deine Erinnerung einfach noch narrensicherer. Sorge dafür, dass sie hundertprozentig funktioniert. Problem gelöst.

Es ist zu schwer.
Es ist doch irgendwie zu schwer, lästig, anstrengend.

Wenn du an dein Vorhaben denkst, es aber trotzdem nicht tust oder es aufschiebst und dann vergisst, dann ist dein Mikrovorsatz noch nicht klein genug. Dann musst du ihn noch kleiner machen. Ein halber Liter Wasser morgens ist doch zu viel. Fange mit 200 Milliliter an. Problem gelöst.

Es ist nicht gut genug vorbereitet.
Ein weiterer möglicher Grund, warum du es nicht tust, ist schlechte Organisation. Wenn du jeden Tag einen Apfel essen willst, aber am dritten Tag keine Äpfel mehr im Haus hast, dann

stirbt dein Vorhaben an schlechter Organisation. Deswegen ist es wichtig, immer möglichst weit vorauszudenken und dich im Vorfeld zu fragen, was du alles brauchst, um deinen Mikrovorsatz auch gut umsetzen zu können. Hier hilft ein Plan, damit du in Zukunft alles hast, was du brauchst, um deine Pflanze jeden Tag gießen zu können. Problem gelöst.

Ich habe zu viel anderes zu tun.

Wenn du merkst, dass du es nicht tust, weil zu viel anderes zu tun ist, dann schiebe die Ausführung deines Vorhabens an den Anfang des Tages. Lass eine andere, weniger wichtige Sache am Ende des Tages hinten herunterfallen. Schließlich hast du ein zartes Pflänzchen zu versorgen.

Wie schaffst du es, deine kleine, zarte, wundervolle Pflanze jeden Tag kritisch-liebevoll zu betrachten?

Die einfachste Möglichkeit, um dich daran zu erinnern, dass du dich auch wirklich jeden Tag um deine kleine Pflanze kümmerst, ist, täglich einen Haken in deinem Kalender zu machen, wenn du sie gegossen hast. Und wenn du merkst, dass du keinen Haken machen konntest, dann schaust du, woran es lag. Und dann ergreifst du entsprechende Maßnahmen.

Noch besser ist es, wenn du für dein Vorhaben ein Blatt anfertigst, auf dem die nächsten 60 Tage als kleine Kästchen drauf sind. Darauf kannst du dann für jeden Tag einen Haken machen, wenn du es getan hast. Oder du zeichnest ein W (für Wecker) oder eine kleine Glocke ein, wenn du dich noch besser erinnern musst. Zeichne ein K (kleiner) oder einen Pfeil nach unten ein, wenn du dein Vorha-

Du musst also zum konstruktiven, lösungsorientierten Gärtner deiner kleinen Pflanze werden.

ben noch kleiner machen musst. Oder ein O (organisieren) oder drei horizontale Striche, wenn du dein Vorhaben noch besser vorbereiten und organisieren musst.

Wenn du diesen Erfolgsplaner jeden Tag hervorholst und darauf notierst, wie es mit deiner Pflanze läuft, schaffst du für das Erreichen deines Ziels eine strukturierte, systematische und damit sehr erfolgversprechende Umgebung. Nebenbei macht es auch einen Höllenspaß, zu sehen, wie du Fortschritte machst und dein Vorhaben wie ein Uhrwerk wieder und wieder erledigst. Das ist sehr befriedigend. Und nichts motiviert so sehr wie ein Erfolg, selbst wenn es ein kleiner ist.

Schritt 6: Umtopfen, wieder und wieder
Nun willst du ja nicht für immer bei deinem anfänglichen Mikrovorsatz bleiben, du willst auch irgendwann bei deinem Ziel ankommen. Deswegen musst du dich steigern und dein Pensum erhöhen. Das machst du alle 7 Tage. Dazu betrachtest du dein Ziel aus Schritt 1 und überlegst dir, was der nächste logische Schritt ist.

Wenn du eine gesündere Ernährung anstrebst und als Erstes jeden Tag morgens ein Glas Wasser trinkst, könntest du zusätzlich jeden Tag noch einen Apfel essen. Wenn du nur noch bis 22 Uhr essen willst, dann verkürzt du die Zeit jetzt auf 21:30 Uhr.

Steter Tropfen höhlt den Stein. So ist das mit kleinen Veränderungen auch. Viele kleine Veränderungen ergeben irgendwann große Veränderungen.

Oder wenn du deinen Süßigkeitenkonsum auf maximal 5 Stück pro Tag festgelegt hast, senkst du diesen jetzt auf 4 Stück. Wichtig ist nur, dass du dich nicht zu schnell steigerst. Gerade in den ersten vier Wochen ist es entscheidend, dass du dich nicht überforderst. Falls du bei der täglichen liebevollen Betrachtung merkst, dass du es nicht verlässlich tust, dann mach deinen gesteigerten Schritt wieder kleiner. Das Einzige, was zählt, ist, dass du es tust. Wieder und wieder.

Diesen Schritt 6, das Umtopfen, das Steigern, machst du so lange, bis du dein ursprüngliches Ziel aus Schritt 1 nahezu mühelos und automatisch erreichst. Aber selbst wenn du es erreicht hast, würde ich dir empfehlen, noch für einige Monate weiter deinen Plan zu führen und deine Häkchen zu machen. Einfach zur Sicherheit, damit dir die Sache nicht doch wieder irgendwie entgleitet.

Sonderfall

Noch kurz zu einem Sonderfall: Manchmal will man etwas nicht täglich machen, sondern nur 3-mal die Woche. In diesem Fall ist es trotzdem sinnvoll, einen 7-Tage-Takt aufrechtzuerhalten, weil du so nie aus dem Rhythmus kommst und nie in Versuchung gerätst, die Sache auf morgen zu verschieben. Wenn du nur 3-mal die Woche joggen gehen willst, dann plane an den restlichen Tagen immer wenigstens eine Mikroeinheit von einem verwandten zielführenden Verhalten ein, also nimm dir für die restlichen 4 Tage vielleicht 5 Minuten Krafttraining oder Gymnastik vor. Also zum Beispiel: Mo, Mi und Sa: 20 Minuten laufen. Di, Do, Fr und So: 5 Minuten Gymnastik vor dem offenen Fenster. Oder wenn du nur 3-mal die Woche ein Video für deinen Youtube-Kanal produzieren willst, dann sammele an den anderen 4 Tagen wenigstens jeweils 5 Minuten Ideen für weitere Episoden.

Häufige Stolperfallen

Die größte Stolperfalle beim »Gewächshaus« ist fehlende Geduld. Wenn dir das Ganze nicht schnell genug vorangeht und du die kleinen Schritte nicht aushalten kannst. Aber denk daran: Die meisten Menschen nehmen sich jedes Jahr zu Silvester das Gleiche vor, versuchen es dann mit Willenskraft durchzupeitschen und geben nach drei Wochen wieder auf. Jahr für Jahr.

Die Vorgehensweise mit dem Gewächshaus führt tatsächlich deutlich schneller zum Erfolg, weil du damit unter dem Radar deiner inneren Widerstände bleibst und keine Willenskraft einsetzen musst – was bei längerfristigen Vorhaben immer schwierig

Wenn du manchmal mehr machst, als du mit dir vereinbart hast, dann sei dankbar und genieße es. Wenn nicht, dann sage dir, dass das auch nicht vereinbart war und in Ordnung so ist.

ist. Alles, was du hier brauchst, sind Geduld und ein bisschen Selbstorganisation.

Es gibt übrigens noch einen Effekt, wenn du mit diesen Mikroschritten vorgehst. Nach drei bis vier Wochen passiert es normalerweise, dass du dich dabei erwischst, wie du öfter von ganz allein im Sinne deines großen Ziels handelst. Das passiert, weil sich dein Selbstbild durch die kleinen Mikroschritte langsam verändert. Und das zieht automatische Verhaltensweisen nach sich, die gut für dich sind.

An dieser Stelle ist es dann nur extrem wichtig, dass du das nur als schönen Bonus betrachtest. Du darfst die neuen, automatischen Verhaltensweisen niemals von dir fordern oder dich darüber ärgern, wenn es mal nicht klappt. Das ist wirklich verboten, weil du dadurch wieder innere Widerstände aufbaust und die neu gewonnene intrinsische Motivation zerstören würdest.

Und noch eine Stolperfalle bei dieser Methode ist nicht zu unterschätzen: Manch einer hat bei der Idee mit der positiven Selbstverstärkung Bauchschmerzen, weil sie ihm irgendwie lächerlich oder kindisch erscheint. Hier heißt es über den eigenen Schatten zu springen, denn die eigene Bestätigung ist ein enorm wichtiges Mittel, um eine positive Verbindung zur Handlung herzustellen. Damit du Lust darauf bekommst und motiviert bist, die Sache um ihrer selbst willen zu tun.

Das gemachte Bett:
alles extrem gut vorbereiten

Die Methode »Das gemachte Bett« eignet sich besonders für Aufgaben, bei denen du schon öfter wegen schlechter Vorbereitung gescheitert bist. Aber auch für Aufgaben, wo du dich beim Aufschieben erwischst, ist sie nützlich. Weil du damit den Einstieg in die Aufgabe finden kannst.

Du willst deine Steuer machen und stellst fest, dass du noch Belege ausdrucken musst. Aber deine Druckerpatrone ist leer. Und die Hälfte der Belege hast du noch im Büro. Du kannst also nicht anfangen, weil du nicht gut vorbereitet bist. Oder du bist hundemüde, willst schlafen gehen und merkst, dass dein Bett noch nicht bezogen ist. Nun musst du noch alles fertig machen, und das ist echt nervig. Schöner wäre es doch, wenn dein Bett schon gemacht wäre. Vielleicht sogar mit einem Täfelchen Schokolade auf dem Kopfkissen.

Eine gute Vorbereitung erhöht die Wahrscheinlichkeit, dass du auch wirklich tust, was du dir vorgenommen hast.

Ja, mit einem gemachten Bett ist der Einstieg in jede Aufgabe viel einfacher. Wenn also alles notwendige Material und alle Voraussetzungen da sind, die du zum Anfangen brauchst, und du unmittelbar loslegen kannst. Hier hilft dir eben »Das gemachte Bett«. Mit dieser Methode planst du dein Vorhaben minutiös und bereitest alles vor, damit du sofort und ohne Stopper anfangen kannst.

Normalerweise würde man denken, dass wir das als erwachsene und vernünftige Menschen sowieso immer tun. Aber du weißt ja, die Wirklichkeit ist oft eine andere.

Und so geht es Schritt für Schritt

Schritt 1: Leg Ort und Zeitpunkt fest

Im ersten Schritt überlegst du dir, wann und wo genau du deinen Vorsatz ausführen willst. Also wann und wo du zum Beispiel laufen gehen willst. Wann du deine Wohnung aufräumen willst. Wann und wo du das schwierige Gespräch führen willst. Denn es gibt Zeiten und Orte, die bieten sich eher an als andere. Weil es da weniger Störungen und Ablenkungen gibt. Weil du da den notwendigen Raum für die Sache hast.

In Schritt 1 beantwortest du also die folgende Frage für dich: »Wann ist der beste Zeitpunkt für diese Aufgabe? Und wo ist der beste Ort dafür?« Die besten Pläne sind die, die man aufschreibt. Also vielleicht notierst du dir deine Antworten.

Schritt 2: Mach die Besorgungen

Als Nächstes überlegst du dir, was du alles brauchst, um sofort loslegen zu können.

1. Welche Informationen brauchst du?
2. Welche Materialien brauchst du? (zum Beispiel die Druckerpatrone?
3. Welche Werkzeuge oder welche Ausrüstung brauchst du?
4. Welche Werkzeuge oder welche Ausrüstung musst du vorher noch warten oder reparieren?
5. Welche Menschen müssen da sein, damit du es tun kannst?

Mache eine Liste mit den Dingen, die zur geplanten Zeit am geplanten Ort sein müssen, damit du direkt anfangen kannst.

Und dann arbeite deine Liste ab. Besorge alles, was du benötigst. Such die Sachen raus, die du brauchst, um sicherzugehen, dass du sie auch wirklich hast. Kaufe fehlende Sachen ein. Mach notwendige Reparaturen. Und führe alle Telefonate und Gespräche, um notwendige Informationen zu besorgen.

Schritt 3: Lege alles Notwendige zurecht

Nachdem du alles Notwendige besorgt und gegebenenfalls repariert hast, legst du dir nun alles an einem Ort zurecht, damit du innerhalb kürzester Zeit anfangen kannst.

Lege alle deine Steuerunterlagen auf deinen Schreibtisch. Platziere alle deine Laufsachen auf einem Haufen neben der Tür. Lege deine Yogamatte und deine Yogasachen im Schlafzimmer bereit. Das Ziel ist: Du bewegst dich an den vorgesehenen Ort und kannst sofort mit deiner Aufgabe loslegen, weil alles extrem gut vorbereitet ist. Weil das Bett gemacht ist.

Schritt 4: Triff die Entscheidung

Dann gilt es nur noch eine Entscheidung zu treffen: Zum Zeitpunkt X werde ich mich zum Punkt Y bewegen und werde tun, was ich mir vorgenommen habe. Versprochen.

Mit diesen vier Schritten kannst du für deine Aufgabe ein kuscheliges Bett bereiten. Dadurch machst du es dir maximal einfach, auch wirklich anzufangen. Glaub mir, mit dieser Methode wirst du so viel leichter loslegen. Und du weißt ja: Sobald du einmal angefangen hast …

Häufige Stolperfalle

Auch hier gilt wieder: Ich muss daran denken. Oft besteht eine gute Vorbereitung nur aus einer ganz kleinen Handlung. Morgens einen Apfel einzustecken. Die Laufschuhe auf die Matte zu stellen. Auf dem Weg zur Arbeit noch schnell einen Salat einzukaufen. Abends Stift und Zettel auf den Küchentisch zu legen, wenn ich jeden Morgen zehn Dinge aufschreiben will, für die ich dankbar bin. Das kostet nicht groß Zeit. Und ich würde es auch tun. Wenn ich es nicht vergessen würde.

Hier hilft, sich einmal pro Tag zu fragen: »Was will ich alles tun und wie kann ich das besser vorbereiten?« Idealerweise erinnerst du dich daran, dir diese Frage zu stellen.

Klarheit

Wenn du den Weg vor dir nicht siehst, gehst du häufig nicht in die Richtung, in die du eigentlich willst. Dann verlierst du dich auf Abwegen, also in einfachen und gewohnten Tätigkeiten.

Wenn du dagegen große Klarheit über dein Vorhaben und deinen Weg hast, tust du eher, was du eigentlich tun willst. Wenn du also dein Ziel klar vor dir siehst. Aber auch, wenn du weißt, was genau du tun sollst, um dein Ziel zu erreichen. Deswegen findest du hier Methoden, um deine Klarheit zu erhöhen. Denn Klarheit ist wie ein kleiner Raketenrucksack, den du dir auf den Rücken schnallst. Damit steigerst du deine Umsetzungskraft massiv.

Lampe an – wie du herausfindest, was du wirklich willst

Manchmal wissen wir genau, was wir wollen. Wir wollen ein Tiny House bauen, 5000 Euro im Monat verdienen, eine Weltreise machen oder eine erfolgreiche Romanautorin sein. Solche Ziele sind einfach, weil wir hier das Ergebnis klar vor uns sehen.

Manchmal jedoch wissen wir zwar, dass etwas anders werden soll, aber unser Ziel liegt im Dunkeln. Wir spüren eine Sehnsucht, können diese aber nicht richtig fassen. Oder wir haben ein konkretes Ziel, zweifeln aber noch irgendwie daran. So kommen wir nicht ins Handeln, weil wir nicht wissen, was wir unternehmen sollen, um es zu erreichen.

Hier hilft es, die Lampe anzumachen, damit wir unser Ziel klar und deutlich sehen. Wir können so auch das Grundbedürfnis hinter dem Ziel ergründen und einen besseren Weg finden, um uns in die richtige Richtung zu bewegen. Um dann loszulegen.

Und so geht es Schritt für Schritt

Schritt 1: Finde die Richtung

Wenn du noch nicht genau weißt, was du eigentlich willst, ist es am einfachsten, dir zuerst die grobe Richtung klarzumachen. Überlege dir dazu einfach, wovon du gerade mehr möchtest, also von welcher Qualität du dir mehr in deinem Leben wünschst. Zum Beispiel mehr Liebe oder mehr Freundschaft oder mehr Geld. Als Inspiration findest du hier eine Liste mit den üblichen Qualitäten, von denen sich Menschen mehr wünschen.

Ich wünsche mir mehr:

◇ Abenteuer / Ausstieg / Spontaneität

◇ Geld / Wohlstand / Versorgung / Luxus / Absicherung

◇ inneren Frieden / Achtsamkeit / Bewusstheit

◇ Nähe / Wärme / Liebe

◇ Geborgenheit / Sicherheit

◇ Lebensfreude / Arbeitsfreude

◇ Freundschaft / Dazugehören / Gemeinsamkeit

◇ Gesundheit / Fitness / Lebendigkeit

◇ Zärtlichkeit / Sex

◇ Abstand / Befreiung / Ausbruch / Revolution

◇ Ruhe / Harmonie / Stille / Für-mich-Sein

◇ Erfolg / Kontrolle

◇ Gerechtigkeit / Vernunft

◇ Ordnung / Klarheit / Planbarkeit / Verlässlichkeit

◇ Respekt / Wertschätzung / Gewolltwerden

◇ Spiel / Unterhaltung / Abwechslung

◇ Feiern / Fröhlichkeit / Ausgelassenheit

◇ Selbstbestimmung / Freiheit / Leichtigkeit /
Aussteigen / Zeit für mich

◇ Einfachheit / Vereinfachung

◇ Entschlossenheit / Mut / Stärke / Kraft

◇ Schönheit / Inspiration / Berührung

◇ Lernen / Wachstum / Entwicklung

◇ Sinn / Aufgabe / Gebrauchtwerden

Wähle eine der genannten Qualitäten, die zu deinem Gefühl passt, und formuliere dann ein entsprechendes Richtungsziel. Zum Beispiel: »Ich wünsche mir mehr Mut und Entschlossenheit.« Oder: »Ich brauche mehr Abenteuer in meinem Leben.« Versuche aber bitte, dich auf eine Qualität zu beschränken. Wenn dir mehrere Dinge dringend fehlen, mache lieber zwei Durchläufe mit dieser Methode und formuliere für jedes ungestillte Bedürfnis ein eigenes Ziel.

Aber was, wenn du nicht *mehr* von etwas, sondern *weniger* davon haben willst? Wenn du weniger Einsamkeit willst oder weniger Armut oder weniger Angst? Dann benenne bitte das, wovon du weniger willst (zum Beispiel weniger Druck) und überlege dir, was du anstelle dessen mehr haben willst (zum Beispiel mehr Leichtigkeit oder mehr Selbstbestimmung). Oder beispielsweise: »Ich will weniger Routine und dafür mehr Abenteuer und Spontaneität in meinem Leben«.

Es gibt nämlich ein Problem mit Richtungen, die von etwas wegführen. Sie führen meistens nur zu einer – oft explosionsartigen – Weg-von-Reaktion, wenn eine bestimmte Schmerzschwelle überschritten ist, also zu panikartiger Flucht in irgendeine Richtung, Hauptsache weg. Und oft bringt uns das vom Regen in die sprichwörtliche Traufe.

Versuche mal im Restaurant zu sagen: »Ich will keine Pizza heute.« Ob dir schmeckt, was der Kellner dir stattdessen bringt? Deswegen ist es besser, die Richtung zu wählen, wo du hinwillst. Tue das bitte in diesem ersten Schritt. Entscheide dich, in welche Richtung du dich in Zukunft bewegen möchtest.

Schritt 2: Was steht alles am Weg?
Ok, jetzt kennst du deine Richtung. Vielleicht willst du mehr Freundschaft in deinem Leben haben. Oder mehr Erfolg. Oder mehr … Was immer dir gerade wichtig ist.

Und nun stell dir vor, du würdest in nächster Zeit deinen Weg in deine neue Richtung konsequent und zielgerichtet gehen, so weit, wie es richtig für dich ist – was würde sich in deinem Leben alles ändern? Wie sähe dein Leben dann aus?

Es ist deine Entscheidung, wie massiv oder wie kleinschrittig du dich in diese Richtung bewegen willst. Vielleicht möchtest du größere Veränderungen vornehmen und planst eine kleine Revolution, weil das Leben zu kurz ist für Kompromisse. Oder du brauchst noch Zeit und änderst zunächst nur Kleinigkeiten, damit die gewünschte Qualität langsam (mehr) Einzug in deinem Leben halten kann. Lass dir hier von anderen nicht reinreden. Du entscheidest das. Es ist dein Leben.

Die folgenden Fragen helfen dir, dir vorzustellen, wie dein Leben aussehen würde, wenn du dich in die von dir angepeilte Richtung bewegtest:

◇ Was würde ich dann im Alltag mehr tun?
◇ Was würde ich weniger tun?
◇ Womit würde ich sogar ganz aufhören?
◇ Welche Pflichten würde ich abgeben?
◇ Und welche neuen Verpflichtungen würde ich eingehen?
◇ Würde ich vielleicht umziehen?
◇ Würde ich mir einen neuen Job suchen?
◇ Würde ich etwas dazulernen, vielleicht einen neuen Abschluss machen?
◇ Welche Partnerschaften würde ich eingehen?
◇ Welchem Verein/welcher Organisation würde ich beitreten?
◇ Welche Hobbys würde ich beenden oder welche neuen Hobbys würden dazukommen?
◇ Wann und wo würde ich Hilfe holen?
◇ Welche Projekte würde ich starten und verfolgen?
◇ Zu welchen Menschen würde ich auf Abstand gehen?
◇ Welche neuen Menschen würde ich in mein Leben holen?
◇ Welche Abenteuer würde ich bestehen?
◇ Womit würde ich meinen Frieden machen?

Diese Fragen einzeln durchzugehen und die Antworten vielleicht aufzuschreiben, lässt die Richtung, in die du dich für dein Ziel bewegen musst, immer klarer werden. Du siehst dann besser vor dir, wo du konkret und im Detail hinmöchtest, und siehst auch vor dir, welche Schritte du als Nächstes gehen könntest, um dich in diese Richtung zu bewegen.

Indem du also zuerst auf einer abstrakteren Ebene herausfindest, was dir gerade fehlt und was du dir wünschst, und indem du dir dann ausmalst, wie es aussehen würde, wenn du dich in diese Richtung bewegtest, schaffst du dir Klarheit über den Weg, der dich zu deinem Ziel führt.

Das ist es auch schon. Überlege dir zuerst, welche Qualität dir gerade im Leben fehlt, und dann überlege dir anhand der obigen Fragen, wie du diese Qualität in dein Leben bringen kannst. Und schon ist deine Lampe an.

Manchmal braucht man übrigens mehrere Durchläufe, um auf gute Ergebnisse bei dieser Methode zu kommen. Es hat sich hier bewährt, diese Methode an vier Tagen hintereinander zu umzusetzen. Und zwar ohne auf die Ergebnisse des vorangehenden Tages zu schauen.

Hinter nahezu allem, was wir tun, steckt ein inneres Bedürfnis. Verstehe deine Bedürfnisse, dann verstehst du auch dein Handeln.

Das hat zwei Vorteile: Zum einen lässt man nachts das eigene Unbewusste noch einmal auf die eigenen Wünsche und Ziele los. Niemand weiß genau, was nachts in unserem Kopf passiert, aber nicht wenige wachen am Morgen mit einer neuen Idee oder mit einem tief greifenderen Verständnis der eigenen Wünsche und Ziele auf. Der zweite Vorteil ist: Wenn ich die Aufzeichnungen der vier Tage durchgehe, kann ich nach Überschneidungen suchen, also nach Punkten, die ich immer wieder aufgeschrieben habe. Und gerade diese wiederkehrenden Punkte sind die, denen die größte Klarheit innewohnt.

Häufige Stolperfalle

Manchmal haben wir Angst, das Licht anzumachen. Wir spüren ein Defizit in unserem Leben, aber unbewusst wissen wir auch, dass es unangenehme Konsequenzen hätte, wenn wir uns um diese Sache kümmern würden. Dass wir die Büchse der Pandora damit öffnen würden. Die Angst vor der Unsicherheit und der Veränderung verhindert dann, dass wir uns die Frage stellen: »Was fehlt mir denn eigentlich?« Oder sie verhindert, dass wir uns selbst eine ehrliche Antwort geben.

Wenn du merkst, dass sich beim Lichtanmachen große Widerstände in dir regen, dann stelle dir bitte eine Frage und bewege diese lang, tief und ehrlich in deinem Bewusstsein. Die Frage lautet:

»Was ist das Schlimmste, das passieren könnte, wenn ich weiter in diese Richtung nachdenken würde?«

Ziel schön machen – mach dein Vorhaben konkret und klar

Erstaunlich oft scheitern unsere Vorhaben und Ziele daran, dass sie zu allgemein und zu schwammig formuliert sind. »Ich will gesünder leben«, »Ich will mehr Sport machen«, »Ich will besser für mich sorgen«, »Ich will mir nicht mehr alles gefallen lassen« – solche schwammigen Ziele führen zu einer unsystematischen und halbherzigen Umsetzung.

Wenn wir uns die Zeit nehmen, um ein Ziel so richtig gründlich zu durchdenken und es in unserer Vorstellung klar und konkret zu machen, wird es dadurch häufig auch deutlich zugkräftiger. Aber dazu musst du im Detail und sehr genau überlegen, was du erreichen möchtest.

Diese Methode ist auch als Lackmustest nützlich, denn du findest damit schnell heraus, ob du eine Sache wirklich willst. Oft sind schwammige Ziele nämlich ein Hinweis darauf, dass wir noch mit unserem Vorhaben ringen oder uns nicht festlegen wollen. Deswegen hat diese Methode zwei Funktionen:

1. Du kannst damit testen, wie ernst du es mit deinem Vorhaben eigentlich meinst. Wenn die Methode dir Schwierigkeiten bereitet, könnte es sein, dass du nur halbherzig unterwegs bist und dich zuerst mit deinen inneren Widerständen beschäftigen solltest.
2. Du machst dein Ziel klarer, konkreter und detaillierter und sorgst so dafür, dass du es direkter und mit weniger Umwegen ansteuern kannst.

Und so geht es Schritt für Schritt

Schritt 1: Mach dein Ziel wettkampftauglich

Bei einem Gesellschaftsspiel gibt es klare Regeln. Der, der zuerst im Ziel angekommen ist, oder der, der zuerst keine Karten mehr auf der Hand hat, gewinnt. Auch im Sport ist alles klar festgelegt: Wer beim Fußball nach 90 Minuten die meisten Tore hat, ist der Sieger. Logisch, Nachspielzeit und Elfmeterschießen gibt es auch noch, aber auf jeden Fall kann ein unabhängiger Schiedsrichter am Ende ganz klar feststellen, wer gewonnen hat und wer nicht. Eben weil es klare Regeln gibt.

Mit unseren Zielen ist das häufig ein wenig anders. Sie lauten oft ungefähr so: »Ich höre auf zu rauchen.« Aber ab wann? Gilt das auch für E-Zigaretten? Oder Shishas? Gibt es Ausnahmen? Für wie lange? Was machst du bei einem Ausrutscher? Welchen körperlichen und emotionalen Preis bist du bereit, dafür zu bezahlen? Oder: »Ich will eine Gehaltserhöhung.« Aber ab wann? Und wie viel? Und welche Mehrbelastung bist du bereit, dafür in Kauf zu nehmen?

Je klarer du dein Ziel vor Augen siehst, desto eher weißt du auch, was konkret dafür getan werden muss. Logisch. Wird aber oft missachtet.

Kein Wunder, dass wir bei so unklaren Zielen nur schwer gewinnen können ... Es gilt also, auch für dein Ziel oder dein Vorhaben genaue Regeln festzulegen. Damit sich am Ende entscheiden lässt, ob du es erreicht hast oder ob du noch weiter daran arbeiten musst.

Schwammige Ziele fördern Ausreden und Ausweichbewegungen. Ohne klare Regeln fangen wir irgendwann an, unser Ziel unbewusst zu sabotieren. Wir schrauben unsere Ansprüche herunter, wenn es zu schwierig wird. »Ach, eine kleine Zigarette nach dem Essen ist ja kein Beinbruch.« Oder wir erfinden Begründungen, warum wir unser Ziel ja eigentlich erreicht haben, obwohl es nicht so ist. Die meisten von uns haben so einen Teil in sich, der versucht, die Regeln leicht zu verändern, wenn es ungemütlich wird. Um das eigene Selbstwertgefühl zu schützen. Oder damit wir uns nicht wie ein Versager vorkommen.

Damit du gar nicht erst Gefahr läufst, mit dir selbst zu diskutieren, braucht dein Ziel klar definierte Regeln. Regeln, bei denen ein unbeteiligter Beobachter sofort entscheiden kann: Das Ziel ist erreicht/Das Ziel ist nicht erreicht. Das erkennen zu können, ist auch deshalb wichtig, damit du weißt, wann du aufhören kannst. Wann du die Sektflasche rausholen kannst. Wann es Zeit ist, deinen Erfolg zu feiern. Mach dein Ziel also objektiv bewertbar. Dafür brauchst du am besten Zahlen oder objektiv messbare Ergebnisse. Und hier fragst du:

◇ Bis wann habe ich mein Ziel erreicht?
◇ An welcher Messzahl (Kilogramm, Euro, Anzahl Seiten, Anzahl Wiederholungen …) werde ich erkennen, dass ich mein Ziel erreicht habe?
◇ An welchem konkreten Ergebnis werde ich meine Zielerreichung erkennen (abgeschlossener Vertrag, Diplom, bestandene Prüfung, bewilligter Antrag …)?
◇ Wie oft und für wie lange werde ich es tun?
◇ Wie lange soll der Zielzustand mindestens anhalten?

Beispiele wären: »Ich gebe den Rohentwurf meines Buchs bis zum 31.12. dieses Jahres bei meinem Lektor ab und mein Buch umfasst mindestens 256 Normseiten«, »Ich bekomme bis zum 31.10. dieses Jahres von einer Bank einen Gründungskredit von mindestens 20 000 Euro«, »Ich habe bis zum 31.6. nächsten Jahres mein Diplom mit der Note von mindestens 1,5 in der Tasche«.

In all diesen Fällen kann ein unabhängiger Schiedsrichter eindeutig feststellen, ob du dein Ziel erreicht hast oder nicht. Und damit ist es ein klares, konkretes und messbares Ziel.

Schlecht messbare Ziele

Nun gibt es aber Ziele, die von Natur aus eher schlecht messbar sind. Zum Beispiel, wenn es um Gefühle und Befindlichkeiten geht. So etwas wie: »Ich mache mir nicht mehr so viel Druck«, »Ich bekomme mein Leben endlich wieder in den Griff«, »Meine Beziehung ist wieder schöner«. Zum Glück gibt es aber auch Wege, um solche schwammigen Ziele konkreter zu machen.

Das Ziel messbar machen:

Du überlegst dir, an welchen mess- und beobachtbaren Dingen du erkennen kannst, ob du dein Ziel erreicht hast. Oft musst du hier Immaterielles wie Gefühle sichtbar machen, indem du sie auf einer Skala bewertest: »Meine Entspanntheit bekommt heute die Schulnote 2.« Hier einige Beispiele, wie du ein schwammiges Ziel konkreter machen kannst.

◇ Ich mache mir nicht mehr so viel Druck. Das erkenne ich daran, dass ich an 4 von 7 Wochentagen morgens entspannt und mit einem Lächeln aufstehe und mich auf den Tag freue (messbar über ein Journal, wo ich jeden Morgen meine Stimmung auf einer Skala von 1–10 eintrage).

◇ Ich bekomme mein Leben wieder in den Griff. Das erkenne ich daran, dass ich endlich einen neuen Job gefunden habe (messbar) und dass ich nicht mehr als 1 Stunde pro Tag am Computer spiele (auch messbar).

◇ Meine Beziehung ist wieder besser und schöner. Das erkenne ich daran, dass wir beide an 5 von 7 Tagen in unser gemeinsames Beziehungsjournal reinschreiben, dass wir einen guten oder sehr guten Beziehungstag hatten.

Den Weg zum Ziel erklären:

Was du auch machen kannst, um Ziele konkreter zu machen, ist, dir als Ziel zu setzen, etwas Zielführendes zu tun. Wenn dein Ziel zum Beispiel ist, dein Glücksniveau zu steigern, dann kannst du dich fragen: »Was hilft denn alles dabei, mein Glücksniveau zu steigern?« Antworten könnten sein: »Ich schreibe in den nächsten 90 Tagen jeden Tag 5–10 Dinge auf, für die ich dankbar bin« oder »Ich höre mir in den nächsten 90 Tagen jeden Tag 10 Minuten meine Lieblingsmusik an oder lese meine Lieblingsgedichte« oder »Die nächsten 90 Tage verbringe ich jeden Tag 20 Minuten draußen in der Natur.«

Und nach 90 Tagen schaust du, wie sich dein Glücksniveau auf einer Skala von 1–10 verbessert hat, und dann überlegst du dir, ob und wie du dein Ziel weiterverfolgst.

Du machst dein Ziel also überprüfbar, indem du den Weg zum Ziel erklärst. Dadurch wird es wettkampftauglich. Weil ein *Diese Weisheit aus der Unternehmensführung gilt auch im Privatleben: »Du kannst nur managen, was du auch messen kannst.«* unabhängiger Beobachter genau entscheiden kann, ob du dein Vorhaben erfolgreich umgesetzt hast oder nicht.

Der zeitliche Rahmen

Es gibt Ziele, bei denen wissen wir: Ich werde jetzt daran arbeiten und ich werde es auch erreichen. Weil das Erreichen meines Ziels von Faktoren abhängt, die ich ganz klar kontrollieren kann. Zum Beispiel: »Ich werde meine Garage aufräumen«, »Ich ziehe aufs Land«, »Ich kündige meinen Job und mache mich selbstständig«. All diese Dinge habe ich mehr oder weniger selbst in der Hand.

Es gibt aber auch Ziele, auf deren Erreichen habe ich nur bedingt Einfluss. Ob ich eine Bestsellerautorin werde, hängt von vielen Faktoren ab, die ich nicht kontrollieren kann. Wenn ich ein Haus kaufen will, brauche ich vielleicht Geld von der Bank. Und ob eine Bank es mir gibt, hängt wieder von Dingen ab, die ich manchmal nicht direkt beeinflussen kann. Auch ob meine Selbstständigkeit ein Erfolg wird, ist unwägbar.

Und weil der Ausgang unserer Vorhaben manchmal nicht absehbar ist, müssen wir uns eine wichtige Frage beantworten: »Wie lange werde ich es mindestens versuchen?« Denn wenn ich mir diese Frage nicht beantworte, dann knicke ich vielleicht bei den ersten Schwierigkeiten schon ein: »Ah, es soll wohl nicht sein, na dann eben nicht.« Aber wenn ich sage: »Ich werde es zwei Jahre versuchen«, dann gebe ich mir ausdrücklich einen Zeitraum, in dem ich auch mal scheitern kann. Einen Zeitraum, in dem ich ausprobieren und experimentieren kann, statt davon auszugehen, dass alles gleich klappen wird.

Schritt 2: Kläre offene Fragen
Du hast dich entschieden. Es brennt dir unter den Nägeln. Du hast den inneren Drang, endlich loszulegen … und rennst ins Unglück.

Viele Menschen denken nicht lange genug darüber nach, was sie wollen und wie es genau werden soll, was sie anstreben. Das führt nicht selten dazu, dass sie unglücklich mit den Zielen sind, die sie erreicht haben. Oder dass sie sich ständig umentscheiden. Dass sie viel Zeit und Energie für nichts investieren. Oder dass sie zu viele, unnötige Umwege gehen.

Deswegen ist es besser, am Anfang etwas länger über deine Ziele nachzudenken. Denn du bist ja bereit, einen Teil deiner Lebenszeit in ihre Verwirklichung zu stecken. Es geht also um etwas. Wenn du schneller vorankommen willst, lass dir am Anfang ein bisschen mehr Zeit, um dein Ziel noch klarer zu machen und genauer zu durchdenken. Dabei helfen dir die folgenden Fragen:

◇ Was sind die wahrscheinlichen Auswirkungen, wenn ich dieses Ziel erreicht habe? Und welche der Auswirkungen haben eventuell unerwünschte Nebenwirkungen?
◇ Welche Auswirkungen hat das Erreichen des Ziels auf meine freie Zeit?

◇ Wie viel Energie wird es mich wahrscheinlich zusätzlich kosten, wenn ich mein Ziel erst erreicht habe?

◇ Wird das Erreichen des Ziels irgendwie meine Möglichkeiten in der Zukunft, meine Wahlfreiheit und meine Selbstbestimmung einschränken? Bin ich dann noch frei?

◇ Was kann ich vermutlich nicht mehr tun, wenn ich mein Ziel erreicht habe?

◇ Welchen Preis bin ich bereit, während der Verwirklichung des Ziels zu zahlen? Und welchen Preis nicht?

◇ Wie lange will ich es versuchen?

◇ Und abschließend: Was davon ist in Ordnung? Womit kann ich gut leben? Und was davon darf auf keinen Fall passieren?

Wenn wir ein Ziel erreichen, dann hat das meistens Konsequenzen. Wenn dein Traum wahr wird und du ein Popstar wirst, kannst du wahrscheinlich nicht mehr so einfach in deinem Lieblingsrestaurant essen gehen, weil dich jeder erkennt. Ist das ok für dich? Wenn du die Beförderung endlich bekommst, musst du vielleicht mehr arbeiten und siehst deine Familie und deine Freunde weniger. Ist das ok für dich? Oder wenn du dein Traumhaus endlich gebaut hast, merkst du, dass du deinen gut bezahlten Job jetzt nicht mehr so einfach aufgeben kannst, weil du dann den Kredit nicht mehr abbezahlen könntest. Ist das ok für dich?

Es ist sinnvoll, am Anfang gründlich über diese Konsequenzen nachzudenken und dir zu überlegen, welche für dich akzeptabel sind und was auf keinen Fall passieren darf. Manche dieser negativen Konsequenzen lassen sich ja im Vorfeld vermeiden, indem du gezielt dafür sorgst, dass sie nicht auftreten. Indem du bei einer Beförderung zum Beispiel eine klare Überstundenregelung vereinbarst. Andere negative Konsequenzen lassen sich hingegen nicht verhindern. Hier kannst du dir viel Leid ersparen, wenn du vorher über sie nachdenkst und darüber, ob du bereit bist, sie in Kauf zu nehmen.

Häufige Stolperfalle

Ziele ändern unser Leben nicht erst ab dem Zeitpunkt, wenn wir sie erreicht haben; wenn wir das Buch geschrieben oder das Haus gebaut haben. Wenn es uns ernst ist mit unserem Ziel, dann fordert es auch während der Arbeit daran seinen Tribut. Denn die Arbeit an einem Ziel kostet uns oft Zeit, die wir dann nicht mehr für andere Dinge haben. Sie kostet uns auch Energie und Anstrengung. Und vielleicht auch Geld. Sie macht uns Druck. Und wir müssen uns oft selbst dazu überwinden, etwas für unser Ziel zu tun, wenn wir eigentlich lieber etwas Leichtes und Angenehmes tun würden.

Das Leben ist kompliziert: Denn gute Dinge haben oft auch schlechte Auswirkungen, oder schlechte Dinge gute. Vergiss das nicht.

Abhängig von unserem Ziel können sich unser bisheriger Alltag, unser Tagesablauf und auch unser Stressniveau stark verändern. Es ist wichtig, das auf dem Schirm zu haben und sich im Vorfeld dafür zu entscheiden, ob das ok ist und ob wir bereit sind, unser Ziel unter diesen Umständen zu verfolgen. Dann werden wir später deutlich weniger hadern. Weil uns klar ist, dass wir es ja so gewollt haben.

Der Vertrag

Ein Vertrag ist grundsätzlich nützlich, wenn du dir vornimmst, eine Sache in Zukunft regelmäßig zu tun oder zu lassen. Er hilft dir, realistisch und vorsichtig mit dir selbst zu sein, damit du dich nicht überforderst und auf jeden Fall erfolgreich mit deinem Vorhaben bist.

Wie du etwas anfängst, entscheidet oft darüber, wie es dann später läuft. Wenn du einen Vorsatz schwammig, halbherzig und ohne große Entschlossenheit fasst, wird meistens nichts daraus. Dann versandet das Vorhaben schnell im Alltag. Aber wir neigen nicht nur dazu, unsere Vorsätze unklar zu formulieren, oft nehmen wir uns auch einfach zu viel vor und scheitern dann an unserer falschen Selbsteinschätzung, was wir bewältigen können. Gerade bei Vorhaben, die eine dauerhafte Verhaltensänderung nach sich ziehen.

Erfolg und Unverbindlichkeit stoßen sich gegenseitig ab wie zwei gleich geladene Teilchen.

Deswegen ist es sehr hilfreich, ein Vorhaben kraftvoll und klug anzugehen. Die Methode »Der Vertrag« hilft dir dabei, das, was du dir vorgenommen hast, auf die beste Art zu beginnen. Damit die Sache nicht im Alltag untergeht. Je ehrlicher und realistischer du mit dir selbst bist, desto eher kommst du an dein Ziel.

Und so geht es Schritt für Schritt

Schritt 1: Gibt dir ein Versprechen

Oft sind wir beim Formulieren von Vorsätzen etwas nachlässig, weil wir wissen, dass wir uns immer noch umentscheiden können. Wir nehmen uns eine Sache vor und später sagen wir etwas wie: »Nee… das war doch nicht meins/das war mir doch zu anstrengend/ich war einfach zu müde/ich bin gegen meinen Schweinehund nicht angekommen/das ist mir jetzt doch nicht mehr so wichtig.«

Wir scheitern mit unseren Vorsätzen, weil wir uns von Anfang an ein Hintertürchen offenlassen. Wir wissen schließlich, dass wir mit dem, was wir uns vorgenommen haben, jederzeit wieder aufhören können, ohne dass es Konsequenzen hätte. Und das ist dann häufig auch schnell der Fall, selbst wenn wir uns jetzt gerade unglaublich willensstark und entschlossen fühlen.

Es ist wichtig, dass du dieses Hintertürchen mental verschließt. Deswegen besteht Schritt 1 darin, mit dir selbst einen heiligen und verbindlichen Vertrag abzuschließen.

»Ich werde diese Sache durchziehen. Ich halte mich an meinen Plan. Aufgeben ist keine Option. Ich werde alles Notwendige tun, um zu schaffen, was ich mir vorgenommen habe. Alles. Ich werde keine Ausreden erfinden. Und wenn ich es nicht schaffe, dann soll mich der Blitz treffen. Ganz ehrlich. Ich schwöre es beim Leben meiner Kinder und aller, die mir lieb sind. Ich schwöre, dass ich diese Sache durchziehen werde. Bei allem, was mir heilig ist.«

Wenn du im Vorfeld so einen Vertrag mit dir selbst formulierst, gehst du mit einer deutlich vorsichtigeren und realistischeren Grundhaltung an das Formulieren deines Vorsatzes heran. Du passt dann sehr genau auf, dass du dir nur vornimmst, was du auch wirklich schaffen kannst. Auch an den schlechten, müden und kraftlosen Tagen. Und wahrscheinlich wirst du deinen Vorsatz so geschickt formulieren, dass du ihn auf jeden Fall umsetzen wirst. Weil du ja nicht willst, dass ein Blitz dich niederstreckt. Das macht so ein Vertrag mit dir.

Dieser Vertrag ist die Präambel für deinen Vorsatz. Der Vertrag zeigt, wie du mit dem Vorsatz umgehen wirst und wie ernst es dir damit ist. Jetzt geht es darum, in Worte zu fassen, was genau du tun wirst.

Schritt 2: Mach es konkret
Im zweiten Schritt entwickelst du einen konkreten und detaillierten Plan, was genau du tun oder erreichen wirst, wann du es tun wirst und für wie lange. Ein solcher Plan beantwortet die folgenden Fragen so exakt und ausführlich wie möglich:

◇ Was werde ich tun?
◇ Wie oft oder für wie lange werde ich es tun?
◇ Welches mess- und zählbare Ergebnis werde ich erreichen?
◇ Bis wann werde ich es tun/bis wann werde ich mein Ergebnis erreicht haben?

Zum Beispiel: »Ich verspreche, dass ich jeden Tag morgens direkt nach dem Aufstehen ein Glas mit 0,5 Liter Wasser trinken werde«, »Ich verspreche, dass ich jeden Wochentag von 8–12 Uhr an meiner Masterarbeit schreibe«, »Ich verspreche, dass ich bis Ende Oktober dieses Jahres noch mit den Kindern für ein Wochenende zelten gehe.«

Gib so präzise an, was du tun oder erreichen willst, dass ein Schiedsrichter genau entscheiden könnte, ob du erfolgreich damit warst oder nicht. Ob du also deinen Vertrag eingehalten hast oder nicht.

Schritt 3: Mach dein Versprechen im Vertrag noch kleiner
Wir Menschen neigen dazu, uns selbst zu überschätzen. Gerade am Anfang eines Vorhabens sind wir meistens hypermotiviert und alles kommt uns ganz einfach vor. Aber denke bitte daran: Du willst deinen Vertrag auch an schlechten Tagen einlösen.

Wenn du schlecht geschlafen hast.

Wenn du mal Zweifel an der Sache bekommst.

Wenn du die Nacht vorher erst um fünf Uhr betrunken nach Hause gekommen bist.

Wenn du eine Erkältung hast.

Wenn du Weltschmerz hast.

Wenn du richtig mies drauf bist.

Wenn du einen akuten Anfall von Trägheit hast.

Auch in diesen Situationen willst du deinen Vorsatz einlösen können. Denk an dein Versprechen. Denk daran, dass Aufgeben keine Option ist. Deswegen mache deinen Vorsatz bitte noch einmal kleiner. Und zwar so klein, dass du ihn ganz sicher auch an schlechten Tagen einlösen kannst.

Eine Möglichkeit ist, für schlechte Tage eine Mindestquote festzulegen. Dein kluges Versprechen im Vertrag könnte dann lauten:

»Ich verspreche, dass ich jeden Tag 20 Minuten Yoga-Übungen mache. An schlechten Tagen erlaube ich mir weniger zu machen, aber mindestens 5 Minuten. Und ich werde das so durchziehen. Aufgeben ist keine Option. Sonst soll mich der Blitz treffen.«

In diesem Vertrag hast du formuliert, was du normalerweise tun wirst und was du an Ausnahmetagen mindestens tun wirst. Und du bekräftigst dein Versprechen und deine Entschlossenheit.

Schritt 4: Formuliere die erlaubten Ausnahmen

Ja, du hast einen heiligen Vertrag abgeschlossen. Aber es gibt Dinge im Leben, die du nicht beeinflussen kannst. Vielleicht wirst du für ein paar Tage richtig krank. Oder es gibt eine Krise in der Familie. Vielleicht wirst du auch kurzfristig auf Dienstreise geschickt. Oder du hast dir vorgenommen, ab jetzt jeden

Tag einen Apfel zu essen, aber dann bricht weltweit die Apfel-produktion ein.

Du kannst zwar kontrollieren, dass du auch an deinen schlechten Tagen trotzdem tust, was getan werden muss, das liegt in deiner Hand. Aber manche Dinge hast du eben nicht unter Kontrolle. Auch diese Situationen musst du in deinen Vorsatz miteinbeziehen, damit du dein Versprechen nicht doch brichst.

Zähle deswegen bitte alle möglichen Ausnahmen auf, in de-nen du dich selbst im Vorfeld von deinem Vertrag entbindest. Nur damit dein Vertrag wirklich wasserdicht formuliert ist. Denn das ist wichtig, damit du später nicht anfängst, Ausreden zu erfinden, um dich aus der Sache rauszumogeln. Und ja, das machen wir alle, wenn wir nicht vorsorgen. Also schließe die Ausnahmen mit in deinen Vertrag ein. Das könnte dann wie folgt aussehen:

»In den folgenden Situationen brauche ich es auch nicht machen: Wenn ich krank bin und im Bett liege (Erkältungen und Kopf-schmerzen zählen nicht). Wenn ich mir etwas gebrochen oder ver-staucht habe (Muskelkater zählt nicht). Wenn es eine heftige Aus-nahmesituation (Krankheit, Unfall, Tod) in der Familie gibt. Ansonsten werde ich meine Yoga-Übungen machen.«

Schritt 4: Mach die Sache endlich

Lass uns deinen Vertrag noch besser und vor allem noch rea-listischer machen. Denn unsere Vorsätze haben normalerweise ein Problem: Wir formulieren sie für die Ewigkeit. »Ab heute laufe ich 3-mal die Woche 1 Stunde im Wald«, »Ab heute lerne ich jeden Tag 20 Vokabeln«, »Ab heute meditiere ich jeden Tag 20 Minuten.«

Wir formulieren unser Vorhaben so, als ob wir das jetzt für

den Rest unseres Lebens machen wollten. Doch weil wir wissen, dass unser zeitlich unbegrenzter Vorsatz unrealistisch ist, wissen wir auch, dass wir irgendwann wieder damit aufhören werden. Warum also nicht gleich heute, wenn wir gerade keinen Bock haben?

So ein unbefristeter Vorsatz stellt jeden Tag die unausgesprochene Frage: Wie lange mache ich das wohl noch? Er stellt sich damit also täglich selbst infrage. Das ist natürlich gar nicht gut, denn so zerstört sich so ein Vorsatz von selbst. Daher ist es ratsam, deinem Vertrag ein Enddatum zu geben und festzulegen, wie lange du dich an ihn gebunden fühlst. Danach kannst du dich bewusst entscheiden, ob du die Sache fortführst oder nicht. Du sagst also:

»*Für die nächsten 7, 14, 30 oder 60 Tage tue ich dies oder tue ich jenes auf jeden Fall und ob ich es tue, ist in diesem Zeitraum nicht verhandelbar. Am letzten Tag der Zeitspanne entscheide ich, ob ich weitermache oder nicht.*«

Wenn du dann bewusst entscheidest, dass es jetzt wirklich genug ist, ist das in Ordnung. Dann hast du deinen Vorsatz ordentlich eingelöst. Oder du sagst dir:

»*Ich bin so stolz auf mich und das Vorhaben tut mir so gut, dass ich jetzt weitermache. Und zwar für weitere 7, 30, 60 oder 90 Tage.*«

Durch eine Zeitbegrenzung machst du es also noch wahrscheinlicher, dass du wirklich tust, was du dir vorgenommen hast. Weil du realistischer mit dir bist. Noch ein kleiner Tipp zum Enddatum: Je unsicherer du dir mit deinem Vorsatz bist, desto kürzer mache den Zeitraum deines Vorhabens. Vielleicht startest du erst einmal mit einem Testzeitraum von 14 Tagen, wenn du ausprobieren willst, ob eine Sache etwas für dich ist.

Schritt 5: Lege Schummeltage fest

Es gibt noch einen Trick, der dir bei anspruchsvolleren Vorsätzen ein bisschen Flexibilität gibt. Das sind Schummeltage. Also Tage, an denen du dir erlaubst, fünfe gerade sein zu lassen und es einfach nicht zu tun. Tage, an denen du dir sozusagen selbst eine Entschuldigung schreibst. Durch Schummeltage erhöhst du die Erfolgswahrscheinlichkeit deines Vorsatzes noch weiter, weil du damit auch die Tage berücksichtigen kannst, wo du es organisatorisch oder von deiner Energie her wirklich nicht hinbekommst.

Es ist nur wichtig, dass du die Anzahl der Schummeltage von vorneherein im Vertrag mit dir selbst festlegst. Bewährt hat sich, sich einmal pro Woche oder alle 10 Tage einen Schummeltag zu erlauben. Und du musst dann natürlich deine Schummeltage zählen, damit du dein Versprechen auch ordentlich einlösen kannst. Der fertige Vertrag könnte nun also so lauten:

»Ich verspreche, dass ich die nächsten 30 Tage jeden Tag 20 Minuten Yoga-Übungen mache. Und an Tag 30 entscheide ich bewusst, ob ich aufhöre oder weitermache. An schlechten Tagen erlaube ich mir weniger zu machen, aber wenigstens 5 Minuten. Und ich erlaube mir innerhalb der 30 Tage 3-mal auszusetzen und einfach nichts zu tun. Wobei niemals zwei Aussetzer aufeinander folgen dürfen. Und in den folgenden Situationen brauche ich es auch nicht machen: wenn ich krank bin und im Bett liege (Erkältungen und Kopfschmerzen zählen nicht). Wenn ich mir etwas gebrochen oder verstaucht habe (Muskelkater zählt nicht). Wenn es eine Ausnahmesituation (Krankheit, Unfall, Tod) in der Familie gibt. Ansonsten werde ich meine Yoga-Übungen machen, und ich werde das 30 Tage durchziehen. Aufgeben ist keine Option. Sonst soll mich der Blitz treffen.«

Häufige Stolperfalle

Eine typische Stolperfalle beim Vertrag ist, dass dir die Sache zu aufwendig vorkommt. Mit Kanonen auf Spatzen geschossen. Einfach übertrieben. Aber kennst du es, dass eine Sache dreimal so lange dauert wie notwendig, weil du dich nicht gut vorbereitet, Dinge im Vorfeld vergessen oder schlecht geplant hast? Ein Vertrag mit dir selbst sorgt dafür, dass du schneller und erfolgreicher zum Ziel kommst, weil du zuvor über alles nachgedacht und alle üblichen Hintertürchen geschlossen hast.

Wenn du dich also innerlich weigerst, einen solchen Vertrag mit dir zu schließen, dann frage dich doch einmal, ob du dir vielleicht nur ein Hintertürchen offenlassen willst.

Ein guter Vertrag

Denk daran: Ein gut formulierter Vertrag erhöht die Klarheit deines Vorhabens und damit wird wahrscheinlicher, dass du es wirklich tust. Ein gut formulierter Vertrag mit dir selbst legt die Regeln fest, nach denen du spielen willst. Und indem du alle typischen Situationen miteinbeziehst, an denen wir oft scheitern, wirst du mit großer Wahrscheinlichkeit deinen Vorsatz einlösen und nicht vom Blitz erschlagen werden.

Dein Masterplan

Ein Masterplan ist immer dann sinnvoll, wenn du ein größeres, längerfristiges Vorhaben hast. Oder wenn du merkst, dass du einen Traum vor dir herschiebst, weil du nicht genau vor Augen hast, was dafür alles getan werden muss. Ein Masterplan macht den Weg zu deinem Ziel klarer und bringt dich ins Handeln.

Wenn du ein Ziel hast und die Schritte, die dafür zu gehen sind, klar vor dir siehst, dann gehst du sie eher, als wenn du in Bezug auf die Umsetzung im Dunkeln tappst. Weil du weißt, was es alles zu erledigen gibt. Denn nichts ist bei einem Vorhaben lähmender, als nicht genau zu wissen, was wir tun sollen. Das gibt uns ein unangenehmes Gefühl von Hilflosigkeit.

Abhilfe schafft hier so ein Masterplan. Bei diesem Plan durchdenkst du vorher, was es zu tun gibt, anstatt dich einfach blind in dein Vorhaben zu stürzen. Und ein guter Masterplan hat noch mehr Vorteile. Dein Masterplan:

◇ … verhindert, dass du etwas vergisst.
◇ … macht ein Vorhaben übersichtlicher und bewältigbarer.
◇ … vermeidet doppelte Arbeit.
◇ … stellt sicher, dass du gut vorbereitet bist.
◇ … gibt dir Richtung und Klarheit.
◇ … macht es dir einfacher anzufangen, weil du den ersten Schritt genau vor dir siehst.

Aber natürlich: Ein Plan ist nicht die Wirklichkeit. Jede Art von Plan ist grundsätzlich nur der Versuch, die eigenen Gedanken bezüglich eines Vorhabens zu sortieren, um sich selbst Arbeit,

Mühe und Frust zu ersparen. Deshalb ist auch klar, dass kein Plan bleibt, wie er ist. Wenn wir anfangen, an einer Sache zu arbeiten, dann gewinnen wir neue Erkenntnisse. Wir lernen dazu. Und das führt dazu, dass unser Plan in manchen Bereichen keinen Sinn mehr ergibt. Was normal und gar nicht schlimm ist. Denn beim Planen geht es ja nicht darum, recht zu behalten, sondern darum, die eigenen Gedanken auf ein Vorhaben zu richten und gezielt zu überlegen, wie du dir das Vorhaben leichter machen kann. Und wenn neue Erkenntnisse auftauchen, dann musst du deinen Masterplan eben ändern.

Und so geht es Schritt für Schritt

Schritt 1: Kategorien bilden

Dieser Schritt ist nur notwendig, wenn du etwas Größeres vorhast, eine große Reise, eine Ernährungsumstellung oder wenn du dich selbstständig machen willst. Wenn du ein derartiges Ziel hast, ist es ratsam, deinen Masterplan in Kategorien zu unterteilen, also in Teilbereiche, die für sich stehen. So kannst du dein Vorhaben im Kopf besser überschauen. Bei einer großen Reise könntest du deinen Masterplan unterteilen in die Kategorien: Reise / Buchungen / Gesundheit / Gepäck.

Um auf die Kategorien für deinen Plan zu kommen, fragst du dich einfach: »Von welchen Themen / Teilzielen / Teilbereichen hängt der Erfolg dieses Vorhabens ab?«

Im Falle einer Ernährungsumstellung könnte die Antwort lauten: »von meiner Motivation (also ob ich es schaffe, die Motivation für mein Vorhaben aufrechtzuerhalten), von meinem Durchhaltevermögen (die Sache so lange durchzuhalten, bis sie mir zur Gewohnheit geworden ist), von meinem Hunger (dass ich es schaffe, meinen Heißhunger in den Griff zu bekommen), von meinem Ernährungsplan (also von einem Plan, welche Lebensmittel gut für mich sind und mir auch schmecken) und von meiner Achtsamkeit (damit ich nicht in meine alten Ernährungs-Automatismen verfalle).«

Indem du Kategorien bildest, worum du dich kümmern willst, machst du die Aufgaben in deinem Masterplan einfacher und übersichtlicher. Und du vergisst so auch weniger, weil du gezielt nach den Themen suchst, die dein Vorhaben erfolgreich machen.

Schritt 2: Aufgaben finden

Als Nächstes gehst du alle Kategorien durch und überlegst, worum du dich in den verschiedenen Bereichen zuerst kümmern musst. Suche hier vor allem nach zwei Arten von Aufgaben:

1. den nächsten 2–3 Aufgaben, die du zuerst erledigen musst.
2. Aufgaben, die absolut notwendig für den Erfolg deines Vorhabens sind.

Versuche erst gar nicht, *alle* Aufgaben zu planen. Ein Plan ändert sich sowieso ständig, sobald du anfängst, ihn umzusetzen. Wenn du dich nur auf die absolut notwendigen Aufgaben konzentrierst und auf die Aufgaben, die als Nächstes anstehen, machst du deine Planungslast kleiner. Und du bist dann auch nicht frustriert, wenn es später doch alles anders kommt.

Konkret nimmst du dir jetzt also alle Kategorien aus Schritt 1 vor und stellst dir zu jeder Kategorie eine Reihe von Fragen:

◇ »Was darf ich zu diesem Thema auf keinen Fall vergessen? Was ist hier absolut notwendig? Was muss zwingend erledigt werden, weil mein Vorhaben sonst nicht möglich ist?«
◇ »Welche Werkzeuge, welches Material muss ich besorgen, damit ich anfangen kann?«

◇ »Welche Voraussetzungen (zum Beispiel Wissen, Prüfungen oder Erlaubnisscheine) muss ich zuerst schaffen, damit ich hier vorankomme?«

◇ »Was will ich in diesem Bereich zuerst erledigen?«

Beispiel Selbstständigkeit

Dein Vorhaben ist, dich selbstständig zu machen, und eine Kategorie für deinen Masterplan heißt »Kundengewinnung«. Dann stellst du dir die Fragen nacheinander:

»Was darf ich zu diesem Thema auf keinen Fall vergessen? Was ist hier absolut notwendig? Was muss zwingend erledigt werden, weil mein Vorhaben sonst nicht möglich ist?«

Ich muss überlegen, wer genau meine Kunden sein sollen, also ein genaues Profil meiner Kunden erstellen. Das ist zwingend notwendig, damit ich mich nicht verzettele.

»Welche Werkzeuge, welches Material muss ich hier besorgen, damit ich anfangen kann?«

Eigentlich habe ich alles. Gut.

»Welche Voraussetzungen muss ich hier zuerst schaffen, damit ich hier vorankomme?«

Ich brauche ein Kundenprofil, muss also festlegen, was meine zukünftigen Kunden alles gemeinsam haben sollen; ich muss herausfinden, über welche Kommunikationswege (Websites, Zeitschriften, Messen …) ich Kunden mit diesem Profil erreiche und welche dieser Wege ich mir leisten kann; ich muss mir genau überlegen, was meine Leistung besonders macht und warum meine zukünftigen Kunden zu mir und nicht zu anderen gehen sollen; ich muss herausfinden, wie ich meine Leistung geschickt verkaufen kann, wie ich also Kunden für mein Produkt interessieren, wie ich mit ihnen ins Gespräch kommen und wie ich sie dann überzeugen kann, meine Leistung zu kaufen.

»Was will ich hier in diesem Bereich zuerst erledigen?«

Ich will ein schriftliches Kundenprofil erstellen, noch einmal die Einmaligkeit meiner Leistung schriftlich herausarbeiten, die vielversprechendsten Kommunikationskanäle finden, die zu meinem Budget passen, und einen Verkaufsprozess planen.

Mithilfe dieser Fragen kannst du die wichtigsten Aufgaben ermitteln, die du für einen Teilbereich deines Vorhabens erledigen musst.

Ein Hinweis noch: Manchmal wirst du Schwierigkeiten haben, die notwendigen Schritte festzulegen, wenn du dich in einem Bereich noch nicht auskennst. Dann besteht der erste Schritt immer darin, dir das notwendige Wissen zu erarbeiten. Dazu gehört das Recherchieren von Prinzipien, Vorgehensweisen und Methoden, um dein Ziel zu erreichen. Helfen können dir dabei das Internet, Fachbücher, Seminare oder gute Berater. Je nachdem, wie du am besten und am schnellsten lernst. Es wird also immer wieder vorkommen, dass du »Herausfinden, wie es geht« in deinem Plan als Aufgabe festhältst.

Ist es sinnvoll, so detailliert zu planen? Ja, denn der Teufel (also das Versagen) steckt bekanntlich im Detail.

Wenn du alle Kategorien deines Vorhabens einzeln durchgehst und dir die obigen Fragen stellst, kannst du einen klugen und geschickten Plan entwickeln. Einen Masterplan, mit dem du dein Vorhaben klarer machst. Und je klarer du dein Vorhaben vor dir siehst, desto eher tust du auch etwas dafür.

Schritt 3: Die nächsten kleinen Schritte festlegen

Wenn wir so einen ausgefeilten Masterplan erstellen, kann uns das aber auch erschlagen. Hier hilft es, uns selbst wieder ein paar Trittsteine zurechtzulegen, so wie du es im Kapitel »Die Trittsteine« (S. 68) kennengelernt hast. Nimm dir deswegen aus deinem Plan 1–2 Punkte heraus und überlege, welche ersten kleinen Schritte du zu diesem Punkt erledigen kannst, um in die Aufgabe reinzukommen. Denn du weißt ja, wenn du erst einmal angefangen hast, geht alles leichter.

Schauen wir uns das mal an ein paar Beispielen an. Gesetzt, dein Vorhaben lautet: »Die große Australienreise vorbereiten«, dann heißt eine Kategorie für dieses Vorhaben: »Die Reiseroute«. Und eine Aufgabe in dieser Kategorie ist: »Interessante Orte finden«. Dies könnten dann die Trittsteine für diese Aufgabe sein:

◇ 1–2 Minuten Antworten auf die Frage sammeln: »Was interessiert mich denn überhaupt im Urlaub?«

◇ Zu meinen Interessensgebieten im Internet nach interessanten Orten suchen (zum Beispiel »Australien« und »Tauchrevier« oder »Australien« und »Bergwandern«) und eine Liste mit 20 interessanten Orten herausschreiben.

◇ Tablet nehmen und nach Reiseführern über Australien suchen.

Oder nehmen wir an, dein Vorhaben heißt: »Fit und gesund werden«. Eine Kategorie für dieses Vorhaben wäre dann: »Bewegung«. Und eine Aufgabe in dieser Kategorie ist: »Meine kaputte Schulter reparieren«. Das könnten die Trittsteine für diese Aufgabe sein:

◇ Mein Tablet anmachen und in Internetforen nach Erfolgsgeschichten suchen, wo Leute ihre kaputte Schulter wieder einsatzfähig bekommen haben.

◇ Das Telefon nehmen und einen Termin bei meinem Hausarzt machen, um mit ihm meine Möglichkeiten zu diskutieren.

◇ Eine Liste mit allen Freunden und Bekannten machen, die ich nach guten Orthopäden, Physiotherapeuten und Osteopathen fragen könnte.

Wichtig bei den Trittsteinen ist nur, so kleine und schmerzfreie Aufgaben zu finden, dass du dabei wirklich keine Anfangswiderstände hast.

Das also ist der dritte Schritt der Methode »Mein Master-plan«. Wenn du erstens Kategorien für dein Vorhaben bildest, zweitens die wichtigen nächsten Schritte für jede Kategorie auf-schreibst und drittens dir für die nächsten 2–3 Aufgaben Tritt-steine zurechtlegst, dann machst du es dir unendlich viel ein-facher, für dein Vorhaben ins Handeln zu kommen.

Häufige Stolperfalle

Es gibt eine Sache, die dich davon abhalten kann, einen Master-plan zu machen. Das ist die Einstellung: »Ach, ich brauche kei-nen Plan, ich fange einfach mal an.« Diese Einstellung führt oft dazu, dass wir nicht mit den wichtigsten Dingen anfangen, son-dern uns die einfachsten, aber unwichtigen Aufgaben vorneh-men, weil die anderen, vielleicht wichtigeren Aufgaben unange-nehm oder unübersichtlich sind.

Deswegen möchte ich dir empfehlen, immer Stift und Pa-pier rauszuholen und für jedes größere Vorhaben einen Mas-terplan zu machen.

Einen Plan zu machen, bedeutet nachzudenken, keinen Plan zu machen, bedeutet…

So sparst du Zeit, Arbeit und Energie und stellst die wichtigen Aufgaben an die erste Stelle.

Energie

Du tust selbstverständlich eher etwas für dein
Vorhaben, wenn du voller Energie, Kraft
und Tatendrang bist.
Mit mehr Energie entwickelst du nicht nur mehr
Umsetzungskraft, sondern dein Leben und dein
Alltag werden insgesamt deutlich angenehmer und
schöner. Wenn du an deiner Energie arbeitest,
schlägst du also zwei Fliegen mit einer Klappe.
Falls du dich oft müde, kraftlos und ohne Elan
fühlst, dann findest du hier einige Methoden,
um daran etwas zu ändern.
Denn je nachdem, wo du stehst, gibt es
verschiedene Wege, um dein Energieniveau und
deine Vitalität gezielt zu erhöhen.

Energieräuber finden

Deine Vitalität und deine Lebensfreude hängen von vielen Faktoren ab: von deiner allgemeinen Gesundheit, deiner Ernährung, von deinen Schlafgewohnheiten, davon, wie viel du dich im Alltag bewegst, von der Anzahl und der Qualität deiner Erholungsphasen und von den psychischen Belastungen, denen du täglich ausgesetzt bist.

Wenn du dich oft müde und antriebslos fühlst und gezielt deine Energie steigern willst, empfiehlt es sich, erst einmal zu überlegen, in welchem Bereich du am ehesten Verbesserungsbedarf hast. Denn durch die qualitative Stärkung der obigen Faktoren kannst du dein Energieniveau anheben.

Wobei du dir hier über eines klar sein musst: Deine Ernährung, dein Schlaf- und dein Bewegungsverhalten sind allesamt Gewohnheiten, die sich in deinem Leben automatisch und meist über lange Zeit entwickelt haben. Und du weißt ja mittlerweile, wie schwierig es ist, bestehende Gewohnheiten zu ändern.

Gut möglich, dass du schon ein paar Male versucht hast, hier etwas anders zu machen. Und vielleicht bist du auch schon ebenso häufig daran gescheitert. Eben weil es schwer ist, wenn du nicht wirklich weißt, wie du Gewohnheiten abstellen oder ändern kannst. In diesem Buch gibt es ja eine Methode, mit der du deine Gewohnheiten dauerhaft verändern kannst (siehe Seite 212), doch hier ist es erst einmal wichtig herauszufinden, was eigentlich das Problem ist, weshalb du also nicht genug Energie hast.

Nutze den folgenden kleinen Test, um herauszufinden, an welcher Stelle du ansetzen könntest, um dein Energieniveau anzuheben.

Teste deine Energieräuber

Schlaf: Du wachst morgens oft erschöpft auf. Abends bleibst du wach, obwohl du schon müde bist. Du gehst regelmäßig über deinen toten Punkt. Du schläfst weniger als 7–8 Stunden.

Wenn das auf dich zutrifft, sind deine Schlafgewohnheiten wahrscheinlich nicht optimal. In der Methode »Schlaf plus« auf Seite 126 erfährst du, wie du das ändern kannst.

Ernährung: Du hast ständig Hunger. Oder du hast Übergewicht. Du isst oft Backwaren, Fertiggerichte, Pizza, Pasta und Süßkram. Vielleicht hast du auch Nahrungsmittel-Allergien.

Wenn du vermutest, dass dein Energiemangel mit deinem Essverhalten zu tun haben könnte, nimm dir die Methode »Ernährung plus« auf Seite 131 vor und optimiere deine Ernährungsgewohnheiten.

Bewegung: Du bewegst dich im Alltag eher wenig. Du machst keinen Sport. Du hast vielleicht Probleme mit dem Rücken. Du nimmst meist die Rolltreppe oder den Fahrstuhl. Du kommst schnell aus der Puste. Du hast keine richtige Kraft, wenn es darum geht, etwas zu heben.

Wenn du dich hier wiederfindest, dann könnten deine Bewegungsgewohnheiten dazu beitragen, dass du nicht genug Energie hast. Nutze dann die Methode »Bewegung plus« (Seite 139), um mehr Schwung in deinen Alltag zu bringen.

Erholung: Du musst viel arbeiten. Alles bleibt an dir hängen. Deine Familie zerrt ständig an dir. Du bist immer in Bewegung. Du hast kaum Zeit für dich. Es gibt stets zu viele Aufgaben und zu wenig Ruhe. Du hetzt ständig zwischen

Terminen hin und her. Und wenn du mal Zeit hast, füllst du diese mit seichter Unterhaltung, Internet oder Fernsehen.

Wenn das auf deine Situation zutrifft, kann das ein Grund dafür sein, dass nicht genug Energie übrig bleibt. Schau dir die Methode »Erholung plus« auf Seite 145 an, um daran etwas zu ändern.

Psychische Belastung: Du fühlst dich zu Hause oder im Büro nicht wohl. Es gibt viele Konflikte oder Verletzungen. Du hast ständig Schuldgefühle. Oder zu viel Druck. Du hast häufig Angst, etwas falsch zu machen. Es herrscht eine feindselige Stimmung in deiner Umgebung.

Wenn das deine Situation zu Hause oder im Job widerspiegelt, kann das deine Energie in den Keller ziehen. Dann ist vielleicht die Methode »Kopfklar« auf Seite 153 etwas für dich.

Gesundheit: Du schläfst ausreichend. Du ernährst dich ordentlich. Du bewegst dich genug. Du machst regelmäßig Pausen und bist keinen besonderen psychischen Belastungen ausgesetzt. Und trotzdem fühlst du dich kraftlos?

Dann geh zum Arzt und lass dich einmal gründlich durchchecken. Es gibt eine Reihe von Krankheiten, die sich auf deine Vitalität und Leistungsfähigkeit auswirken. Und die meisten davon lassen sich gut behandeln.

Das war der Test. Du hast nun wahrscheinlich eine Idee, warum es mit deiner Energie nicht zum Besten steht. Jetzt ist es an dir, Maßnahmen zu finden und umzusetzen, um dein Energieniveau wieder auf einen guten Stand zu bringen. Die folgenden Methoden helfen dir dabei.

Schlaf plus – der Weg zu besseren Schlafgewohnheiten

Diese Methode ist gut für dich, wenn du zu wenig oder zu schlecht schläfst. Tatsächlich ist die Verbesserung deiner Schlafgewohnheiten eine der einfachsten Methoden, um dein Energieniveau anzuheben. Denn wenn du schlecht oder zu wenig schläfst, schüttet dein Körper nachts Stresshormone aus und regeneriert sich nicht so gut. Schlechter Schlaf wird von Wissenschaftlern oft auch mit Gewichtszunahme, Herz-Kreislauf-Erkrankungen und einer niedrigen Lebenserwartung in Verbindung gebracht. Es gibt neben einem besseren Grundgefühl also auch noch viele langfristige Gründe, die dafürsprechen, deine Schlafgewohnheiten zu verbessern. Wobei uns diese langfristigen Probleme ja leider nicht so motivieren. Aber die Aussicht, dich im Alltag wirklich ausgeschlafen, wach und viel besser zu fühlen, kann dich ja vielleicht dazu bewegen, deine Schlafgewohnheiten zu verändern.

Und ja, die eigenen Gewohnheiten zu ändern, ist keine einfache Sache. Aber es geht, wenn du dir nicht zu viel auf einmal vornimmst und mit einer gewissen Entschlossenheit vorgehst.

Und so geht es Schritt für Schritt

Schritt 1: Mache einen Plan

Wähle aus den folgenden Möglichkeiten 5–7 Ideen aus, die dir sinnvoll erscheinen. Sie alle können die Qualität deines Schlafs verbessern. Pass aber bitte gut auf, dass du dir nicht zu viele schwierige Dinge auf einmal vornimmst. Plane so, dass du sie auch wirklich umsetzen kannst.

◇ Kauf dir eine richtig gute und bequeme Matratze, wenn du noch keine hast.

◇ Schlafe, wenn möglich, neben deinem Partner, am besten mit Körperkontakt.

◇ Versuche, einen gleichbleibenden Schlafrhythmus zu etablieren, also gehe möglichst immer um die selbe Zeit schlafen und stehe auch immer zur selben Zeit auf.

◇ Richte deinen Computer, dein Tablet und dein Handy so ein, dass sie ab 20 Uhr wärmere Farben haben, weil uns die blauen Farben im Farbspektrum wach machen (beim iPhone und iPad heißt diese Einstellung NightShift. Für macOS, Windows und Android kannst du eine Anwendung namens f.lux runterladen).

◇ Gehe so früh ins Bett, dass du wirklich 7–8 Stunden Schlaf bekommst. Wenn du eine halbe Stunde zum Einschlafen brauchst, addiere diese Zeit zu den 7–8 Stunden hinzu. Stell dir einen Wecker so, dass er dich eine Stunde bevor du schlafen gehen willst daran erinnert, damit du auch wirklich daran denkst.

◇ Gehe in der Woche immer um die gleiche Zeit ins Bett.

◇ Iss 4 Stunden vor dem Schlafengehen nichts mehr.

◇ Lasse 1–2 Stunden vor dem Schlafengehen alle Dinge sein, die dich aktivieren (Hausarbeit, Computerspiele, schwierige Gespräche, spannende Filme).

◇ Tue 1–2 Stunden vor dem Schlafengehen nur noch Dinge, die dich wirklich entspannen (Lesen, Hörbuch-hören, Basteln).

◇ Schalte, falls du nachts aufwachst, kein Licht an und schau nicht auf die Uhr. Einfach wieder die Augen zumachen, bis 100 zählen und weiterschlafen.

◇ Nimm 6 Stunden vor dem Schlafengehen keine aktivierenden Substanzen mehr zu dir (Koffein, Tein).

◇ Trinke 4 Stunden vor dem Schlafengehen keinen Alkohol mehr, weil das erwiesenermaßen die Tiefe und Erholungswirkung deines Schlafs verschlechtert.

◇ Trinke abends überhaupt nicht mehr so viel, wenn du dadurch nachts auf die Toilette musst.

◇ Mach keine Nickerchen mehr in den 6 Stunden bevor du ins Bett gehst.

◇ Treibe keinen Sport in den 4 Stunden vor dem Schlafengehen, weil dich das aktiviert und schlechter einschlafen lässt.

◇ Mach täglich 20 Minuten leichten Ausdauersport oder gehe 1 Stunde spazieren, aber spätestens 4 Stunden bevor du ins Bett gehst.

◇ Bringe deine kleinen Kinder dazu, nachts in ihren eigenen Betten zu schlafen.

◇ Sorge dafür, dass dein Schlafzimmer richtig dunkel ist.

◇ Trage eine Schlafmaske und Ohrstöpsel.

◇ Sorge so gut es geht für richtig Ruhe im Schlafzimmer. Lass notfalls einen Generator mit weißem Rauschen oder leise, entspannende Musik laufen, die Außengeräusche überdeckt.

◇ Schalte dein Telefon in den Flugmodus und auf »Nicht stören«, sodass es nicht mehr piepsen oder brummen kann.

◇ Sorge für eine angenehme Temperatur im Schlafzimmer (nicht zu warm und nicht zu kalt).

Schritt 2: Erledige die einmalig zu erledigenden Dinge
Zuerst kümmerst du dich um die Dinge, die du nur einmal zu tun brauchst, um deinen Schlaf langfristig zu verbessern. Kauf also zum Beispiel eine neue Matratze oder regele die Temperatur in deinem Schlafzimmer. Das sind die Maßnahmen mit dem besten Kosten-Nutzen-Verhältnis – du investierst einmal Zeit und/oder Geld und profitierst ab da dauerhaft von deinem Investment.

Schritt 3: Bastele dir einen 30-Tage-Kalender

Nimm dazu ein A4-Blatt und lege es quer vor dich hin. Dann schreibst du die 5–7 Maßnahmen untereinander auf, mit denen du deine Schlafqualität verbessern willst. Also zum Beispiel:

1. Flugmodus an
2. Schlafzimmer abdunkeln
3. kein Alkohol
4. und so weiter
5. Essen nur bis 19 Uhr

Hinter jede dieser Maßnahmen machst du dann 30 kleine Kästchen zum Abhaken für die kommenden 30 Tage. Du kannst auch ein Raster mit 4–6 vertikalen und 29 horizontalen durchgehenden Linien zeichnen, dann bekommst du unter jeder Maßnahme deine 30 Kästchen. Oder du benutzt gleich Karopapier. Oder du schaffst dir einen Kalender für deine Erfolgsmessung an. Egal, wie du es tust, Hauptsache, du findest eine Möglichkeit zu dokumentieren, ob du deine Veränderung für 30 Tage durchgehalten hast.

Schritt 4: Wecker stellen

Stelle dir einen Wecker, der eine Stunde vor deiner geplanten Schlafenszeit klingelt. Wenn der Wecker piepst, hakst du auf deinem Kalender ab, welche der Tipps du heute befolgt hast oder noch befolgen wirst.

Wenn du einen Tipp nicht befolgen konntest, ändere deinen Plan: Mach die Sache einfacher, sodass du es in Zukunft leichter schaffst. Oder plane andere Maßnahmen, damit du es ab jetzt problemloser hinbekommst. Oder erinnere dich noch besser daran. Es nicht geschafft zu haben, ist kein Signal dafür, dein Vorhaben aufzugeben, sondern der Hinweis, dass du deinen Plan verbessern musst.

Schritt 5: Mach weiter

Ziehe deinen Plan so lange durch, bis deine Schlafqualität sich verbessert hat. Wenn du nach zwei Wochen noch keine Veränderung bemerkst, dann tausche Maßnahmen auf deinem Plan durch andere aus, die dir ebenfalls sinnvoll erscheinen. Hier ist es wichtig, flexibel zu sein und zu experimentieren. Oft musst du einige Maßnahmen und Ansätze durchprobieren, bis du das gefunden hast, was wirklich einen Unterschied in deinen Schlafgewohnheiten macht.

Häufige Stolperfalle

Wenn wir unsere Schlafgewohnheiten ändern wollen, ist das ein Langzeitprojekt. Und genau daran scheitern viele. Sie geben zu früh auf, wenn es nicht sofort klappt. Es ist deswegen wichtig, deinen Vorsatz, deine Schlafgewohnheiten zu verbessern, mit anderen Methoden aus diesem Buch zu unterstützen. Zum Beispiel mit den Methoden zum Thema Gewohnheiten (siehe Seite 204). Weil es ja genau darum hier geht: um das Ändern unserer Gewohnheiten.

Ernährung plus – klüger essen und trinken bringt mehr Energie

Diese Methode ist nützlich, wenn du deine Ernährungsgewohnheiten verbessern willst. Sei es, weil du dir mehr Energie wünschst, oder auch, weil du ein bisschen abnehmen möchtest. Denn es hängt stark von deiner Ernährung ab, wie viel oder wenig Energie du zur Verfügung hast. Wobei das Thema Ernährung ein schwieriges ist. Es gibt unzählige Experten, die alle etwas anderes empfehlen und ihre Richtung gegen alle anderen Ernährungslehren und deren Anhänger verteidigen. Dazu kommt, dass die verschiedenen Ernährungsformen auf unterschiedliche Menschen sehr unterschiedlich wirken. Was mir viel Energie beschert, macht dich vielleicht total müde.

Daher kannst nur du selbst dir eine Ernährung zusammenstellen, die dein Energieniveau hebt. Und das bedeutet, dass *Wie überall gilt auch beim Thema Ernährung: Du musst deinen eigenen Weg finden, der gut zu dir passt.* du so lange herumexperimentieren musst, bis du sagst: So, jetzt geht es mir gut und ich fühle mich durch meine neuen Essensgewohnheiten vitaler, lebendiger, fitter und einfach voller Kraft.

In dieser Methode sind deswegen eine Reihe von sehr unterschiedlichen Ernährungsregeln aufgelistet, die für dich funktionieren könnten. Außerdem findest du Vorschläge für eine schmerzarme Vorgehensweise, wie du deine Ernährungsgewohnheiten behutsam verbessern kannst. Deine Ernährung umzustellen ist nämlich eine schwierige Sache. Es ist tatsächlich nicht viel einfacher, als sich Drogen abzugewöhnen. Jeder, der schon einmal versucht hat, seine Essgewohnheiten zu ändern, weiß das.

Und so geht es Schritt für Schritt

Schritt 1: Berücksichtige die folgenden Ratschläge

Jede Form von zeitweiliger Ernährungsumstellung (auch Diät genannt) funktioniert nicht, weil wir in neun von zehn Fällen nach der Diät wieder in unsere alten Ernährungsgewohnheiten zurückfallen. Oft ernähren wir uns hinterher sogar ungesünder als vorher. Ziele deswegen auf eine sanfte, aber dauerhafte Ernährungsumstellung, sobald du herausgefunden hast, was dir guttut und was dir Energie abzieht. Und ganz wichtig: Glaube keinem Experten einfach so. Du musst für dich selbst herausfinden, was dich fit, gesund und energiegeladen macht und wodurch du dich schwach, müde und kraftlos fühlst.

Wenn du dir bestimmte Lebensmittel kategorisch verbietest, führt das früher oder später meist zu massiven inneren Widerständen, oft gefolgt von einer Überreaktion, in der du das verbotene Lebensmittel dann erst recht und maßlos isst. Häufig bekommst du daraufhin Schuldgefühle und sagst dir: »Jetzt ist es auch egal.« Dann wird es schlimmer als zuvor. Deswegen: Verbiete dir nichts komplett und ändere nicht zu viel auf einmal.

Das Thema Essen ist für die meisten von uns emotional und suchtbehaftet.

Viele vergessen, dass auch Essen und Trinken unseren körperlichen und seelischen Zustand beeinflussen: Nahrung und Drogen liegen also nicht so weit auseinander.

Wenn du zu viele Dinge auf einen Schlag anders machen willst, beschwörst du eine Selbstsabotage herauf. Lass dir Zeit, sei geduldig mit dir und gehe viele kleine, machbare Schritte.

Falls du Gewicht verlieren willst, mach dir bitte klar: Schwierig ist nicht der kurzzeitige Verzicht; schwierig ist, nach der Periode des Verzichts normal weiterzuessen, ohne zuzunehmen. Ein guter Abnehmplan berücksichtigt deswegen die Zeit nach dem Gewichtsverlust mehr als die Abnehmperiode selbst.

Schritt 2: Maßnahmen auswählen

Wähle aus der folgenden Liste 2–3 Maßnahmen aus, die du in deine neuen Ernährungsgewohnheiten als Erstes einbauen willst. Wähle vor allem Ideen, von denen du dir vorstellen kannst, sie für den Rest deines Lebens einzuhalten.

◇ Iss vor allem unverarbeitete Lebensmittel (Obst, Gemüse, Vollkorn, Vollkornreis, Vollkornnudeln). Mach eine Liste mit deinen Lieblingslebensmitteln dieser Art und kaufe einmal pro Woche einen Vorrat ein.

◇ Führe 30 Tage lang ein Ernährungstagebuch, um genau mitzubekommen, was du isst.

◇ Finde gesunde Lebensmittel, die dich satt machen, und iss diese häufig, am besten immer zuerst.

◇ Stelle eine Regel auf: Bevor ich eine ungesunde Sache X esse (zum Beispiel Chips), muss ich immer erst eine gesunde Sache (zum Beispiel einen Apfel) essen.

◇ Iss immer rechtzeitig, bevor dein Hunger zu groß wird.

◇ Iss jeden Tag 5 Portionen Obst und Gemüse.

◇ Iss jeden Tag 1- bis 2-mal Joghurt, Quark, Buttermilch oder etwas anderes Fettarmes mit viel Eiweiß.

◇ Mix dir dein Essen selbst: Erdbeerjoghurt aus Naturjoghurt und Erdbeermarmelade oder frischen Erdbeeren, Müsli aus Haferflocken und Nüssen, Ketchup aus echten Tomaten und Gewürzen. So weißt du, was drin ist, und vermeidest ungesunde und krankmachende Inhaltsstoffe.

◇ Meide Weißmehl und Produkte aus Weißmehl.

◇ Kaufe oder bestelle nur noch Lebensmittel oder Mahlzeiten, bei denen du weißt, wie sie hergestellt werden.

◇ Iss nur noch Süßigkeiten, die du selbst hergestellt hast.

◇ Hör auf zu essen, wenn der Hunger weg ist, nicht erst, wenn du dich richtig voll fühlst.

◇ Iss langsam und kaue jeden Bissen 20-mal.

◇ Verzichte auf den Nachschlag.

◇ Koche vor. Also bereite deine Mahlzeiten morgens vor und nimm sie mit. So greifst du nicht zu schnellen, aber ungesunden Alternativen, wenn dich der Hunger packt.

◇ Iss nur zu den Mahlzeiten und snacke nicht.

◇ Schränke Lebensmittel ein, die sehr viele Kalorien haben.

◇ Wenn du snackst, dann Obst, Gemüse oder eine Handvoll Nüsse. Habe immer gesunde Snacks dabei.

◇ Trinke jeden Tag 2–3 Liter Wasser.

◇ Iss nur, wenn du Hunger hast, nicht wenn du dich langweilst, traurig bist oder dich trösten willst.

◇ Kaufe und benutze kleine Teller.

◇ Iss einen Salat vor dem Hauptgericht.

◇ Iss eine Suppe vor dem Hauptgericht.

◇ Iss weniger schnell verdauliche Kohlenhydrate, dafür mehr Ballaststoffe, Fett und Eiweiß.

◇ Beschränke deinen Kuchen-, Eis- oder Süßigkeitenkonsum auf 1-mal pro Tag oder auf 5 kleine Stückchen pro Tag.

◇ Koche selbst, dann weißt du, was drin ist.

◇ Erzähl den Menschen in deiner Umgebung, dass du deine Ernährung umstellen willst, bitte sie um Unterstützung und darum, dass sie dich nicht in Versuchung führen.

◇ Entferne Versuchungen aus deinem Dunstkreis.

◇ Wenn du Fleisch isst, dann iss Bio-Fleisch aus Weidehaltung.

◇ Iss vor allem Pflanzen, am besten ihre Blätter. Aber auch Früchte, Wurzeln und Samen.

◇ Meide im Supermarkt die Reihen, wo es industriell gefertigte Lebensmittel, Knabberkram und Süßigkeiten gibt.

◇ Kaufe eher Bio-Gemüse, noch besser, bau es selbst an.

◇ Iss fermentierte Lebensmittel (Joghurt, Sauerkraut, Kimchi, Sojasauce).

◇ Wenn du Ungesundes isst, dann zelebriere den Genuss. Iss ultralangsam und nimm den Geschmack bewusst wahr.

◇ Iss wenig, wo Transfette (gehärtete Fette) drin sind (viele Backwaren, Pommes frites, Kekse, Kartoffelchips).

◇ Iss abends keine Kohlenhydrate mehr.

◇ Lass industriell hergestellte Wurstprodukte weg. Besuche einen Schlachthof oder eine Wurstfabrik, dann passiert das von allein.

◇ Kaufe auf dem Wochenmarkt ein und iss Dinge aus der Region. Das ist nicht zwingend gesünder, aber es ist gut für die Umwelt.

◇ Iss 4 Stunden vor dem Schlafengehen nichts mehr.

◇ Begrenze das Zeitfenster am Tag, wo du isst, auf 8–10 Stunden (intermittierendes Fasten).

◇ Iss 2-mal die Woche Fisch (wenn du kein Veganer oder Vegetarier bist).

◇ Meide Lebensmittel, für die Werbung im Fernsehen gemacht wird.

◇ Iss vor allem Dinge, deren Zutatenliste weniger als 5 Posten enthält – keiner davon aus dem Chemielabor.

◇ Meide Lebensmittel, in denen Fruktose- oder Glukosesirup enthalten ist.

◇ Oder meide Lebensmittel, bei denen Zucker (Glukose, Maltose, Dextrose, Fruktose…) in der Zutatenliste an erster, zweiter oder dritter Stelle steht.

◇ Verzichte auf Lebensmittel und Getränke, die als light, fettarm, fettfrei oder als besonders gesund verkauft werden.

◇ Lass regelmäßig eine Mahlzeit ausfallen, ohne dafür vorher oder hinterher mehr zu essen.

◇ Erlaube dir Ausnahmen, aber nicht zu oft.

◇ Erstelle dir einen festen, abwechslungsreichen und gesunden Essensplan für jeweils zwei Wochen, der zu 80 Prozent aus leckeren und gesunden Lebensmitteln besteht. Halte diesen Essensplan zu 80 Prozent ein.

◇ Trinke 1 kleines Glas Rotwein pro Tag.

Dies alles sind Maßnahmen, die deine Ernährung gesünder machen und dir mehr Energie schenken können. Aber was genau davon dir guttut und was vielleicht auch gar nichts für dich ist, musst du selbst herausfinden. Stück für Stück.

Schritt 3: Einen Vorsatz formulieren

Formuliere einen klugen und machbaren Vorsatz für deine 2–3 Maßnahmen. Nutze dafür die Methode »Der Vertrag« (Seite 107). Da Ernährungsgewohnheiten schwierig zu ändern sind, empfiehlt es sich, auch die Methode »Das Gewächshaus« (Seite 76) hinzuzuziehen, damit du mit kleinen, schmerzfreien Schritten startest und diese dann Stück für Stück steigerst.

Und bitte widerstehe hier wirklich der Versuchung, zu viele Dinge auf einmal ändern zu wollen. Selbstüberforderung ist der häufigste Grund, warum Menschen mit ihren Vorsätzen scheitern.

Schritt 4: Setz deine gewählten Vorsätze um

Nun bau deine Änderungen Stück für Stück in den Alltag ein. Unterschätze hierbei aber bitte nicht die Kraft, die deine alten Gewohnheiten und deine inneren Widerstände haben. Diese wollen dich wieder zurück in dein gewohntes Verhalten ziehen. Setze ihnen deswegen viel Entschlossenheit entgegen und sei sehr aufmerksam bei dem, was du tust.

Schritt 5: Weitere Vorsätze wählen und umsetzen

Sobald deine ersten Maßnahmen stabil in deinem Alltag verankert sind, geh zurück zu Schritt 1, wähle weitere Vorsätze für eine gesündere Ernährung und setze auch diese um. Das Ganze wiederholst du so lange, bis du zufrieden mit deinem Energieniveau bist.

Weil es so schwierig ist, die eigenen Ernährungsgewohnheiten umzustellen, braucht es hier besonders viele kleine Schritte, um sich selbst nicht zu überfordern. Dadurch wird das Ganze meist zu einem längeren Prozess, der nicht selten sechs Monate oder länger dauern kann. Hier ist es also besonders wichtig, dass du wirklich geduldig bist. Deine Geduld wird aber belohnt werden, denn durch diese Vorgehensweise veränderst du dein Essverhalten wirklich nachhaltig und langfristig.

Und woher weißt du, wann du mit deinem Prozess aufhören und dich einer anderen Sache zuwenden kannst? Als Gradmesser kannst du hier ein Journal führen, in dem du täglich dein Energieniveau auf einer Skala von 1–10 bewertest, wobei 1 am wenigsten und 10 am meisten Kraft und Energie bedeutet. Du könntest dir zum Ziel setzen, dass dein Wochendurchschnitt drei Wochen hintereinander über 7 liegen muss. Das wäre dann das Zeichen, dass deine Veränderungsbemühungen Früchte getragen haben. Oder falls es dir auch um Gewichtsverlust geht, kannst du ein Journal über deinen Bauchumfang führen. Der ist meist verlässlicher als dein Gewicht, das durch Wassereinlagerungen und andere Faktoren um 2–3 Kilo schwanken kann, ohne etwas über dein Körperfett auszusagen.

Häufige Stolperfallen

Das größte Problem bei Veränderungen dieser Art ist, dass sie langsam und in kleinen Schritten gesteigert werden müssen, damit du dich nicht selbst überforderst. Alles auf einmal anders zu machen, ist langfristig nämlich nicht durchhaltbar. Deswegen ist es notwendig, dein Vorhaben über einen längeren Zeitraum entschlossen und fokussiert zu verfolgen. Meist über mehrere Monate hinweg. Was dir hier hilft, ist ein regelmäßiger Termin mit dir selbst, bei dem du dir das Folgende sagst:

> »Ich habe mir vorgenommen, mich besser zu ernähren, und ich stehe zu dieser Entscheidung. Damit ich länger lebe, mich fitter fühle und im Alltag mehr Energie habe. Deswegen ändere ich so lange Kleinigkeiten in meinem Leben, bis ich mit meiner Ernährung wirklich zufrieden bin oder bis ich auf der Energieskala im Durchschnitt über 7 liege.

Ich bleibe dran. Ich ziehe das durch. Ich lasse dieses Vorhaben nicht von meinem Alltag verschlucken. Ich erfinde keine Ausreden und ich mache keine Ausweichbewegungen. Ich bleibe entschlossen und konsequent, bis ich mein Ziel erreicht habe.«

Wenn du diesen Vorsatz alle paar Tage bekräftigst, ist es einfacher, deine Entschlossenheit beizubehalten und dein Vorhaben bis zum Erfolg durchzuziehen.

Warum es so schwer ist, die eigenen Ernährungsgewohnheiten umzustellen

1. Weil wir körperlich abhängig vom Essen sind. Besonders von Zucker und Fett. Essen ist also in gewissem Sinne nicht weniger eine Droge als Zigaretten oder Kokain.

2. Weil wir essen müssen, um zu überleben. Also können wir nicht den oft einfacheren Weg des Totalverzichts wählen.

3. Weil Essen in unserer Gesellschaft eine so große soziale Rolle spielt. Die eigenen Essgewohnheiten zu ändern, bringt oft auch unser soziales Leben durcheinander.

4. Weil wir Essen als Belohnung ansehen, eine Belohnung für andere und für uns selbst. Im Umkehrschluss erleben wir den Verzicht als Bestrafung.

Bewegung plus – mobiler im Alltag

Wenn du wenig körperliche Kraft hast, unbeweglich bist und deine Ausdauer zu wünschen übrig lässt, dann hilft dir diese Methode. Sie kann aber auch eine Ergänzung für »Ernährung plus« sein, falls du abnehmen willst.

Bewegungsmangel ist nicht nur für viele Zivilisationskrankheiten verantwortlich, sondern wissenschaftliche Studien zeigen auch, dass Bewegung unser Wohlbefinden und unsere körperliche und psychische Gesundheit massiv steigern kann. Jeden Tag zwanzig Minuten zu joggen hilft an Depression erkrankten Menschen zum Beispiel genauso gut wie Psychopharmaka.

Es gibt also gute Gründe, sich viel und regelmäßig zu bewegen. Und wie bei der Ernährung ist es wichtig, unser Bewegungsprogramm zu einem festen und gewohnten Teil unseres Alltags werden zu lassen. Nur so entfaltet es seine positive Wirkung auf unsere Gesundheit und unser Energieniveau.

Auch hier gilt, dass du dir ein auf dich zugeschnittenes Bewegungsprogramm zusammenstellen musst. Denn damit du es regelmäßig tust, muss es zu deinen Vorlieben, deinen körperlichen Möglichkeiten und eventuellen Einschränkungen passen.

Und so geht es Schritt für Schritt

Schritt 1: Stelle dir dein Programm zusammen

Wähle aus den folgenden Ideen 2–3 Maßnahmen aus, die du in Zukunft regelmäßig ausführen willst. Falls dir eine Bewegungsart nichts sagt, ist das Internet dein Freund. Dort wirst du die nötige Erklärung finden.

◇ Gehe jeden Tag zwischen 10 und 120 Minuten spazieren. Fange klein an und steigere dich. Besorge dir Kleidung für schlechtes und kaltes Wetter, damit du keine Ausrede hast, nicht rauszugehen.

◇ Nimm dir irgendeine kleine Sportübung vor (Liegestütz, Kniebeuge oder Ähnliches), die du täglich ausführst, und steigere dich innerhalb von 30 Tagen von 1 auf 30 Wiederholungen. Oder von 2 auf 60. Oder von 5 auf 150 Sekunden.

◇ Wenn du Hunde magst und die Verantwortung übernehmen willst, schaffe dir einen Hund an. Er zwingt dich, regelmäßig rauszugehen.

◇ Nimm in Zukunft die Treppe statt der Rolltreppe oder des Fahrstuhls.

◇ Wenn du eine Treppe in deinem Haus hast, laufe sie jeden Tag 10-mal hoch und runter.

◇ Fahr, wenn möglich, mit dem Fahrrad zur Arbeit und zum Einkaufen.

◇ Hebe jeden Tag 10 Sekunden einen richtig schweren Gegenstand hoch (mind. 20 Kilo). Aber lass dir vorher zeigen, wie du das rückenfreundlich anstellst.

◇ Mach regelmäßig isometrische Übungen.

◇ Installiere dir eine Fitness-App und übe jeden Tag damit.

◇ Laufe Strecken unter 20 Laufminuten, die du sonst mit dem Auto gefahren wärst.

◇ Mach jeden Morgen sanfte Gymnastik vor dem offenen Fenster.

◇ Besuche einen Yoga-, Tai-Chi- oder Qi-Gong-Kurs und mache jeden Tag 10–20 Minuten Übungen.

◇ Kauf dir einen Fitnesstracker und komme jeden Tag auf deine 10 000 Schritte.

◇ Lerne Kraftübungen, die du mit deinem eigenen Körpergewicht machen kannst (Kniebeugen, Liegestütz, Planks). Mache diese 3-mal die Woche 20 Minuten. Fang klein an und steigere dich.

◇ Suche dir ein Hobby, bei dem Bewegung und frische Luft dazugehören. So etwas wie Golf oder Langlauf.

◇ Kauf dir ein Theraband und stelle dir eine Übungssequenz zusammen, die du täglich 10 Minuten durchgehst. (Im Internet findest du viele Informationen dazu.)

◇ Kaufe dir eine Kettlebell und praktiziere jeden Tag 10–60 Kettlebell-Swings (im Internet findest du die Anleitung).

◇ Besorge dir eine Faszienrolle und benutze sie, um deine Muskeln und dein Bindegewebe zu entspannen.

◇ Lass dir im Fitnessstudio zeigen, wie du mit Lang- und Kurzhanteln trainierst, und kauf dir ein Set für zu Hause. Dann trainiere 3-mal pro Woche 20 Minuten damit.

◇ Geh 3-mal die Woche ins Fitnessstudio. Gehe aber auch wirklich hin, also werde keine Karteileiche.

◇ Schließ dich einer Laufgruppe an oder such dir einen Laufpartner.

◇ Geh 1-mal im Monat für einen ganzen Tag Bergwandern, wenn du Berge in der Nähe hast.

◇ Mach 1-mal die Woche eine mehrstündige Fahrradtour.

◇ Engagiere einen Personal Trainer und arbeite mit ihm an deinen Bewegungs- und Fitnesszielen.

◇ Kauf dir ein Buch zum Thema Stretching und praktiziere jeden Tag Übungen.

All das kannst du tun, um mehr Bewegung in dein Leben zu bringen. Auch hier gilt vor allem eines: Fang klein an und steigere dich langsam. Die meisten selbstverordneten Bewegungsprogramme scheitern nämlich daran, dass wir zu schnell zu viel wollen und uns dann verletzen. Doch bei jeder neuen Art von Bewegung müssen die beteiligten Muskeln, Gelenke und Sehnen erst trainiert und gestärkt werden. Deswegen: Vorsichtig beginnen. Mit wenig. Und dann langsam, langsam, aber stetig steigern.

Wenn du zum Beispiel alle drei Tage walken oder joggen gehst und dich jedes Mal um drei Minuten steigerst, dann bist du nach 60 Tagen auch bei einer Stunde. Aber durch die langsame Steigerung wirst du dich zu keinem Zeitpunkt überfordern und es besteht auch nicht die Gefahr einer Verletzung. So kannst du viele Sportziele erreichen, ohne dass es jemals zu einer Tortur wird.

Fitness besteht aus drei Bereichen

Es gibt drei Bereiche, die beim Thema Bewegung für die Gesundheit eine Rolle spielen:

1. **deine Ausdauer**, also wie lange du körperliche Belastungen durchhältst,

2. **deine Kraft**, also wie stark deine Muskeln sind, wie gut deine Knochen und Knorpel geschützt sind und wie viel Gewicht du bewegen kannst,

3. **deine Beweglichkeit**, also wie gut du an deine Füße kommst, aber auch, wie entspannt deine Muskeln sind.

Wenn du dir ein Bewegungsprogramm zusammenstellst, versuche bitte alle drei Bereiche zu berücksichtigen, denn sie alle sind wichtig für deine Energie und deine Fitness.

Schritt 2: Formuliere deinen Vorsatz

Wähle 2–3 Bewegungsvorschläge aus der obigen Liste und fasse den Vorsatz, sie langsam aber stetig in deinen Alltag einzubauen. Du kannst natürlich auch Maßnahmen wählen, die nicht auf der Liste stehen. Nimm dir die regelmäßige Umsetzung deiner

2–3 Maßnahmen als verbindliches Ziel vor, indem du die Methode »Der Vertrag« (Seite 107) anwendest.

Schritt 3: Tu es!

Beginne damit, dein Ziel zu verfolgen, indem du die geplanten Bewegungsvorhaben in deinen Alltag einbaust. Unterschätze bitte auch hier nicht die Macht, die deine Bequemlichkeit und dein Alltag haben. Sie wollen nicht, dass sich etwas ändert und es anstrengend wird. Kultiviere deswegen bitte deine Entschlossenheit und deinen Biss. Wie das geht, erfährst du in dem Kapitel »Willenskraft«. (Siehe dazu Seite 234.)

Schritt 4: Steigere dich, bis du zufrieden bist

Sobald du die ersten Bewegungsvorschläge stabil in deinen Alltag integriert hast, gehst du noch einmal zu Schritt 1 zurück und wählst weitere Maßnahmen, um dein Bewegungsprogramm voranzutreiben. Oder du ersetzt Übungen, die dir keinen Spaß mehr machen, durch bessere. Mach das so lange, bis du zufrieden mit deinem täglichen Bewegungspensum bist und dich fitter und energiegeladener fühlst.

Häufige Stolperfallen

Auch für diese Veränderung gilt: Damit du dich nicht überforderst und verletzt, muss so ein Bewegungsvorhaben langfristig angelegt sein. Und auch hier ist es notwendig, deinen Fokus und deine Entschlossenheit über Monate am Leben zu erhalten. Wie bei der Methode »Ernährung plus« hilft dir ein regelmäßiger Termin mit dir selbst, bei dem du dir das Folgende sagst:

»Ich habe mir vorgenommen, mich mehr zu bewegen, und ich stehe zu dieser Entscheidung. Damit ich länger lebe, mich fitter fühle und mehr Energie habe. Deswegen ändere ich so lange Kleinigkeiten in meinem Alltag, bis ich mit meiner Kraft, meiner Beweglichkeit und

meiner Ausdauer wirklich zufrieden bin und mich fit und energie-
geladen fühle.
Ich bleibe an dieser Sache dran. Ich ziehe das durch. Ich lasse dieses
Vorhaben nicht vom Alltag verschlucken. Ich erfinde keine Ausreden
und mache keine Ausweichbewegungen. Ich mache entschlossen wei-
ter, bis ich mein Ziel erreicht habe.«

Wenn du dir dieses kleine Mantra täglich mit großer Ernsthaftigkeit vorsagst, machst du es dir einfacher, dein Vorhaben
durchzuhalten.

Gemeinsam ist es einfacher

Bewegung zu zweit oder in der Gruppe hat eine ganze
Reihe von Vorteilen:

1. Du musst eine öffentliche Verpflichtung eingehen und
andere merken es, wenn du kneifst. Du nutzt also den
Gruppendruck, um dich zu motivieren.

2. Ihr müsst einen Termin festlegen, das verhindert, dass
du deine Bewegung immer wieder aufschiebst.

3. Gemeinsam lassen sich körperliche Anstrengungen einfacher ertragen.

4. Gemeinsam macht es mehr Spaß und es ist motivie-
render.

5. Regelmäßige gemeinsame Bewegung bringt oder festigt
Freundschaften.

Erholung plus – denn jeder Mensch braucht Freiräume

Logisch: Wenn du dich nicht regelmäßig erholst, bist du irgendwann ausgebrannt. Vom Verstand her wissen wir das alle, aber wenn unser Leben voll ist, fallen die Erholungspausen als Erstes hinten runter. Und dann wundern wir uns, warum wir immer weniger gebacken bekommen.

Zeit für Erholung zu finden, ist eine Frage deiner Entschlossenheit und deiner Kreativität.

Deswegen ist diese Methode nützlich, wenn du dich überlastet fühlst oder wenn du zu oft im Stress bist und Druck spürst, weil du zu wenig in nährende Erholung und das Aufladen deiner Batterien investierst. Sie hilft aber auch, falls du zu viel Entspannung und Zerstreuung der falschen Art in deinem Alltag hast, wenn du zum Beispiel zu viel Medien konsumierst oder dich zu ausgiebig mit einem Hobby beschäftigst, das dich anstrengt und unter Druck setzt. In so einem Fall kannst du die Methode anwenden, um die eigenen Erholungsmaßnahmen in eine förderlichere Richtung zu verschieben.

Gute Erholung lädt deine Schaffenskraft-Batterie wieder auf. Und das Ausmaß unserer Schaffenskraft ist nun einmal abhängig von der uns zur Verfügung stehenden Energie. Die wichtigste Eigenschaft von guter Erholungszeit ist: Diese Zeit muss frei von Druck und Wollen sein. Wir sollten darin »frei fließen« können.

Solltest du das Gefühl haben, dass deine fehlende Energie an zu wenig Erholung liegen könnte, dann versuche es also einmal mit dieser Methode.

Und so geht es Schritt für Schritt

Schritt 1: Kläre deinen Status quo
Starte bitte mit einer kleinen Bestandsaufnahme. Stell dir dafür die folgenden Fragen:

◇ Auf einer Skala von 1 = ausgebrannt bis 10 = maximal erholt: Wo stand ich da in der letzten Woche durchschnittlich?

◇ Wie viel freie Zeit in Stunden pro Woche hatte ich für mich zur Verfügung?

◇ Wie viel Zeit in Stunden pro Woche habe ich mich um meine Arbeit oder um andere Menschen gekümmert?

◇ Was tue ich gerade im Alltag alles, um aufzutanken, um mich zu entspannen und zu erholen?

So, jetzt hast du dir vergegenwärtigt, wo du in Sachen Entspannung momentan stehst.

Schritt 2: Grundregeln verinnerlichen
Bitte mache dich nun mit den folgenden Grundregeln des Auftankens und Erholens vertraut.

1. Wenn du glaubst, du hast keine Zeit für Erholungsphasen, dann brauchst du sie dringender, als du denkst. Abgesehen davon zeigt sich regelmäßig: Wenn jemand wegen Überlastung mal vier Wochen krank ist, finden sich immer andere, die einspringen und seine Pflichten übernehmen. Du bist nicht so unersetzlich, wie du vielleicht glaubst.

2. Auftanken ist keine Faulheit oder Nachlässigkeit. Auftanken ist eine notwendige Investition deiner Zeit, um dauerhaft leistungsfähig zu bleiben.

3. Deine Energie, dein Wohlergehen und deine Gesundheit müssen wichtiger sein als alle Pflichten, die du übernom-

men hast. In jedem Leben gibt es Dinge, die sich streichen lassen, ohne dass es gravierende Folgen hat. Wenn dein Alltag zu voll ist, musst du die weniger wichtigen Dinge weglassen, um Zeit für Erholung zu haben.

4. Erholungszeit muss geplant werden, sonst geht sie in einem vollen Alltag unter. Wenn du deine Erholungszeit nicht im Kalender einträgst und allen betroffenen Personen davon erzählst, wird ein voller Alltag sie zunichtemachen.

5. Es reicht nicht, einmal im Jahr in den Urlaub zu fahren, um sich zu erholen. Erholungs- und Entspannungsphasen müssen ein regelmäßiger und fester Bestandteil deines Alltags werden.

Diese Dinge zu verinnerlichen ist eine wichtige Vorbereitung auf den nächsten Schritt. Lies dir die fünf Punkte also am besten noch einmal aufmerksam durch.

Schritt 3: Wähle deine Maßnahmen

Um mehr Erholung und Auftankmomente in dein Leben zu bringen, gibt es eine Reihe von Möglichkeiten. Deine Aufgabe besteht jetzt darin, ein paar der unten stehenden Maßnahmen in deinen Alltag zu übernehmen. Dazu findest du hier wieder eine Liste mit Dingen, die du tun kannst. Wähle aus dieser Liste 2–3 Vorschläge aus, um sie zu einem festen Bestandteil deines Lebens zu machen.

◇ Führe ein Journal und schreibe täglich auf, wie gestresst du auf einer Skala von 1–10 bist. Ergreife gezielt Maßnahmen, wenn du drei Tage hintereinander eine 6 übersteigst.

◇ Finde deine beste Entspannungsart (Badewanne, Fußbad, Massage, Meditation, Musikhören, Sauna, autogenes Training, Spazierengehen) und baue diese mindestens 3-mal pro Woche in deinen Alltag ein.

◇ Mach bei der Arbeit regelmäßig Pausen, bei denen du dich mental und körperlich erholst (also in der Zeit keinen Medienkonsum welcher Art auch immer). Stell dir einen Wecker, um dich daran zu erinnern.

◇ Schalte in deinen Erholungszeiten dein Handy ab. Du musst nicht immer erreichbar sein.

◇ Schreibe abends bei der Arbeit als Letztes eine Liste mit drei Dingen, die du am nächsten Tag erledigen willst. Das hilft dir, die Arbeit im Büro zu lassen.

◇ Übernimm für eine Weile keine neuen freiwilligen Aufgaben mehr. Gib stattdessen Aufgaben ab oder höre einfach damit auf. So entsteht mehr Zeit für Erholung.

◇ Stell dein Handy so ein, dass 5-mal am Tag der Wecker piepst. Atme dann jeweils 10-mal tief durch, wobei du innerlich bis 4 beim Einatmen und bis 8 beim Ausatmen zählst.

◇ Schreibe auf einen großen Zettel den Satz: »Wer viel leisten will, der muss Zeiten haben, um seine Batterien wieder aufzuladen.« Hänge diesen Zettel gut sichtbar für dich (und die anderen) auf.

◇ Mach eine Liste mit deinen Pflichten und regelmäßigen Aufgaben. Markiere die Pflichten, bei denen es keine existenzbedrohlichen Konsequenzen hat, wenn du sie vernachlässigen oder abgeben würdest. Werde einige der unwichtigsten Pflichten los.

◇ Mach dir immer wieder klar, dass du nur leistungsfähig und freundlich sein kannst, wenn du gut für dich und deine Bedürfnisse sorgst.

◇ Ersetze deinen Medienkonsum (Fernsehen, Internet-Surfen, Beschäftigung mit dem Handy, Youtube, Facebook, Computerspiele …) durch andere Dinge, die dir mehr innere Ruhe und Entspannung geben. Setze dir ein fixe Quote (zum Beispiel 1 Stunde pro Tag) für deine Medienzeit und halte dich daran.

◇ Gehe regelmäßig in der Natur spazieren.

◇ Finde und betreibe regelmäßig eine Sportart, in der du dich auspowern kannst. Regelmäßiger Ausdauersport und Kraftsport bauen Stress jeweils sehr gut ab.

◇ Lerne Tai Chi, Qi Gong, Pilates oder Yoga und übe jeden Tag 20–30 Minuten.

◇ Finde ein entspannendes Hobby, bei dem du mit den Händen etwas erschaffst (Stricken, Basteln, Möbel bauen) und gehe ihm regelmäßig nach. Wähle etwas, das möglichst nicht viel mit deinem Job zu tun hat.

◇ Triff dich regelmäßig mit Freunden, mit denen du dich wohlfühlst.

◇ Verbringe den Abend nicht vor dem Fernseher, sondern tue etwas, das deine Seele nährt. Und wenn du keine Energie mehr für andere Dinge hast, geh schlafen.

◇ Sorge für guten, erholsamen Schlaf (siehe »Schlaf plus«, Seite 126)

◇ Fang an zu meditieren. Nichts erholt den Geist so gut wie regelmäßige Meditation.

◇ Platziere Gewichte und Trainingsgeräte neben deinem Schreibtisch und benutze sie 1-mal pro Stunde kurz. Das baut Stress ab.

◇ Gehe 1-mal im Jahr für eine Auszeit ins Kloster.

◇ Lerne eine Entspannungsmethode (zum Beispiel Tiefenatmung, Autogenes Training, progressive Muskelentspannung …) und praktiziere diese Entspannungsmethode 2- bis 3-mal pro Woche.

◇ Belege einen MBSR-Kurs und mache die Übungen zu einem festen Bestandteil deines Lebens.

◇ Lerne etwas Neues zu deinem eigenen Vergnügen.

◇ Mache regelmäßig Powernaps (also Nickerchen unter 20 Minuten).

◇ Mache Urlaube, nach denen du nicht hinterher Urlaub brauchst.

◇ Halte regelmäßige Essenszeiten ein, idealerweise mit der ganzen Familie. Seht während des Essens nicht fern und lest auch nichts, sondern unterhaltet euch.

◇ Nimm dir regelmäßig Zeiten, in denen du nichts tust, sondern dich einfach nur hinsetzt, nachdenkst und in die Bäume schaust.

◇ Lerne ein Instrument und spiele es. Aber ohne Druck, nur zu deinem Vergnügen.

◇ Überlege, ob du ein Sabbatical machen kannst, um deine Leistungsfähigkeit einmal komplett zu resetten.

Deine Aufgabe besteht nun darin, aus diesen Ideen 2–3 Möglichkeiten auszuwählen, sie in deinem Alltag einzuplanen und dann umzusetzen.

Schritt 4: Mache die Sache verbindlich

Du weißt ja, was du nicht planst, das erledigst du auch nicht. Deswegen besteht der vierte Schritt darin, dass du deinen gewählten Maßnahmen mehr Verbindlichkeit gibst. Nimm also deine 2–3 Maßnahmen und mache sie für dich verbindlich. Schließe dazu vielleicht einen Vertrag mit dir selbst (siehe »Der Vertrag« auf Seite 107), besonders dann, wenn du mit ähnlichen Vorhaben schon gescheitert bist. Ratsam ist auch, das Vorhaben in deinen Kalender einzutragen, und zwar jeden einzelnen Termin. Etabliere auch verlässliche Erinnerungen. Sorge also dafür, dass du es wirklich nicht vergisst.

Schritt 5: Sorge für Langfristigkeit

Entspannungsvorhaben haben die Tendenz, irgendwann aus unserem Leben zu verschwinden. Aber deine Entspannung und Erholung sollen ja eine feste und dauerhafte Größe in deinem Leben werden. Um das zu gewährleisten, kannst du dir einen regelmäßigen »Checktermin« einrichten. Ein Checktermin ist ein Termin in zirka 2–3 Monaten, an dem du überprüfst, ob du genug für deine Erholung und Entspannung tust. Trage dir in deinen Kalender ein: »Meine Erholungsmaßnahmen überprüfen«. Wenn der Termin dann gekommen ist, kannst du dir Fragen wie diese stellen:

◇ Wie entspannt und erholt war ich in der letzten Woche im Durchschnitt auf einer Skala von 1 = komplett ausgebrannt bis 10 = maximal erholt?

◇ Was ist aus meinen Maßnahmen zur Erholung geworden, was tue ich also regelmäßig, um mich zu erholen?

◇ Bin ich noch gut dabei oder bin ich aus dem Rhythmus gekommen?

◇ Brauche ich einen Neustart? Will ich noch weitere Erholungsmaßnahmen planen und umsetzen?

Wenn du unzufrieden mit deinen Erholungsgewohnheiten bist, dann gehe zurück zu Schritt 2.

Häufige Stolperfallen

Die größte Stolperfalle beim Thema Erholung ist, dass wir unter Stress »dümmer« werden. Je mehr wir zu tun haben und je mehr wir uns unter Druck setzen, desto irrationaler werden wir und desto schlechter funktionieren unsere kognitiven Prozesse. Wir sehen dann immer weniger, wie wichtig die Erholung und das Aufladen unserer Batterie sind.

Es gibt mittlerweile viele arbeitswissenschaftliche Studien, die zeigen: Wenn wir über längere Zeit – länger als acht Stunden – am Stück arbeiten, gehen die Ergebnisse unserer Arbeit am Ende des Arbeitstages gegen null. Wir arbeiten dann zwar noch, aber wir schaffen nichts mehr.

Es ist also schlecht investierte Zeit. Aber vor allem ist es Zeit, die wir für das Auftanken unserer Batterien aufwenden könnten. Das können wir jedoch nicht erkennen, weil zu viel Stress, Druck und Überlastung uns unvernünftig werden lassen.

Wir versuchen unser Überlastungsgefühl dann durch noch mehr Anstrengung zu kompensieren und bewirken dadurch genau das Gegenteil.

Dieses Muster der eigenen Überarbeitung zu unterbrechen, ist aber tatsächlich erstaunlich schwierig. Weil der Anspruch aus der Gesellschaft kommt. Wir leben im Augenblick beruflich in einer Welt, in der es um Leistung und um Selbstoptimierung geht. Wir müssen nicht nur viel schaffen, sondern unsere Leistungskraft muss auch noch ständig wachsen. Außerdem wird von uns nicht selten erwartet, ständig erreichbar zu sein. Die Erwartungen an uns sind also hoch und erzeugen einen gewaltigen Druck.

Mach dir immer wieder klar: Auch Erholung ist eine wichtige Aufgabe. Ohne Erholung wirst du dümmer, krank und unausstehlich.

Für viele Menschen ist der unschöne Weg hier heraus ein Burn-out oder eine andere Krise, die uns dazu zwingt, unsere Vorgehensweise und unsere Denkweisen zu hinterfragen. Aber wir haben die Wahl: Wir können auch rechtzeitig unser Gehirn wieder anschalten, das nagende Druckgefühl ehrlich wahrnehmen und uns klarmachen, dass das Aufladen unserer Batterien der Weg aus dieser Sackgasse ist – und nicht noch mehr Anstrengung.

Kopfklar –
lass los, was an dir nagt

Es gibt noch einen weiteren Faktor, der uns die Energie absaugen kann: psychische Belastungen. Diese Methode ist dann hilfreich, wenn du merkst, dass du seelisch aus der Balance bist, wenn dich etwas stark beschäftigt und belastet, wenn du wegen einer Sache schlecht schlafen kannst oder wenn deine Gedanken zu oft um ein bestimmtes Thema kreisen. Das alles zieht dir nämlich massiv Energie und Kraft ab.

Energiesauger können offene und versteckte Konflikte mit anderen Menschen sein, die Unzufriedenheit mit einem bestimmten Zustand, emotionale Verletzungen, enttäuschte Erwartungen oder einfach die kleinen oder größeren Ärgernisse des Alltags.

Im Zentrum solcher psychischen Belastungen stehen in der Regel Menschen. Entweder wir ärgern uns über andere Menschen oder sind enttäuscht von ihnen, oder wir ärgern uns über uns selbst. In beiden Fällen belastet uns die Angelegenheit emotional und zieht uns dadurch Energie und Lebensfreude ab. Und das verringert wiederum unsere Lebensqualität und auch unsere Schaffenskraft.

Deswegen brauchen wir ein gutes Werkzeug, um in so einem Fall unsere Ausgeglichenheit und unsere Schaffenskraft wiederherzustellen.

Konflikte, Ärgernisse und andere psychische Belastungen lassen deinen Motor nur mit halber Kraft laufen.

Die folgende Methode wirkt dann am besten, wenn du sie regelmäßig anwendest, vielleicht in Form eines täglichen Journals. Du kannst sie aber auch nur dann anwenden, wenn du merkst, dass dich etwas belastet. Das hilft auch.

Und so geht es Schritt für Schritt

Schritt 1: Finde heraus, was dich alles beschäftigt

Verschaff dir als Erstes einen Überblick darüber, was dich gerade bedrückt und was dir auf der Seele lastet. Dazu kannst du dir die folgenden Fragen stellen und beantworten:

◇ Habe ich gerade mit jemandem einen offenen oder verdeckten Konflikt? Wenn ja, mit wem? Was ist passiert? Worum geht es?

◇ Was sorgt mich? Was macht mir Angst?

◇ Fühle ich mich wegen irgendetwas ungerecht behandelt? Wenn ja, was genau ist passiert?

◇ Fühle ich mich abgelehnt, verletzt, gedemütigt oder respektlos behandelt? Wenn ja, von wem? Und was genau ist passiert?

◇ Bin ich wegen etwas unzufrieden? Wenn ja, wegen was genau? Was ist passiert? Warum ist das doof?

◇ Fühle ich gerade Enttäuschung wegen irgendetwas? Wenn ja, wer oder was hat mich enttäuscht?

◇ Fühle ich Ärger? Wenn ja, wer oder was hat mich geärgert?

Durch diese Fragen scannst du alle Bereiche deiner Seele einmal durch und schaust, wo etwas in Schieflage geraten ist. Mach dir ruhig kurz Notizen, um die Antworten nicht zu vergessen.

Schritt 2: Finde den Schmerzpunkt

Als Nächstes suchst du dir aus den Punkten, die du in Schritt 1 gefunden hast, einen Punkt heraus, von dem du vermutest, dass er dir Energie abzieht. Diesen Punkt kannst du jetzt bearbeiten.

Geh hier ganz nach deinem Gefühl vor. Du kannst den wichtigsten Punkt nehmen oder einen weniger wichtigen, so, wie es sich intuitiv richtig für dich anfühlt. Wenn du dich nicht entscheiden kannst, wähle einen beliebigen Punkt aus.

Nun stell dir zu diesem Punkt auch wieder eine Reihe von Fragen und beantworte sie schriftlich. Auf diese Weise gehst du mit dem Verstand an die Sache heran und holst den Schmerzpunkt an die Oberfläche deines Bewusstseins, wodurch die emotionale Intensität und deine Stressbelastung abnehmen.

Darüber hinaus spürst du durch diesen Prozess auch möglichen Handlungsbedarf auf, also Dinge, die getan werden müssen, damit du den Schmerz nicht noch einmal zu erleben brauchst. Vielleicht erkennst du auch Zusammenhänge, die das Thema in ein neues Licht rücken.

Es ist wichtig, dass du die Fragen schriftlich beantwortest, denn beim Schreiben durch-

Deine Psyche sauber zu halten (Psychohygiene) sollte genauso wichtig sein wie das Duschen und Zähneputzen.

denkst du alles langsamer und gründlicher. Und es fällt dir so auch leichter, den Fokus auf dem Thema zu halten, über das du nachdenkst. Wenn du die Sache einfach nur im Kopf durchdenkst, schweifst du zu schnell ab und verlierst dich in deinen Gedanken. Die Fragen sind übrigens nicht dazu gedacht, dass du sie allesamt tief und vollständig behandelst. Die, die nicht zu deiner Situation passen, lass einfach aus.

◇ Was genau ist passiert? Was macht mir ein negatives Gefühl?
◇ Ist das mich belastende Ereignis oder der Zustand oder die Sorge eher ein Gefühl oder eine objektive Sache? Würden alle anderen Menschen das, was passiert ist, genauso bewerten wie ich? Kann ich zweifelsfrei wissen, dass meine Einschätzung der Sache zu hundert Prozent richtig ist?

◇ Was sind die reinen, beweisbaren Fakten in dieser Angelegenheit? Wer hat was getan oder nicht getan? Was genau hätte eine Kamera bei diesem Vorfall aufgezeichnet?

◇ Was ist daran schlecht? Warum macht mir das ein unangenehmes Gefühl? Wie bewerte ich die Situation?

◇ Würde ein Freund oder ein außenstehender Dritter das, was geschehen ist, genauso bewerten wie ich?

◇ Was wäre der vernünftige Weg, um damit umzugehen: a) meinen Frieden damit machen, b) aktiv werden, um etwas zu ändern, c) die Situation verlassen, damit das nicht noch einmal passiert.

◇ War es eine einmalige Sache, oder wird es wahrscheinlich wieder passieren?

◇ Was sind mögliche negative Folgen dieser Angelegenheit?

◇ Was ist das Schlimmste, das passieren könnte? Wie wahrscheinlich ist es, dass das passiert? Was wird wahrscheinlich passieren?

◇ Gibt es etwas, das ich vernünftigerweise wegen dieser Sache unternehmen sollte?

◇ Welche realen Konsequenzen hätte es, wenn ich die Sache einfach loslassen und aufhören würde, mich damit zu beschäftigen?

Mit diesen Fragen dringst du tiefer in deine Gedanken- und Gefühlswelt ein. Du verstehst dadurch immer mehr, was genau in deinem Kopf und in deinem Herzen passiert. Und du findest so einen gewissen inneren Abstand, weil dich die Fragen dazu bringen, klärende, positiv-realistische Überlegungen anzustellen, die du normalerweise nicht denken würdest. Das Ganze ist also so etwas wie eine reinigende Coaching-Sitzung mit dir selbst.

Wechsele, nachdem du die obigen Fragen beantwortet hast, noch einmal die Perspektive deiner Gedanken. Schaue jetzt fünf Jahre in die Zukunft und frage dich:

◇ Welche reale Bedeutung wird diese Sache in fünf Jahren noch für mich haben? Werde ich dann überhaupt noch daran denken?

◇ Was könnte bis in fünf Jahren Gutes daraus entstanden sein? Inwiefern könnte diese Sache dann einen Vorteil oder einen Nutzen für mich gebracht haben?

◇ Was könnte ich bis in fünf Jahren aus dieser Erfahrung gelernt haben? Inwiefern könnte mich diese Sache stärker gemacht haben?

Wenn es eine reale Sorge ist, die dich umtreibt, kannst du dich fragen:

◇ Wie habe ich bis in fünf Jahren verhindert, dass das, was ich befürchte, eingetreten ist? Oder wie kann ich mich zumindest gut darauf vorbereiten?

◇ Was könnte ich tun, damit diese Sache in Zukunft nicht noch einmal passiert? Oder was könnte ich tun, damit ich in Zukunft besser auf so etwas vorbereitet bin?

◇ Was würde mir eine gute Freundin oder ein guter Freund dazu raten?

Indem du diese Fragen schriftlich beantwortest, kannst du deine emotionale Belastung im Zusammenhang mit dem Thema verringern. Damit steigerst du deine Energie und natürlich auch deine Umsetzungskraft. Denn wir können einfach mehr bewegen, wenn wir seelisch im Gleichgewicht sind.

Am besten funktioniert diese Methode übrigens, wenn du diese Übung zu deinem Thema an vier aufeinanderfolgenden Tagen wiederholst und jeweils mindestens 20 Minuten dazu schreibst. Nachts, zwischen den Schreibterminen, scheint unser Unbewusstes die Angelegenheit nämlich noch einmal auf seine eigene Art zu bearbeiten.

Häufige Stolperfalle

Stolpern kannst du bei dieser Methode, wenn du die Fragen mit einer negativen oder sarkastisch Grundhaltung angehst. Versuche sie konstruktiv und positiv zu beantworten. Mache also beim Schreiben keine sarkastischen Witze. Das ist zugegebenermaßen manchmal nicht so einfach. Gerade bei langanhaltenden Konflikten, bei denen wir kaum Lösungsmöglichkeiten sehen, kann Galgenhumor eine Möglichkeit sein, die Sache erträglich zu machen. In diesem Fall lasse aber bitte den Sarkasmus beiseite, denn er ist hier kontraproduktiv.

Du versuchst das Thema in deiner Seele zu lösen und zu heilen, also gehe bitte mit einer selbstfreundlichen, konstruktiven und lebensbejahenden Grundhaltung an die Fragen heran.

Wenn dir dies nicht gelingt, ist das vielleicht ein Hinweis darauf, dass du eine mitfühlende und konstruktive Stimme von außen brauchst, mit der du die Fragen durchgehen kannst. Das könnte ein guter Freund, eine gute Freundin oder ein Coach sein.

Motivation

Wenn du motiviert bist, etwas zu tun, kannst du deine Projekte und Vorhaben natürlich einfacher, schneller und mit weniger Kampf durchziehen. Denn wenn du Motivation spürst, brauchst du keine Willenskraft. Dann kannst du auch widrige und störende Umstände einfacher überwinden. Deswegen kommen hier einige Methoden, mit denen du deine Motivation steigern kannst.

Dein Selbstbild klug umbauen

Wer wird eine Zigarette eher ablehnen: ein Nichtraucher oder jemand, der gerade aufgehört hat zu rauchen? Wer wird eher jeden Tag mit Freude und Selbstverständlichkeit an seinem Manuskript schreiben: ein Autor oder ein Finanzspezialist, der aus Marketinggründen auch noch ein Buch schreiben will? Wer wird eher jeden Tag trainieren: ein Sportler oder jemand, der jeden Tag Sport machen soll, um besser abzunehmen?

Nichtraucher, Autor, Sportlerin – das sind Bezeichnungen, die wir anderen Menschen geben, wenn sie eine Sache so richtig leben. Wenn sie diese Sache *sind*. Wenn ich mich selbst voll und ganz als Sportler, Autor, guter Vater oder Veganer sehe, dann hat das großen Einfluss auf mein tägliches Tun und auf die kleinen und großen Entscheidungen, die ich jeden Tag treffe.

Unser Selbstbild formt uns in einer Weise, wie es kein Vorsatz und kein Versprechen kann.

Diese Methode bietet sich an, wenn du an einer Sache schon oft gescheitert bist. Vielleicht liegt das nämlich daran, dass du für eine Weile zwar dein Verhalten, nicht aber dein Selbstbild geändert hast. Als deine Motivation und Willenskraft aufgebraucht waren, hat dein altes Selbstbild dich dann wieder in dein gewohntes Verhalten zurückgezogen.

In solchen Fällen ist es wichtig, dass du auch dein Selbstbild ein anderes werden lässt, damit deine Veränderung stabil bleibt.

Überlege doch mal, welche Selbstzuschreibungen du machst, also als was du dich selbst bezeichnen würdest. Und welche deiner Handlungen ergeben sich ganz automatisch aus diesen Selbstzuschreibungen?

Eine der wirkungsvollsten Techniken zur Selbstmotivation besteht darin, unser Selbstbild in Übereinstimmung mit unserem Vorsatz zu bringen. Wenn ich abnehmen will, sollte ich lernen, mich als schlanken, gesundheitsbewussten Menschen zu sehen. Wenn ich mich selbstständig machen will, sollte ich lernen, mich als Verkäufer und dienstleistungsorientierten Menschen zu sehen. Sonst wird mein Vorhaben in der nächsten Ausnahmesituation, die mich aus meinem Rhythmus bringt, vom Alltag verschluckt.

Habe ich mir erst einmal eine neue, zielführende Identität angeeignet, dann tue ich von allein das, was gut und richtig für mein Vorhaben ist. Weil ein Mensch wie ich eben so handelt.

Dieser Wandlungsprozess ist etwas langwieriger, doch dafür hast du am Ende eine dauerhafte und stabile Veränderung geschaffen, ohne das ständige Vor und Zurück. Jetzt bleibt nur die Frage: Wie entwickelst du so eine neue, zielführende Identität?

Und so geht es Schritt für Schritt

Schritt 1: Eine passende Selbstzuschreibung finden

Überlege dir, welche Selbstzuschreibung zu deinem Vorsatz passt. Es ist hier nicht wichtig, dass du schon an diese Zuschreibung glaubst, es geht nur um Passgenauigkeit.

Wenn du dir vorgenommen hast, dich selbstständig zu machen, dann wäre eine passende Selbstzuschreibung: »Ich bin ein erfolgreicher, disziplinierter Selbstständiger, der seinen Kunden einen großartigen Nutzen bietet.« Oder wenn du 20 Kilo abnehmen und das Gewicht dann auch halten willst, wäre eine stimmige Selbstzuschreibung: »Ich bin ein sportlicher und gesundheitsbewusster Mensch, der sich maßvoll ernährt, hauptsächlich gesunde Dinge isst und trinkt und sich im Alltag viel und gerne bewegt.«

Finde für dein Vorhaben eine passende und stimmige Selbstzuschreibung. Das ist der erste Schritt.

Schritt 2: Beweise dir selbst, dass du der neue Mensch bist

Im zweiten Schritt gilt es, dir selbst zu beweisen, dass du immer mehr in das neue Bild, das du dir selbst zugeschrieben hast, hineinwächst. Du kannst dein Selbstbild nicht von heute auf morgen ändern; du musst dir täglich aufs Neue beweisen, dass du wirklich die Art von Mensch bist. Und wie beweist du dir das? Indem du Dinge tust, die so ein Mensch tun würde, wieder und wieder. Es geht hier nicht darum, perfekt zu sein. Es reicht, wenn du am Anfang immer wieder kleine Dinge machst, die zu deiner neuen Identität passen. Zumal kleine Dinge, wenn du sie regelmäßig tust, sich zu großen Ergebnissen summieren können.

Wenn du deine Wohnung wie ein Uhrwerk jeden Tag 15 Minuten aufräumst, wirst du schnell merken, wie ordentlich du geworden bist – dass du ein ordentlicher Mensch geworden bist. Frage dich also: »Was sind die *kleinen* Dinge, die ich in den nächsten 90 Tagen regelmäßig, idealerweise täglich, tun kann, um mir in Mikroschritten mein neues Selbstbild zu beweisen?«

Mach deine Aufgabe so einfach und so schmerzfrei, dass du sie auch an schlechten Tagen tun kannst.

Denk dran: Du zielst auf eine langfristige Veränderung. Deshalb sollte eine solche kleine Tätigkeit eher einfach sein, damit es nicht jeden Tag ein Kampf wird, sie zu tun. Wenn du dich zu Beginn überforderst und in deiner anfänglichen Übermotiviertheit zu viel auf einmal willst, wirst du scheitern. Wähle also eine kleine Sache, die du regelmäßig ausführst, und fange damit an. Schreibe diese Sache ruhig auf, damit du deine Entscheidung schwarz auf weiß hast. Und nutze auch andere Methoden, um dich dazu zu bringen, es zu tun, zum Beispiel: »Die Trittsteine« (Seite 68), »Das gemachte Bett« (Seite 89), »Das Gewächshaus« (Seite 76), »Der Hilferuf« (Seite 71), »Der Vertrag« (Seite 107).

Schritt 3: Der Yedi-Trick

Der dritte Schritt ist ein kleiner Yedi-Trick. Jedes Mal, wenn du etwas für dein neues Selbstbild getan hast, sagst du zu dir selbst: »Und hier sieht man, dass ich jeden Tag mehr und mehr ein … Mensch bin.« Also zum Beispiel: »Und hier sieht man, dass ich jeden Tag mehr und mehr ein ordentlicher Mensch bin«, oder: »Und hier sieht man, dass ich jeden Tag mehr und mehr gesundheitsbewusst bin« oder: »Und hier sieht man, dass ich jeden Tag mehr und mehr ein kreativer Fotograf bin.«

Hilfreich ist auch, dich selbst zu bestätigen, so wie du es in Schritt 4 in der Methode »Das Gewächshaus« kennengelernt hast (Seite 76).

Schritt 4: Erinnere dich an dein neues Selbst

Um dein neues Selbstbild noch weiter zu stärken, kannst du dich selbst jeden Tag daran erinnern, zu welcher Art Mensch du werden möchtest. Nimm dir dazu einen Zettel oder eine Karteikarte, auf der steht: »Ich bin [eine Athletin, ein Nichtraucher, ein urbaner Mönch, eine Buchliebhaberin, ein Gesundheitsfan, eine Gewichtheberin, ein Künstler …]«

Wenn du bei der Formulierung »Ich bin …« sofort Zweifel und innere Widerstände bemerkst, kannst du es auch so formulieren: »Ich werde immer mehr …« Dadurch stärkst du dein neues Selbstbild und lässt es tiefer und tiefer in deine Gedankenwelt einsickern.

Wichtig ist, dass du dich jeden Tag daran erinnerst, deine neue Identität zu verinnerlichen. Damit du sie nicht vergisst. Denn das passiert bei solchen Vorhaben sehr viel schneller, als wir denken.

Schaust du dir deinen Zettel oder dein Kärtchen an und bemerkst, dass du heute noch gar nichts dafür getan hast, ein [deine neue Identität] zu sein, dann ist das ein Zeichen dafür, dass du es jetzt gleich tun solltest. Um dir selbst zu zeigen, dass du ein Mensch bist, der [deine neue Identität].

Schritt 5: »Was würde ein Mensch jetzt tun, der ...?«

Es gibt noch einen Trick: Solange du dein neues Selbstbild ver-
festigst, stelle dir bitte über den Tag verteilt wieder und wieder
die folgende Frage:»Was würde ein Mensch jetzt tun, der ...?«
Also zum Beispiel:

◇ »Was würde ein ordentlicher Mensch jetzt tun?
◇ »Was würde ein Autor jetzt tun?«
◇ »Was würde ein gesunder, schlanker und fitter Mensch
  jetzt tun?«
◇ »Was würde ein selbstbewusster und innerlich starker
  Mensch jetzt tun?«

Indem du dir diese Fragen wieder und wieder stellst, wird sich
dein Verhalten immer mehr an das Verhalten des Menschen
anpassen, der du bald vollumfänglich sein wirst.

Häufige Stolperfallen

Was bei dieser Methode schiefgehen kann, ist, dass du aus dem
Rhythmus kommst und aufhörst, dir in kleinen Schritten wieder
und wieder zu beweisen, dass du jetzt dieser neue Mensch bist,
der bestimmte Dinge tut, die so ein Mensch eben tut.

Nutze die Erinnerungen auf deinem Kärtchen oder Zettel,
um wirklich daran zu denken. Die Methode »Die Erinnerung«
(Seite 188) kann dafür hilfreich sein.

Stolpern kannst du auch, wenn du dir zu viel vornimmst
und es deswegen zu oft nicht hinbekommst, dir selbst zu beweisen, dass du jetzt in dieser Hinsicht ein anderer Mensch wirst.
Also bitte unbedingt nur das vornehmen, was du auch wirklich
schaffen kannst. Eben auch an schlechten Tagen.

Die eigenen Zweifel können eine weitere Stolperfalle sein.
Eine innere Stimme, die sagt:»Mach dir doch nichts vor, das
warst du noch nie, das bist du eben nicht.« Oder wenn wir einmal entgegen unserer neuen Identität handeln, dass wir uns

dann sagen: »Siehst du, das ist der Beweis, dass du es eben nicht bist.« Dann gilt es, uns selbst sanft zu schütteln und zu sagen: »Ich bin schließlich noch auf dem Weg, und ich muss auch nicht perfekt sein. Selbst der diszplinierteste Sportler hat mal einen Aussetzer, einen faulen Tag und seine Phasen und Schwankungen. Ich bleibe dran und je länger ich dranbleibe, desto mehr werde ich ein Mensch, der …«

Hier ist es wichtig, sich selbst mit einer großen Portion Selbstmitgefühl und Optimismus zu behandeln. Erlaube dir, mehr und mehr dieser neue Mensch zu werden. Erlaube dir, dich zu verändern. Erlaube dir, die alten, hinderlichen Denkmuster und Verhaltensweisen abzulegen.

Menschen können sich verändern. Wenn sie sich selbst die Erlaubnis dazu geben. Sage dir deswegen immer wieder:

◇ Menschen können sich ändern.
◇ Auch ich kann mich ändern.
◇ Ich erlaube mir, mich zu ändern, weil es zu meinem eigenen Besten ist.

Der Sinn-Turbo: richtig gute Gründe für dein Vorhaben

Der Sinn-Turbo ist dann nützlich, wenn du innerlich zwiegespalten bist, es also auch Gründe gibt, alles beim Alten zu lassen. Der Sinn-Turbo hilft dir auch weiter, wenn es sich bei deinem Vorsatz um ein reines Vernunftvorhaben handelt. Wenn der Kopf sagt, du solltest es tun, aber dein Herz nicht richtig dabei ist. Aber vor allem ist der Sinn-Turbo eine gute Idee, wenn dir nicht richtig klar ist, warum du etwas eigentlich willst.

Je mehr du von einer Sache überzeugt bist, desto eher tust du auch etwas dafür. Wenn du einen Sinn in dem Vorhaben siehst. Wenn dir in jedem Augenblick klar ist, warum du es machst, warum du die Anstrengung auf dich nimmst. Genau das nutzen wir bei dieser Methode: Hier findest du alle Gründe, warum du etwas tun sollst. Und zwar nicht nur die Vernunftgründe – die bringen uns erstaunlich oft nicht richtig in Bewegung –, sondern auch die emotionalen, irrationalen Herzens- und Bauchgründe, die uns eher zum Handeln bringen als alles andere.

Und so geht es Schritt für Schritt

Schritt 1: Finde deine Vernunftgründe
Indem du dir klarmachst, warum du etwas tun willst, erhöhst du deine Motivation. Und noch wichtiger: Du stärkst damit deine Klarheit. Auf diese Weise tust du eher und mit weniger Wider-

stand, was du dir vorgenommen hast. Die Vernunftgründe findest du, indem du dir eine Reihe von Fragen stellst und in deinem Inneren nach den Antworten forschst. Frage dich:

◇ Warum will, soll oder muss ich das tun?
◇ Was passiert Gutes, wenn ich es tue?
◇ Was passiert Schlechtes, wenn ich es nicht tue?
◇ Macht mich dieses Vorhaben fitter und gesünder? Erhöht es meine Lebenserwartung?
◇ Stärkt diese Sache meine Chancen auf dem Arbeitsmarkt?
◇ Stärkt sie mein Sicherheitsgefühl? Beuge ich so Gefahren und Risiken vor?
◇ Verhindere ich durch dieses Vorhaben Ärger, Streit oder andere unangenehme Konsequenzen?
◇ Bringt mir das mehr Geld? Oder verhindert es, dass ich Geld verliere?
◇ Ist dieses Vorhaben eine Voraussetzung für ein anderes Vorhaben, das mir wichtig ist? Für welches?

Nimm dir bitte für jede Frage 1 oder 2 Minuten Zeit und schreibe alle Antworten auf, die dir einfallen. Schreibe auch auf, wenn dein Vorhaben dir über Umwege Vorteile bringt oder Nachteile verhindert.

Wenn du alles notiert hast, dann schreibe bitte die 2–3 Gründe heraus, die dir am wichtigsten erscheinen. Also die Gründe, die dir selbst und deinen Lieben den größten Nutzen und den größten Vorteil bringen.

Schritt 2: Finde deine emotionalen Gründe
So, jetzt hast du wahrscheinlich eine Menge vernünftiger Gründe, warum du es wirklich tun solltest. Nun lass uns mal noch ein bisschen tiefer graben. Denn Vernunftgründe sind eben manchmal trocken und schaffen es nicht, uns auch in den trägeren und schlechteren Zeiten zu bewegen.

Wenn wir es trotz aller Vernunft nicht tun, dann müssen wir unser Gefühl aktivieren – dann müssen wir Herzensgründe finden. Wir suchen daher jetzt nach unseren emotionalen Gründen, die auch gegen unsere Bequemlichkeit anstinken können. Dazu findest du hier wieder eine Reihe von Fragen, die dich in die Tiefen deiner Seele führen, um richtige Herzens-Motivation aus dir herauszukitzeln:

◇ Steckt eine tiefe Sehnsucht hinter meinem Vorhaben? Wenn ja, wonach?

◇ Was ist mir am wichtigsten im Leben? Warum muss ich das jetzt durchziehen, um dieser Sache gerecht zu werden?

◇ Was sagt es über mich als Mensch aus, wenn ich das jetzt nicht mache? Und was würde es über mich aussagen, wenn ich die Sache mit Biss und Bravour bewältigen würde?

◇ Was ist das Schlimmste und Schmerzhafteste, das passieren könnte, wenn ich das jetzt nicht tue? Will ich das?

◇ Was ist das Beste und Großartigste, das passieren könnte, wenn ich die Sache jetzt durchziehe? Will ich mich dieser Chance berauben?

◇ Was würde ich auf dem Sterbebett zutiefst bereuen, wenn ich das jetzt nicht tun würde?

◇ Welcher mir wichtige Mensch wäre ganz fürchterlich enttäuscht, wenn ich die Sache nicht durchziehen würde?

◇ Welcher mir wichtige Mensch wird über mich lachen, mich bemitleiden oder auf mich herabschauen, wenn ich das nicht durchziehe?

◇ Was wünsche ich mir mehr als alles andere, und inwiefern hilft mir mein Vorhaben dabei, dem näherzukommen?

◇ Wem will ich es zeigen und werde es deswegen durchziehen?

Nimm dir wieder 1–2 Minuten für jede Frage und bohre tief in deiner Seele. Versuche ruhig ein bisschen Drama entstehen zu lassen. Mache die Dinge größer, als sie sind, so wie im Film.

Erkläre sie zu großen Lebensthemen. Denn je emotionaler du wirst, desto mehr Wucht, Triebkraft und Klarheit entstehen. Und desto schlagkräftiger ist dein Warum.

Nachdem du alle emotionalen Gründe aufgeschrieben hast, schreibe bitte wieder deine 2–3 wichtigsten Antworten heraus. Also die Antworten, warum es unumgänglich für dich ist, dein Vorhaben durchzuziehen.

Schritt 3: Halte die Verbindung zum Warum aufrecht
Wenn du das Gefühl hast, dass du ein gutes und dich bewegendes Warum für dein Vorhaben gefunden hast, dann ist jetzt eines wichtig: dass du die Verbindung zu deinem Warum nicht wieder abreißen lässt.

Denn du kennst es wahrscheinlich selbst: Du beginnst eine Sache voller Elan und Motivation, und es erscheint dir absolut selbstverständlich, warum du die Sache tust. Aber zwei Wochen später fragst du dich, warum die Sache noch einmal so wichtig war. Das Sinngefühl ist eine emotionale Geschichte, die dir *Trau dich, dir auch die unangenehmen Fragen zu stellen.* verloren geht, wenn du nichts dafür tust. Und deswegen machst du jetzt im dritten Schritt einen Plan, wie du dein »Warum?« in deinem Kopf präsent und lebendig halten kannst.

Schaffe dir in irgendeiner Form einen Rhythmus, um dein Warum in deinem Kopf und in deinem Herzen wach und präsent zu halten. Schreibe es dir in den Kalender, deine Gründe einmal pro Woche hervorzuholen und dich emotional damit zu verbinden. Erinnere dich regelmäßig mit deinem Smartphone daran. Mache dir Poster und hänge sie in deiner Wohnung auf. Lerne deine wichtigsten Gründe auswendig, damit sie tief in dich einsickern.

Das ist der dritte Schritt, um deinem Vorhaben emotionale Triebkraft zu geben: Erinnere dich regelmäßig daran, dir den Sinn deines Vorhabens erneut klarzumachen.

Häufige Stolperfallen

Beim Sinn-Turbo gibt es drei Stolperfallen.

Die erste Stolperfalle ist, dass wir uns nicht trauen, uns mit unseren emotionalen Gründen zu verbinden. Es könnte nämlich sein, dass wir hier auch mit Dingen in Berührung kommen, über die wir lieber nicht nachdenken möchten. Womöglich, weil sie zu schmerzlich sind. Aber gerade diese schmerzlichen Gründe, etwas zu tun, können uns die größte Triebkraft liefern. Deswegen wäre meine Empfehlung hier: Trau dich, dir auch die unangenehmen Fragen zu stellen. Zum Beispiel, wer von dir enttäuscht wäre, wenn du es nicht tätest. Oder was du auf dem Sterbebett bereuen würdest.

Die zweite Stolperfalle besteht darin, sich nicht konsequent daran zu erinnern, den Kontakt zu den eigenen Gründen zu halten. Ohne das wird die Sache im Alltag untergehen. So viel Spaß macht es nämlich nicht, sich die Gründe immer wieder klarzumachen. Jedenfalls nicht so viel, dass wir von allein daran denken. Erinnere dich, oder dieser Motivations-Turbo wird dir unweigerlich wieder entgleiten.

Und die dritte Stolperfalle ist, dass wir uns irgendwann nicht mehr auf unsere tiefsten Gründe einlassen, wenn wir sie uns vergegenwärtigen; wir beten sie dann nur noch lapidar im Kopf herunter, ohne sie wirklich zu fühlen.

Spüre deine Gründe

Wenn dich deine Gründe, etwas zu tun, wirklich bewegen sollen, dann musst du ihnen erlauben, dich auch emotional zu berühren. Solange du sie nur herunterratterst, ohne dich darauf einzulassen und sie zu verinnerlichen, werden sie dich nicht zum Handeln bringen.

Veröffentlichen: sozialen Druck nutzen

Das Veröffentlichen ist in zweierlei Hinsicht hilfreich. Du kannst die Methode einerseits nutzen, wenn deine innere Motivation nicht ausreicht, du innere Widerstände spürst oder dein Vorhaben ein reines Vernunftziel ist, das dich emotional nicht bewegt. Andererseits ist das Veröffentlichen nützlich, um herauszufinden, wie ernst du die Sache wirklich meinst. Schreckst du hier zurück, hast du vielleicht einige innere Widerstände gegen dein Vorhaben.

Wenn wir uns etwas vornehmen, ist es empfehlenswert, die Sache nicht nur mit uns selbst auszumachen, sondern unser Vorhaben mit anderen zu teilen. Gerade zu Beginn, solange unsere Anfangsbegeisterung noch da ist, reden wir häufig sowieso gern darüber. Dann erzählen wir allen um uns herum, was wir uns vorgenommen und welche ersten, schnellen Erfolge wir schon erzielt haben.

Wenn du etwas nur tust, wenn andere hinschauen, dann sorge eben dafür, dass immer jemand da ist, der dich beobachtet.

Es ist gut, andere Menschen wissen zu lassen, was wir für Vorsätze gefasst haben, denn indem wir unser Ziel anderen mitteilen, machen wir es realer und leichter fassbar. Unsere Selbstverpflichtung wird dadurch ein wenig stärker. Wir tun es dann nicht nur für uns selbst, sondern auch ein bisschen, damit die anderen da draußen nicht schlecht von uns denken. Schließlich wollen wir ja gut dastehen.

Manchmal reicht es, dein Vorhaben ganz formlos öffentlich zu machen, um deiner Motivation einen schönen Schubs zu geben. Doch falls du mehr willst, zeigt diese Methode hier dir, wie du deine Motivation durch das Veröffentlichen deines Vorhabens so weit steigern kannst, dass du nicht mehr anders kannst, als es mit Biss und Entschlossenheit umzusetzen.

Und so geht es Schritt für Schritt

Schritt 1: Starte mit einem Vertrag

Fange an, indem du die Methode »Der Vertrag« (Seite 107) anwendest. Mache also einen konkreten und detaillierten Vertrag mit dir selbst. Gib dir ein Versprechen, dass du die Sache wirklich durchziehen wirst, erkläre, was genau und konkret du tun wirst oder welches konkrete Ergebnis du erreichen willst, und sorge dafür, dass du dir nicht zu viel vornimmst. Setze ein erstes Enddatum für dein Vorhaben fest und definiere erlaubte Ausnahmen und Schummeltage.

Und nun erzähle einem (oder mehreren) anderen Menschen nicht nur, dass du dir etwas vorgenommen hast, sondern erkläre ihm detailliert die Inhalte des Vertrags, den du mit dir selbst geschlossen hast. (Alternativ kannst du das Ganze auch in einem sozialen Netz deiner Wahl veröffentlichen, etwa bei Facebook oder bei Twitter.)

Bitte den (oder die) anderen Menschen, dich zu unterstützen, indem er dich oft nach deinem Vorankommen fragt – also danach, ob du deinem Vertrag gerecht wirst –, dich regelmäßig motiviert und vor allem: dich nicht aus der Nummer herauslässt. Bitte ihn, dir nicht zu erlauben, Ausreden und Ausflüchte zu erfinden oder gar das Vorhaben zu beenden, egal wie die Gründe lauten.

Frage den anderen, ob es ok ist, dass du ihm oder ihr einen täglichen Kurzreport über dein Vorankommen als Nachricht schickst (zum Beispiel per SMS, Chat oder E-Mail). In diesem Kurzreport schreibst du in wenigen Worten, wie du deinem Vertrag gerecht geworden bist, ob ein Ausnahmefall eingetreten ist oder ob du einen Schummeltag genommen hast. Und respektiere hier bitte die Zeit des anderen. Also mach es kurz und knackig, damit es keine große Belastung wird, deine täglichen Reports zu verfolgen. (Du kannst deinen Kurzreport auch im sozialen Netz veröffentlichen, um alle deine Freunde zu informieren.)

Indem du diesen ersten Schritt gehst, machst du dein Vorhaben wirklich verbindlich und lässt dich so von deinen Freunden unterstützen. Der freundschaftliche Druck hilft dir, das für dich Richtige zu tun.

Schritt 2: Gehe eine Wette ein

Dieser zweite Schritt ist optional, aber sehr wirksam. Nur die wenigsten trauen sich jedoch, ihn zu gehen.

Wenn du es mit deinem Vorhaben wirklich ernst meinst, kannst du mit einer Freundin oder einem Freund eine verbindliche Wette abschließen. Das bedeutet, du definierst einen Wetteinsatz, der fällig wird, wenn du dein Vorhaben nicht ordentlich umsetzt, oder wenn du in den nächsten 30 Tagen keinen konkret messbaren und substanziellen Schritt auf dein Ziel zu machst. Du erklärst dann zum Beispiel: »Wenn ich meinen Vertrag nicht einhalte, spende ich 1000 Euro an eine Organisation, die ich widerlich finde«, oder: »Wenn ich meinen Vertrag nicht einhalte, muss ich Fallschirmspringen gehen, weil ich davor eine unglaubliche Angst habe«, oder: »Wenn ich meinen Vertrag nicht einhalte, putze ich ein Jahr lang jeden Samstag für 4 Stunden dein Haus.«

Du wählst also einen Wetteinsatz, der dich richtig schmerzen würde. Eine Sache, die Geld kostet, vor der du wirklich Angst hast oder von der du weißt, dass sie dich sehr nerven würde.

Wähle aber bitte keine Dinge, die von deiner Selbstdisziplin abhängen. Also zum Beispiel: »Wenn ich meinen Vertrag nicht einhalte, esse ich 100 Tage keine Süßigkeiten mehr.« Solche

Wetteinsätze eignen sich nicht, weil du sie wahrscheinlich wegen mangelnder Selbstdisziplin sowieso nicht eingelöst bekommst.

Wähle nur Dinge, bei denen du dir hundertprozentig sicher bist, dass du sie auch durchziehen kannst. Hinterfrage das wirklich sehr selbstkritisch. Wir neigen hier manchmal dazu, uns selbst etwas vorzumachen.

Was bei dem Wetteinsatz auch wichtig ist: Das Einlösen deines Vorhabens muss von deinem Wettpartner eindeutig überprüfbar sein. Dein Vorhaben muss also so klar definiert sein, dass es keine Diskussion darüber geben kann, ob die Wette gewonnen ist oder nicht. Zum Beispiel indem…

◇ du die vereinbarte Sache gemeinsam mit dem Wettpartner tust, sodass er es selbst sehen kann.

◇ deine Frau jeden Abend ein Beweisfoto mit Zeitstempel macht, dass du um 22 Uhr im Bett bist.

◇ du dich jeden Tag dabei filmst oder filmen lässt, wie du 15 Minuten aufräumst oder deinen Sport machst.

◇ du deinen Gewichtsverlust bei einem wöchentlichen Wiegetermin beweist.

Die folgenden Vorhaben eignen sich deswegen eher schlecht für eine Wette: »Ich esse nur gesunde Dinge«, oder: »Ich esse keine Süßigkeiten mehr« oder: »Ich fluche nicht mehr.« Diese Dinge sind nicht überprüfbar, weil du nicht 24 Stunden am Tag unter Beobachtung stehst.

Wenn du dir aber etwas vornimmst, bei dem du eine Wette eingehen kannst, dann kann das deine Motivation ins Unermessliche steigern. Nutze das, wenn du dich traust.

Du kannst eine Wette übrigens noch für einen anderen Zweck einsetzen. Und zwar um für dich selbst herauszufinden, wie ernst du es mit deinem Vorsatz meinst. Wenn du vor einer Wette zurückschreckst, dann bedeutet das, dass du dir nicht sicher bist, ob du es schaffen kannst. Dann wäre es vielleicht sinnvoll, dir ein realistischeres Ziel zu setzen. Oder du willst es dir offenlassen, um dich später noch umzuentscheiden. Das heißt, du meinst es nicht ernst. Du willst doch lieber noch ein Hintertürchen behalten.

Deswegen kannst du dich immer fragen: »Würde ich eine verbindliche Wette für meinen Vorsatz eingehen, eine Wette, bei der es für mich um etwas Schmerzhaftes geht?« Damit kannst du deine Entschlossenheit und Ernsthaftigkeit für dein Vorhaben testen.

Häufige Stolperfallen

Das Veröffentlichen klappt nicht, wenn deine Freunde ihre Rolle nicht gut ausfüllen. Es ist wichtig, dass sie dich wirklich motivieren und häufig nachfragen, wo du stehst. Wenn sich niemand sichtbar für dein Vorankommen interessiert, interessiert es dich selbst bald auch nicht mehr. Es ist deswegen wichtig, deinen Freunden konkrete Anweisungen zu geben, wie und wie oft sie dich in die Pflicht nehmen sollen. Erinnere sie also daran, regelmäßig bei dir nachzufragen.

Das Gleiche gilt für die Wette. Die Wette funktioniert nur, wenn dein Wettpartner die Sache ernst nimmt und dein Einlösen der Wette peinlich genau verfolgt. Wenn du merkst, dass du mit Regelverstößen durchkommst, wirst du diese Lücken in schwachen Momenten sehr wahrscheinlich nutzen. Und damit funktioniert dann die Wette nicht mehr.

Das positive Selbstgespräch

Wir alle reden im Stillen mit uns selbst. Die Art, wie wir dies tun, kann uns motivieren oder demotivieren. Oft spiegeln unsere inneren Dialoge die Art und Weise wider, wie unsere Eltern oder andere wichtige Bezugspersonen früher mit uns gesprochen haben. Zum Glück können wir die Qualität unserer inneren Dialoge ändern, falls das notwendig ist. Das geht einfach, durch eine Art Training.

Unterschätze nicht, welchen Einfluss der Ton hat, in dem du mit dir selbst sprichst.

Diese Methode ist dann sinnvoll, wenn dein innerer Dialog unfreundlich und demotivierend ist. Aber auch, wenn du dazu neigst, Dinge oft aufzuschieben oder dich während des Erledigens einer Aufgabe selbst abzulenken und jedem Impuls zu folgen, der dir in den Sinn kommt. Du kannst nämlich lernen, dich durch ein positives Selbstgespräch besser zu regulieren.

Und so geht es Schritt für Schritt

Schritt 1: Finde drei Situationen zum Trainieren

Überlege dir bitte zuerst drei Situationen, in denen es dir guttäte, wenn jemand konstruktiv, positiv und motivierend mit dir sprechen würde. Zum Beispiel, wenn du ...

◇ merkst, dass du gerade etwas aufschiebst, was du erledigen solltest.

◇ während der Arbeit an einer wichtigen Aufgabe den Impuls hast, dich mit einer unwichtigen Sache abzulenken.

◇ beim Erledigen einer etwas anstrengenden, schwierigen oder frustrierenden Sache den Impuls hast, aufzuhören oder deine Aufgabe zu unterbrechen.

◇ mit einer Sache gescheitert bist und deswegen alles hinschmeißen willst.

◇ etwas erledigen willst, aber plötzlich unerklärlicherweise müde wirst.

◇ dich gerade überfordert fühlst und nicht weißt, wo du anfangen sollst.

Wähle drei dieser Situationen aus. Am besten die, die dir am häufigsten begegnen. Schreibe die Situationen auf einen Zettel und lass bitte unter jeder Situation 7–8 Zeilen Platz, damit du unter der Situationsbeschreibung später noch etwas ergänzen kannst. Schreibe die Situationen in der folgenden Form auf: »Wenn ich … dann sage ich mir innerlich …« Also zum Beispiel: »Wenn ich merke, dass ich eine Aufgabe aufschiebe, dann sage ich mir …« Und dann lässt du 7–8 Zeilen Platz.

Mach das bitte für alle drei Situationen, die du ausgewählt hast.

Schritt 2: Schreibe deinen inneren Dialog

Schreibe nun unter jede deiner Beispiel-Situationen, was du dir in Zukunft in dieser Situation Aufmunterndes sagen willst. Achte darauf, dass dein neues Selbstgespräch freundlich, motivierend und konstruktiv ist. Du darfst ruhig klar und direkt mit dir sprechen, so lange du respektvoll mit dir umgehst.

Hier kommen einige Sätze für dich als Vorlage, aus denen du dir einen Text zusammenstellen kannst. Oder du wählst deine eigenen Sätze, solange sie dich motivieren.

- ◇ Komm schon, erledige das noch schnell.
- ◇ Was weg ist, ist weg.
- ◇ Danach werde ich stolz sein und mich gut fühlen.
- ◇ Lieber gleich erledigen, dann kann ich einen Haken dran machen.
- ◇ Ich atme tief durch, schau mir die Aufgabe noch einmal genau an und suche dann den ersten, kleinen Schritt.
- ◇ Will ich ein Macher oder ein ewiger Aufschieber sein?
- ◇ Ich kann das.
- ◇ Komm, bleib fokussiert.
- ◇ Nein, ich lass mich nicht ablenken, auch nicht von mir selbst.
- ◇ Ich bleibe dran.
- ◇ Konzentriere dich, mein lieber Freund (oder meine liebe Freundin), konzentriere dich.
- ◇ Zieh es durch.
- ◇ Wenn ich erst einmal angefangen habe, wird es einfach.
- ◇ Ich will das.
- ◇ Eine Sache nach der anderen.
- ◇ Wie werde ich mich fühlen, wenn ich die Aufgabe erledigt habe?
- ◇ Noch einen kleinen Schritt.
- ◇ 5-4-3-2-1 und los geht's!
- ◇ Ich werde mich dann gut fühlen.
- ◇ Nur noch ein bisschen.
- ◇ Die Welt gehört denen, die dranbleiben.
- ◇ Ich zeige mir, dass ich Dinge angehe.
- ◇ Komm, bleib dran, konzentriere dich, bleib bei dieser Aufgabe.
- ◇ Ich kann Frust/Langeweile/Anstrengung/Druck ertragen.
- ◇ Ich werde das Problem lösen.
- ◇ Ich tue das jetzt, weil es wichtig für mich ist.
- ◇ Alles ist gut.
- ◇ Es dauert doch nicht lang.

◇ Ich weiche nicht, sondern gehe hindurch.

◇ Frust ist ein Zeichen, dass ich es anders oder einfach noch länger versuchen muss.

◇ Komm schon, hinterher wirst du stolz auf dich sein, dass du das erledigt hast.

◇ Ich zeige Stärke.

◇ Es ist nicht schlimm, wenn das kurz unangenehm ist, ich kann das aushalten.

◇ Ich zeige mir, dass ich es kann.

◇ Ich tue es, weil das gut für mich ist.

◇ Ich zeige mir, was ich draufhabe.

Nehmen wir als Beispiel die folgende Situation: Wenn du merkst, dass du gerade etwas aufschiebst, dann sage in wertschätzendem Ton zu dir selbst:

> *»Komm schon, erledige das noch schnell. Es dauert doch nicht lang. Ich werde mich dann gut fühlen. Ich zeige Stärke. Ich zeige mir, dass ich Dinge angehe. Es ist auch nicht schlimm, wenn das kurz unangenehm ist. Alles ist gut. Ich zieh das jetzt durch. Und dann werde ich mich gut fühlen.«*

Lege dir jetzt so einen neuen Text, den du zu dir selbst sagst, für deine drei Beispiel-Situationen zurecht, und schreibe ihn auf.

Schritt 3: Wiederhole es so lange, bis es automatisch geht

Und dann kommt das Training. Stell dir eine typische Situation vor, in der du aufschiebst oder dich selbst ablenkst. Und dann lies dir deinen neuen Text durch. Sieh nun vor dir, wie du mit deinem neuen inneren Selbstgespräch auf die entsprechende Situation reagierst und dann das Richtige tust: Du fängst an. Du bleibst dran. Du ziehst die Sache durch.

Wiederhole dieses kleine Mentaltraining an 3–7 Tagen hintereinander. Erinnere dich bitte daran, es wirklich zu tun. Wenn du das oft gemacht hast, wird dein innerer Dialog freundlicher und konstruktiver werden. Und du wirst dich so öfter selbst motivieren können. Ich verspreche dir, du wirst dich wundern, welchen Einfluss so ein freundlicherer Dialog mit dir selbst auf dein ganzes Leben haben wird.

Häufige Stolperfalle

Hier kannst du daran scheitern, dass du den neuen Text, den du zu dir selbst sagst, nicht lange genug einübst. Denn es braucht ein bisschen Übung, bis sich dein inneres Selbstgespräch verändert hat. Bitte wiederhole das Training wirklich so oft, bis sich deine innere Reaktion auf die unterschiedlichen Situationen geändert hat. Du kannst dir deine wichtigsten Sätze auch auf kleine Kärtchen schreiben und in der Hosentasche mit herumtragen. Schau immer, wenn du die Kärtchen in deiner Hosentasche bemerkst, kurz drauf und verinnerliche deine neuen Sätze. So lange, bis du sie automatisch zu dir sagst.

Unterstützende Umgebung

Deine Umgebung, dazu zählen die Orte, an denen du deine Zeit verbringst, die Menschen, die deinen Alltag prägen, und die Verpflichtungen, die du eingegangen bist. All das hat einen großen Einfluss auf dich und dein Handeln.

Eine hilfreiche Umgebung, die dich erinnert und motiviert, macht es dir wesentlich einfacher, dein Vorhaben umzusetzen. Die folgenden Methoden helfen dir, eine Umgebung zu schaffen, die dich dabei unterstützt, deine Ziele zu erreichen.

Der äußere Rahmen

Viele Vorhaben stehen und fallen mit dem Rahmen, in dem sie sich bewegen. Wenn mein Wille und meine Motivation die einzige Verbindung zwischen mir und einem Vorhaben sind, dann hängt alles von meinem wechselhaften Seelenzustand ab. Und dann sterben Projekte in meinen schwachen Momenten. Ein guter, unterstützender Rahmen hilft mir, meine schwachen Momente zu überwinden. Insofern ist diese folgende Methode für nahezu alle großen und längerfristigen Vorhaben sinnvoll und notwendig.

Unsere Motivation, unsere Entschlossenheit und unser Energieniveau sind keine fixen Größen. Diese Dinge schwanken. Und damit steht und fällt auch unsere Disziplin und Umsetzungskraft. Was uns hilft, mit diesen inneren Aufs und Abs umzugehen, ist eine Reihe gut konstruierter Verbindungen zwischen unserem Vorhaben und der äußeren Welt. Und zwar Verbindungen, die unabhängig von unserer Befindlichkeit sind.

Ob wir etwas schaffen oder nicht, hängt oft viel mehr von unseren Rahmenbedingungen ab als von unserer Willenskraft und unseren Fähigkeiten. Der kluge Mensch schafft sich deswegen immer gute Rahmenbedingungen.

Wenn ich vorhabe, 3-mal pro Woche laufen zu gehen, und eine Freundin mich Montag, Mittwoch und Freitag um 20 Uhr abholt, gehe ich auch dann los, wenn ich müde oder unmotiviert bin. Weil es eine Verbindung zwischen meinem Vorhaben und der äußeren Welt gibt, in diesem Fall ist diese Verbindung meine Freundin.

Eine Verbindung kann aber auch eine Verpflichtung nach außen sein, wie beispielsweise ein Vertrag, den ich eingegangen bin.

Je mehr solcher Verbindungen nach außen bestehen, desto eher tue ich etwas für mein Vorhaben. Selbst wenn ich mal einen schlechten Tag habe. Die Gesamtheit all dieser Verbindungen ist mein unterstützender Rahmen.

Andere Arten von Verbindungen nach außen, die so einen Rahmen bilden können, wären zum Beispiel:

◇ ein Vorgesetzter, der mir auf die Füße tritt, wenn ich nicht tue, was ich zugesagt habe,

◇ ein öffentliches, verbindliches Versprechen, dass ich mein Vorhaben einlöse,

◇ ein Vertrag, den ich eingegangen bin und dessen Nichterfüllung Konsequenzen hat (zum Beispiel ein Buchvertrag oder ein Ausbildungsvertrag),

◇ ein Verein, der etwas mit meinem Vorhaben zu tun hat und wo ich regelmäßig hingehe (zum Beispiel ein Sportverein),

◇ eine unterstützende Gruppe mit regelmäßigen Treffen, in der alle das gleiche Ziel haben (zum Beispiel die Weight Watchers oder die Anonymen Alkoholiker),

◇ eine Anwesenheitspflicht an einem Ort, wo ich an meinem Vorhaben arbeite (zum Beispiel eine Schule),

◇ wenn ich Teil eines motivierten Teams bin, in dem es Gruppendruck gibt, meinen Teil zu erfüllen,

◇ eine Weiterbildung oder Veranstaltung, bei der ich regelmäßig anwesend sein muss und wo ich lerne, mein Vorhaben einfacher umzusetzen,

◇ jemand, der die Ergebnisse meines Tuns regelmäßig bewertet und beurteilt (zum Beispiel ein Personal Trainer oder ein Lehrer),

◇ Freunde, mit denen ich mich regelmäßig treffe, um ein Vorhaben gemeinsam umzusetzen (zum Beispiel eine Laufpartnerschaft),

◇ ein Forum im Internet, in dem ich mich regelmäßig mit anderen über mein Vorhaben austausche,

◇ ein Trainer oder Coach, mit dem ich regelmäßig Ziele vereinbare und meine Ergebnisse überprüfe und der mich motiviert und anfeuert oder mit mir schimpft, wenn ich mir keine Mühe gebe.

Alle diese Dinge können Teil eines unterstützenden Rahmens sein. Das Musterbeispiel dafür ist eine Grundausbildung beim Militär. Hier spielen die Befindlichkeiten der Rekruten keine Rolle. Du musst die Dinge tun, die von dir erwartet werden, weil du sonst massiven Druck von deinen Ausbildern bekommst. Und letztlich tust du wegen dieses Rahmens, was getan werden muss.

Ein anderes, vielleicht nicht ganz so hartes Beispiel für einen Rahmen ist ein Arbeitsplatz. Da gehst du auch jeden Tag hin und leistest deinen Beitrag. Auch an den Tagen, wo du keine Lust hast.

Natürlich lassen sich in jedem Rahmen Lücken und Schlupflöcher finden. Aber da es hier ja um einen selbstgewählten Rahmen geht, können wir die Schlupflöcher schnell schließen, wenn wir sie bemerken. Zu unserem eigenen Besten.

So ein unterstützender Rahmen hat eine große Stärke. Denn ein gut konstruierter, selbstgewählter Rahmen kann dich dazu bringen, ein Vorhaben trotz fehlender Disziplin, fehlender Motivation und trotz innerer Widerstände durchzuziehen. An guten und an schlechten Tagen. Zu deinem eigenen Besten.

Und so geht es Schritt für Schritt

Schritt 1: Formuliere dein Ziel

Definiere dein Vorhaben noch einmal ganz präzise. Was genau ist dein Ziel? Was willst du dafür tun, wie oft willst du es tun, wann willst du es tun und für wie lange willst du es tun?

Eine Anleitung für eine kluge und wasserdichte Planung deines Vorhabens findest du im Kapitel »Der Vertrag« (Seite 107).

Schritt 2: Konstruiere deinen Rahmen

Überlege dir, welche Verbindungen nach außen du schaffen kannst, um dir einen unterstützenden Rahmen für dein Vorhaben zu konstruieren. Als Hilfe für deine Überlegungen kannst du die folgenden Fragen durchgehen:

◇ In was für eine Situation müsste ich mich bringen, um keine andere Möglichkeit mehr zu haben, als mein Vorhaben systematisch durchzuziehen?

◇ Welche Umgebung oder welche Hilfsmittel würden mich motivieren und inspirieren, an meinem Vorhaben zu arbeiten?

◇ Wen könnte ich um Unterstützung bitten? (Siehe auch »Der Hilferuf«, Seite 71).

◇ Was für eine Weiterbildung könnte ich passend zu meinem Vorhaben besuchen?

◇ Wer könnte mir als Vorbild oder Mentor dienen?

◇ Mit wem könnte ich mein Vorhaben gemeinsam umsetzen?

◇ Wem gegenüber könnte ich ein verbindliches Versprechen abgeben? (Siehe auch »Veröffentlichen«, Seite 171, besonders den Schritt 2 mit den Wetten).

◇ Könnte ich einen Coach oder Trainer engagieren, der mich in meinem Vorhaben unterstützt?

◇ Welcher Gemeinschaft könnte ich beitreten (online oder vor Ort), in der ich Unterstützung und Motivation erfahren würde?

◇ Wem gegenüber könnte ich mich verpflichten, über mein Vorhaben regelmäßig zu berichten?

Indem du diese Fragen durchgehst und für dich beantwortest, kannst du dir einen Plan zurechtlegen. Einen Plan, wie du deine Umgebung zum Vorteil deines Vorhabens umgestalten kannst. Mache das Ganze zu einem Projekt mit dem Namen »Mein unterstützender Rahmen«. Ein Projekt, bei dem du dir vornimmst, dir eine so unterstützende Umgebung zu schaffen, dass du auch an schlechten Tagen an deinem Vorhaben arbeitest. Formuliere dazu konkret, am besten auf Papier, welche Schritte du gehen wirst, um deine Umgebung positiv, motivierend und unterstützend zu machen. Wenn einer der Schritte zu unübersichtlich ist, teile ihn ruhig in Teilschritte auf. Oder definiere dir ein paar Trittsteine dafür (Seite 68). Vielleicht schreibst du auch noch hinter jeden Schritt ein Datum, bis zu dem du diesen Schritt gegangen bist, einfach um ein bisschen mehr Verbindlichkeit in die Sache zu bringen.

Schritt 3: Tu es!

Fange an. Setze deine Vorhaben Schritt für Schritt um, um deine Umgebung unterstützend zu machen.

Häufige Stolperfallen

Manchmal missbrauchen wir das Schaffen einer günstigen Umgebung, um uns vor der eigentlichen Aufgabe zu drücken. Mach daraus also ein kurzes, fokussiertes Projekt und wende dich dann sehr schnell wieder deinem eigentlichen Vorhaben zu. Wenn du zu lange an deiner Umgebung arbeitest, machst du etwas falsch.

Möglicherweise jagt es uns auch Angst ein, eine positive Umgebung zu schaffen, weil wir damit zu viele unserer Hintertürchen schließen. Wenn wir zum Beispiel öffentlich etwas versprechen, können wir die Sache nicht mehr einfach im Sande verlaufen lassen. Unsere Freunde würden ja vermutlich irgendwann nachfragen, und dann könnte es peinlich werden.

Mach dir hier aber bitte klar, dass es genau darum geht: Diese Methode ist dazu da, Hintertürchen zu schließen. Damit du dich selbst besser überwinden kannst, wenn du mal lustlos oder müde bist.

Eine weitere Stolperfalle beim Veröffentlichen ist, dass du zugeben musst, Hilfe zu brauchen, weil du es allein mit Disziplin nicht hinbekommst. Wenn du immer als stark und erfolgreich dastehen möchtest, kann es dir Bauchschmerzen bereiten, dein Ziel publik zu machen.

Was hier hilft, ist eine gesunde Portion Realismus. Schau, wie es in der Vergangenheit war und ob du deine Vorhaben nur kraft deiner Stärke durchgehalten hast. Wenn ja, Glückwunsch! Wenn nicht, brauchst du wahrscheinlich Hilfe und einen guten Rahmen. Und dann wäre es erwachsen und reif, das auch zuzugeben. Wenn du Biografien erfolgreicher Menschen liest, bemerkst du schnell das eine: Die meisten großen Persönlichkeiten hatten ein Netz von Assistenten und Mentoren, die ihnen geholfen haben, ihre Schwächen auszugleichen. Weil mit großem Talent oft auch große Unzulänglichkeiten einhergehen. Wir denken immer, wir müssten unsere Vorhaben allein umsetzen. Aber das können wir oft gar nicht – und das müssen wir auch nicht.

Deswegen: Nutze dieses Werkzeug bitte wirklich, denn dein Erfolg hängt erstaunlich oft von dem Umfeld ab, in dem sich dein Vorhaben bewegt. Und dazu gehören auch deine Unterstützer.

Die Erinnerung

Jede unserer Handlungen wird durch einen Gedanken oder einen Sinnesimpuls ausgelöst. Wir denken: Ach, ich wollte ja noch einkaufen (Auslöser) – also schnappen wir uns die Autoschlüssel und düsen zum Supermarkt (Handlung). Wir sehen das Buch auf unserem Kopfkissen (Auslöser) – also lesen wir noch zehn Seiten (Handlung). Wir spüren Hunger (Auslöser) – also essen wir etwas (Handlung). Diesen Zusammenhang kannst du nutzen, wenn du ein Vorhaben verlässlich umsetzen willst. Und zwar, indem du geschickt zusätzliche Auslöser in deinem Leben installierst – also Erinnerungen, das Richtige zu tun.

Sich zu erinnern ist bei nahezu jeder Art von längerfristigem Veränderungsprojekt wichtig, weil unser Vorhaben sonst im Alltag untergeht. Aber besonders wichtig sind Erinnerungen, wenn wir ein Vorhaben komplett selbstgesteuert erledigen müssen, weil es nur wenig Verbindungen zur Außenwelt gibt, die uns daran denken lassen. Wenn es also keinen äußeren Rahmen gibt, der uns wieder und wieder in die richtige Richtung schubst (siehe Seite 182). Oft wäre es nämlich gar kein Problem, das Richtige zu tun – wenn wir uns doch nur rechtzeitig daran erinnern würden. Deswegen gibt es dazu auch diese einfache Methode.

Und so geht es Schritt für Schritt

Schritt 1: Fang an, dich wirklich konsequent zu erinnern

Zuerst gilt es ein wichtiges Grundprinzip zu verinnerlichen: Wenn du dich an dein Vorhaben nicht konsequent erinnerst, vergisst du es in neun von zehn Fällen, sobald das Anfangsfeuer weg ist. Dein voller Alltag und deine eingebaute Aversion gegen Veränderungen sorgen dafür. Es ist also enorm wichtig, dich konsequent und narrensicher an dein Vorhaben zu erinnern. Falls du dazu nicht bereit bist, kannst du es gleich lassen.

Schritt 2: Überlege dir, woran du dich erinnern willst
Du kannst Erinnerungen nutzen, um dich an konkrete Handlungen zu erinnern. Zum Beispiel daran, jeden Tag fünf Minuten zu meditieren. Oder du kannst dich systematisch an größere Ziele erinnern, wie zum Beispiel, dass du dich im Alltag ab jetzt mehr bewegen willst.

Zuerst musst du dich entscheiden, wofür du eine Erinnerung einrichten willst. Am besten fasst du deine Absicht konkret in Worte und schreibst sie vielleicht sogar auf. Sage dir zum Beispiel:

◇ »Ich werde mich jeden Tag konsequent daran erinnern, dass ich 7-mal die Woche 5 Minuten Sport mache.«
◇ »Ich werde mich jeden Tag konsequent daran erinnern, etwas Konkretes dafür zu tun, um gesundheitsbewusster und fitter zu werden.«
◇ »Ich werde mich jeden Tag konsequent daran erinnern, 5 Dinge aufzuschreiben, für die ich dankbar bin.«
◇ »Ich werde mich jeden Tag konsequent daran erinnern, mindestens 10 Minuten etwas für meine geplante Selbstständigkeit zu tun.«

Willst du dich an eine konkrete Handlung erinnern, ist dein Plan einfach und direkt ausführbar. Willst du dich dagegen an ein größeres Ziel erinnern, geht das nicht mehr so unmittelbar. Weil du zum Beispiel »gesundheitsbewusst sein«, »mich selbstständig machen« oder »fitter werden« nicht direkt umsetzen kannst. Hier ist es deswegen sinnvoll, dir eine Reihe von konkreten Handlungsoptionen zu überlegen, die dein Vorhaben vorantreiben. Zum Beispiel: »Ich werde mich jeden Tag konsequent daran erinnern, etwas Konkretes dafür zu tun, um gesundheitsbewusster zu werden. Und zwar entweder: 1 Stück Obst zu essen, 10 Kniebeugen zu machen, 1 Glas Wasser zu trinken, im Restaurant den Salat statt des Burgers zu bestellen oder die Treppe statt des Aufzugs zu nehmen.« Wenn du genau vor Augen hast, was »gesundheitsbewusster« konkret für dich bedeutet, kannst du deinem Vorsatz einfacher gerecht werden.

So, und nun formuliere deinen Plan, woran genau du dich erinnern willst.

Schritt 3: Wähle deine Erinnerungswerkzeuge

Jetzt kannst du deinen Vorsatz noch stärker machen, indem du dir überlegst, *wie* genau du dich daran erinnern wirst. Hier zwei Möglichkeiten dazu:

Gegenstände: Platziere Gegenstände so, dass du nicht an ihnen vorbeischauen kannst. Die Zahnseide auf dem Klodeckel erinnert dich abends daran, deine Zähne sauberzumachen. Das leere Wasserglas, das du abends ins Waschbecken stellst, erinnert dich daran, morgens als Erstes ein großes Glas Wasser zu trinken. Der Spiegel an der Front deines Kühlschranks erinnert dich (auf manchmal brutale Weise) daran, dass du weniger essen wolltest.

Wenn deine Erinnerungen dich nicht nerven, warst du zu nachlässig.

Es geht darum, Gegenstände so zu platzieren, dass sie unseren Ablauf bewusst stören, sodass wir nicht daran vorbeischauen können. Denn nur dann funktioniert eine Erinnerung zuverlässig. Ein Post-it am Spiegel, Kühlschrank oder Bildschirm ist eine gängige, aber nicht unbedingt wirkungsvolle Erinnerung, weil sie einfach zu ignorieren ist.

Signale: Das klassische Erinnerungswerkzeug ist der Wecker. Sei es der kleine Kasten, der bei dir auf dem Nachttisch steht, sei es die Armbanduhr mit dem eingebauten Alarm oder, am praktischsten, die App auf dem Smartphone. All diese Erinnerungs-werkzeuge lassen uns durch ein Signal daran denken, dass wir ja noch etwas tun wollten.

Wichtig bei diesen Erinnerungssignalen ist allerdings, dass wir dann auch wirklich tun, was wir uns vorgenommen haben. Wenn du den klingelnden Wecker ausstellst und dir sagst: »Mach ich gleich«, dann hast du meistens verloren.

Was auch wichtig ist: Der beste Wecker funktioniert nicht, wenn er auf dem Küchentisch steht, während du gerade spazieren gehst. Wenn du dich verlässlich durch dein Smartphone erinnern lassen willst, muss du es auch die ganze Zeit bei dir tragen.

Zwei Tipps, um deine Erinnerungen verlässlicher zu machen

Mehrere Erinnerungen funktionieren besser als nur eine. Wenn du von einer ganzen Batterie von Erinnerungen um-geben bist, kannst du fast gar nicht anders, als das Richtige zu tun, besonders, wenn es verschiedene Erinnerungsarten sind. Schieße hier am Anfang lieber über das Ziel hinaus. Wenn du dich mehr an die Sache gewöhnt hast, brauchst du dich ja auch nicht mehr so brutal zu erinnern.

Manchmal passt es wirklich gerade nicht, wenn die Er-innerung piepst. Dann tun wir nicht, was wir uns vor-genommen haben, und das Vorhaben fällt für diesen Tag leicht hinten runter. Deswegen ist es sinnvoll, immer einen Plan B in der Tasche zu haben. Erinnere dich also zum Beispiel um 8 Uhr und um 20 Uhr daran, dass du 10 Mi-nuten meditieren wolltest. Und wenn der 8-Uhr-Termin schon klappt, stellst du die Erinnerung für 20 Uhr einfach aus.

Und nun erweitere bitte deine Entscheidung, dich zu erinnern, indem du dir überlegst, auf welche Arten du dich genau erinnern willst.

Schritt 4: Die Generalerinnerung

Eine Erinnerung kann logischerweise nur funktionieren, wenn du sie auch installierst. Dennoch hakt es an dieser Stelle oft. Wir denken, wir werden es schon nicht vergessen. Doch, das werden wir. Deswegen ist es wichtig, dass du dich nicht nur an dein Vorhaben, sondern auch an das Erinnern selbst erinnerst. Dass du sozusagen eine Generalerinnerung installierst. Und zwar eine tägliche Generalerinnerung, möglichst früh am Tag. Und dann fragst du dich: Was habe ich mir alles vorgenommen für heute, und wie genau und wann werde ich mich daran erinnern?

Durch diesen vierten Schritt festigst du dein gesamtes Erinnerungssystem und stellst so sicher, dass dir nichts aus Vergesslichkeit durch die Finger rutschen kann.

Häufige Stolperfalle

Menschen scheitern aus verschiedenen Gründen mit ihren Erinnerungen. Am häufigsten gibt es Probleme, wenn jemand seine gewohnte Umgebung verlässt. Wenn du auf Dienstreise gehst oder über ein Wochenende bei Verwandten bist oder in den Urlaub fährst. Denn an einem anderen Ort ist alles anders. Die Zeitstruktur deines Tages ist nicht wie sonst und gewohnte Erinnerungsgegenstände liegen nicht an ihrem Platz. Dann geraten Vorhaben schnell in Vergessenheit.

Was dagegen hilft, ist, diese Veränderungen der eigenen Umgebung gut vorzubereiten und dich vorher zu fragen, wie du an dem anderen Ort dein Vorhaben trotzdem durchziehen und wie du deine Erinnerungen so umstellen kannst, dass sie auch dort verlässlich funktionieren.

Der gerade Weg

Warum ziehen sich Buchautoren manchmal in eine einsame Berghütte zurück, wo es keinen Fernseher, keine Menschen und kein Internet gibt?

Sie tun es, weil sie dort ohne Ablenkungen sind. Weil es dort weniger Versuchungen und Verführungen gibt. Sie ziehen sich zurück, um sich vor der eigenen, typisch menschlichen Tendenz zu schützen, einfache Aufgaben den schwereren, stressigeren und manchmal frustrierenden Aufgaben vorzuziehen.

Der einfachste Weg, um Verführungen und Ablenkungen nicht nachzugeben, ist, dich konsequent und radikal von ihnen abzuschneiden.

Diese Methode ist nützlich, wenn du deine Aufgaben zu oft aufschiebst und alles andere tust als das, was du eigentlich erledigen solltest.

Stell dir vor: Du hast ein Ziel. Du weißt, wo du hinwillst. Und du kennst die dafür notwendigen Schritte. Also den Weg. Der Weg liegt gerade vor dir, und es gibt keine Abzweigungen und Weggabelungen. Du musst den Weg einfach nur gehen. Du fragst dich nie, ob ein anderer Weg vielleicht schöner wäre, weil es nur diesen einen Weg gibt. So wie bei dem Buchautor in der Berghütte. Da gibt es nur den Autor, das Ziel, das Buch zu beenden, und den Computer.

Und nun nimm das nächste Bild: Du hast ein Ziel. Und du kennst auch den Weg dorthin. Doch dieser Weg hat viele Abzweigungen, die in die Irre führen. Du weißt, du solltest an deinem Buch schreiben – der richtige Weg –, aber die Abzweigungen bieten dir einfachere und angenehmere Alternativen. Du könntest Mails lesen, mit Freunden telefonieren, fernsehen, feiern gehen, deine sozialen Medien checken, im Internet recherchieren, am Computer oder am Handy spielen, einen Roman lesen oder eine Serie schauen. All das sind Abzweigungen von dem Weg, der dich an dein Ziel führt.

Wir Menschen neigen dazu, den leichteren und angenehmeren Weg einzuschlagen. Und so brauchen wir für eine Aufgabe oft zehn- oder zwanzig- oder hundertmal so lange wie nötig. Nicht selten verheddern wir uns sogar so in den bequemeren Altenativen, dass wir unser Projekt ganz aufgeben.

Zum Glück es gibt eine Lösung. Und zwar die besagte Berghütte. Das ist der Zustand, in dem es nur noch den geraden Weg gibt, ohne Abzweigungen. Aber dazu müssen wir uns bewusst und geplant von den Abzweigungen abschneiden: Wir müssen die einfacheren Alternativen unmöglich machen.

Und so geht es Schritt für Schritt

Schritt 1: Entscheide dich, was du willst

Formuliere dein Ziel oder dein Vorhaben und in welchem Zeitraum du es umsetzen willst. Vielleicht nutzt du »Der Vertrag« (Seite 107), um es klug und wasserdicht in Worte zu fassen.

Schritt 2: Entwickele einen Plan

Überlege dir, was genau du wieder und wieder tun musst, um dieses Ziel zu erreichen. Was ist also der gerade Weg? Schreibe die Schritte des geraden Wegs ruhig auf. Entwickele einen Plan. Dabei kann dir auch die Methode »Mein Masterplan« (Seite 115) helfen.

Schritt 3: Identifiziere die Ablenkungen und Verführungen

Überlege dir dann, welche einfachen Alternativen es zu diesem Ziel gibt, welche Ablenkungen und Verführungen da sind. Frage dich dazu: Was tue ich normalerweise, um nicht die eigentliche

Aufgabe erledigen zu müssen? Womit lenke ich mich ab? Und was sind die Tätigkeiten, mit denen ich mich entspanne und mit denen ich mir während der Arbeit an meiner Aufgabe kleine Ruhepausen verschaffe?

Typische Ablenkungen sind:

◇ shoppen gehen (auch online)

◇ etwas im Internet recherchieren

◇ jemanden anrufen/ein Telefonat annehmen

◇ bei Youtube stöbern

◇ Zeitung/Zeitschriften lesen (auch online)

◇ fernsehen

◇ am Computer oder Handy spielen

◇ Facebook, Instagram, Twitter, Pinterest etc.

◇ chatten (per WhatsApp, Telegram etc.)

◇ sich mit Freunden treffen

◇ ein Nickerchen machen

◇ etwas essen

Manchmal tun wir stattdessen sogar Dinge, die zwar nicht besonders angenehm, aber immer noch einfacher sind als die eigentliche Aufgabe. Wir räumen die Wohnung oder die Garage auf, wir putzen, wir bringen den Müll runter oder wir reparieren etwas. Häufig arbeiten wir auch an einem anderen, einfacheren Projekt, obwohl das jetzt eigentlich gar nicht dran ist, oder wir lösen irgendein anderes, nicht dringendes Problem. Gern helfen wir auch jemandem bei etwas, während wir uns um unsere Aufgabe kümmern sollten. All das kann einfacher sein, als uns der Aufgabe zu widmen, die uns in Richtung unseres Ziels bringt.

Überlege dir bitte, wie du selbst dich normalerweise davon abhältst, den geraden Weg zu gehen. Und schreibe deine häufigsten Ablenkungsarten auf.

Schritt 4: Verhindere die einfachen Alternativen

Jetzt gilt es, dir zu überlegen, wie du dich von den einfacheren Alternativen abschneiden kannst. Die folgenden Fragen an dich selbst helfen dir, eine Antwort darauf zu finden:

◇ Kann ich meine wichtige Aufgabe an einem Ort erledigen, wo meine typischen Ablenkungen unmöglich sind? (Also gibt es eine Berghütte, ein Café oder einen Konferenzraum, wo mich niemand findet?)

◇ Kann ich meine Arbeitswerkzeuge so einstellen, dass es unmöglich ist, auf die einfachen Alternativen zuzugreifen? (Für Handys und Computer gibt es zum Beispiel Software, die bestimmte Internetseiten, Youtube, soziale Medien oder das gesamte Internet zeitweise sperren kann, um es dir schwerer zu machen, dich abzulenken. Außerdem könntest du die Computerspiele von deinem Computer und Handy löschen und dir stattdessen vielleicht eine Spielkonsole kaufen. Viele Autoren benutzen zum Schreiben einen eigenen Computer, auf dem kein Internet und keine sonstigen Ablenkungen installiert sind.)

◇ Kann ich den Orten aus dem Weg gehen, wo ich in Ablenkungen und die einfachen Alternativen hineingerate? (Im Büro zum Beispiel der Teeküche, wenn du dich dort immer wieder für eine halbe Stunde festquatschst, obwohl du deine wichtige Aufgabe erledigen solltest.)

◇ Kann ich Impulse von außen abstellen, die mich dazu auffordern, den einfachen Alternativen nachzugehen? (Also das Handy ausschalten, Pings vom Computer abstellen, die Klingel und das Telefon abstellen.)

Überlege dir für jede deiner typischen einfacheren Alternativen, wie du diese erschweren oder im Idealfall unmöglich machen kannst. Schreib einen Plan, wie du es dir selbst einfacher machst, auf dem geraden Weg zu bleiben. Dann erinnerst du dich jeden Tag an deine Möglichkeiten, wie du dich vor Ablenkungen schützen kannst. Und du setzt den Plan natürlich jeden Tag um. Denn das Wissen und ein Plan allein nützen ja nichts.

Was hier auch helfen kann, ist, typische Selbstablenkungssituationen vor deinem geistigen Auge durchzuspielen. Stell dir also vor, wie die Ablenkung auftritt. Zum Beispiel, dein Handy pingt und macht dich so auf eine neue Chatnachricht aufmerksam. Doch du widerstehst der Versuchung, aufs Handy zu schauen, und du arbeitest weiter an deinem Projekt. Das nennt man dann Mentaltraining, weil du im Geist trainierst, wie du dich verhalten willst.

Es gibt noch eine Möglichkeit, wie du mit deinen einfachen Alternativen besser umgehen kannst: indem du die Impulse und Ausrutscher zählst. Führe eine Strichliste, wie oft du den Impuls verspürst, einer einfachen Alternative zu folgen, und liste auch auf, wie oft du welchem Impuls nachgibst. Durch so eine Strichliste schärfst du deine Achtsamkeit und über diesen Umweg deine Selbstkontrolle.

Häufige Stolperfallen

Von manchen Alternativen kannst oder willst du dich nicht komplett abschneiden. In diesem Fall musst du eben damit leben, dass du dich manchmal selbst ablenkst. Was hier hilft, ist, dann wenigstens sehr bewusst mit den einfacheren Alternativen umzugehen. Bewusst damit umgehen bedeutet zum Beispiel, dass du dir jedes Mal selbst sagst, wenn du gerade dabei bist, dich abzulenken: »Oh, jetzt schaue ich schon wieder auf mein Handy. Das wollte ich doch gar nicht.«

Mach dir bitte auch klar, dass dieses Ablenken mit einfacheren Tätigkeiten ein unbewusster Schmerzvermeidungsmechanismus ist. Denn bestimmte Aufgaben können uns Stress machen, wir haben manchmal Angst davor, wir finden sie langweilig oder sie konfrontieren uns mit unserer eigenen Unzulänglichkeit. Damit wir das nicht erleben müssen, tun wir lieber einfachere Dinge.

Wenn du dir das vor Augen führst, kannst du diesen Schmerzvermeidungsmechanismus besser regulieren. Und dann auch manchmal sagen: »Hey, ich weiß, diese Aufgabe ist anstrengend und ich würde jetzt lieber im Internet surfen. Aber die Aufgabe hilft mir, mein wunderbares Ziel zu erreichen. Deswegen nehme ich den Schmerz jetzt in Kauf und arbeite weiter daran.« Was dir hier in diesem Zusammenhang auch helfen kann, ist die Methode »Die Abhärtung« (siehe Seite 238).

Gegner zu Unterstützern machen

Wenn es um dein Vorhaben geht, lassen sich die Menschen in deiner Umgebung in drei Gruppen einteilen.

◇ **Unterstützer:** Menschen, die für dein Projekt sind und die dich aktiv darin unterstützen, so gut sie können.

◇ **Neutral:** Menschen, denen es gleich ist, was du tust, und die deswegen nicht stören, aber auch nicht helfen.

◇ **Gegner:** Menschen, die dein Vorhaben aus verschiedenen Gründen doof finden und deswegen in Wort und Tat dagegenarbeiten.

Diese Methode ist notwendig, wenn dich Gegner in deiner Umgebung in deinem Vorhaben ausbremsen, entmutigen, ständig kritisieren, dir Egoismus vorwerfen oder dich sogar – bewusst oder unbewusst – sabotieren. Denn wenn du etwas in deinem Leben verändern willst, finden das leider nicht immer alle Menschen gut. Deshalb geht es jetzt darum, wie du mit den Gegnern in deiner Umgebung klug umgehst.

Vielleicht gibt es Menschen, die empfinden es als stille Anklage, dass du ein Thema in Angriff nimmst, an das sie sich nicht herantrauen. Dann hörst du so etwas wie: »Du hältst dich wohl für etwas Besseres.« Vielleicht gibt es auch Menschen, die wollen nicht, dass du etwas änderst, weil das Leben dann für sie unbequemer werden würde. Hier schlagen dir manchmal Sätze wie: »Du bist so ein Egoist« entgegen. Manch einer ist auch ohne bösen Willen ein Gegner deines Vorhabens. Wenn du zum Beispiel versuchst abzunehmen und jemand aus deiner Familie dir ständig Süßigkeiten anbietet. Ein typischer Spruch ist hier: »Ich meine es doch nur gut!«

So oder so, dein Vorhaben kann durch Gegner kaputtgemacht werden. Indem sie jeden deiner Schritte kritisieren und dir den Mut und die Hoffnung nehmen. Oder indem sie dein Vorhaben sogar gezielt sabotieren. Wenn du das wahrnimmst, gilt es etwas zu unternehmen. Denn es ist schon schwer genug, sich selbst bei einem größeren Projekt bei der Stange zu halten, da brauchst du nicht noch Schwierigkeiten von außen.

Also lass uns schauen, was du bei Gegnern in deiner Umgebung tun kannst.

Und so geht es Schritt für Schritt

Schritt 1: Wer kommt mit deinem Vorhaben in Berührung?
Schreibe eine Liste mit allen Menschen in deiner Umgebung, die irgendwie mit deinem Vorhaben in Berührung kommen. Dann markiere jeden von ihnen mit einem »U« für Unterstützer, mit einem »N« für neutral oder mit einem »G« für Gegner. Wenn du willst, kannst du das »G« auch in Rot schreiben, damit es gefährlicher aussieht. Denn Gegner sind gefährlich für dein Vorhaben.

Bitte mache auch ein »G«, wenn du den Menschen magst und weißt, dass er es eigentlich nicht böse meint. Das »G« steht für Gegner deines *Vorhabens* und nicht zwingend für Gegner *in jeder Hinsicht*. Es ist wichtig, das auseinanderzuhalten und nicht zu denken, dass das ein schlechter Mensch ist. Es ist nur eben so, dass unsere Vorhaben Auswirkungen auf andere Menschen haben und das müssen sie ja nicht mögen. Und wenn du freundlich auf den jeweiligen Menschen schaust, dann hilft dir das später, wenn du mit dem Gegner deines Vorhabens ein freundliches Gespräch führst.

Schritt 2: Der Umgang mit Gegnern

Überlege dir, wie du mit den Gegnern jeweils umgehen willst. Du hast hier verschiedene Möglichkeiten:

Möglichkeit a: Das ernste Gespräch

Die einfachste und meist beste Möglichkeit ist, ein ernstes Gespräch mit demjenigen zu führen, der dir bewusst oder unbewusst Steine in den Weg legt. Aber mach deinem Gegenüber möglichst keine Vorwürfe, sondern hole ihn mit ins Boot. Leite dein Gespräch vielleicht mit »Du, ich bräuchte mal deine Hilfe« ein.

Gehe immer erst einmal davon aus, dass der andere dir nicht bewusst schadet. Erkläre ihm einfach, was sein Verhalten mit dir macht und wie du dich dann fühlst. Aber mit so wenig Anklage und Schuldzuweisungen wie möglich. Frage den anderen ruhig und freundlich nach den Gründen seines Verhaltens, aber ohne dass er das Gefühl hat, sich rechtfertigen zu müssen. Versuche ihn zu verstehen und bitte ihn, dir dabei zu helfen.

Auf mögliche Hinweise des anderen, dass dein Empfinden vielleicht übertrieben ist oder

Oft bringen die schwierigen Gespräche unser Leben am meisten voran.

dass er es doch gar nicht so meint, antwortest du immer wieder, dass deine Gefühle so sind, wie sie sind und dass das Verhalten des anderen dich entmutigt oder dein Vorhaben sabotiert, egal ob er es verstehen kann oder nicht. Erfrage auch mögliche Sorgen und Ängste deines Gegenübers und versuche, ihm diese zu nehmen. Erkläre auch immer wieder, warum dir dein Vorhaben so wichtig ist.

Erbitte dann Hilfe. Sage demjenigen nicht, was er lassen soll, sondern gib ihm stattdessen konkrete und genaue Hinweise, was du dir in welcher Situation von ihm wünschst. Versuche dem anderen aufzuzeigen, inwieweit auch sein Leben dadurch besser wird. Aber bleibe bei deinen Wünschen bitte immer verhältnismäßig. Wünsche dir keine Dinge, die schmerzhafte Veränderungen vom anderen verlangen. Oder anders gesagt: Versuche deinem Gegner dein Vorhaben und seine Unterstützung so schmackhaft wie möglich zu machen.

Solche Gespräche sind natürlich nicht einfach, sie erfordern häufig ein bisschen Überwindung. Aber dadurch kannst du einen Gegner zu einem Unterstützer machen und so die Wahrscheinlichkeit stark erhöhen, dass du dein Vorhaben umsetzt. Gleichzeitig machst du die Beziehung zum anderen damit besser und tiefer.

Möglichkeit b: Lebe mit dem gegnerischen Verhalten

Manchmal kann oder will dein Gegner nichts ändern. In diesem Fall musst du dir überlegen, was dir die Beziehung zu diesem Menschen wert ist. Wenn du zu dem Schluss kommst, dass du sie nicht gefährden kannst oder willst, dann bleibt dir nichts anderes übrig, als die Sabotage, Kritik und Entmutigung hinzunehmen. In diesem Fall kannst du dein Vorhaben mit allen anderen Methoden aus diesem Buch vorantreiben, damit du es leichter hast.

Es hilft, sich eines klarzumachen: Die Menschen meinen es meistens nicht böse. Sie können nur nicht aus ihrer Haut.

Vielleicht kannst du den Kontakt auch ein wenig einschränken, um weniger der negativen Kräfte abzubekommen. Hier ist es dann nur wichtig, achtsam mit den kritischen Bemerkungen oder der Sabotage umzugehen und sie bewusst zu verarbeiten. Dabei kann dir die Methode »Kopfklar« (Seite 153) helfen.

Möglichkeit c: Das Ultimatum

Wenn dir dein Vorhaben wichtiger ist als der andere Mensch, musst du dich dafür nicht schämen. Es ist schließlich dein Leben und du hast das Recht auf deine Entscheidungen und dein Glück. Und ich gehe einmal davon aus, dass dein Wunsch angemessen ist und du hier nicht über Leichen gehst.

Wenn dir dein Vorhaben also wichtiger ist, kannst du dem anderen ein Ultimatum stellen und sagen: »Für mich ist es extrem wichtig, dass du mit dem folgenden Verhalten aufhörst, und ich bin nicht mehr bereit [entmutigendes Verhalten, Sabotageverhalten] zu akzeptieren. Wenn du damit nicht bis zum [Termin] aufhörst, dann [Konsequenz].« Deine Konsequenz muss natürlich etwas sein, das den anderen motiviert, sein Verhalten zu ändern.

Sollte das die einzige Möglichkeit sein, um dem schädlichen Verhalten zu entkommen, kannst du für eine gewisse Zeit auch den Kontakt zu deinem Gegner abbrechen.

Häufige Stolperfalle

Der größte Hinderungsfaktor bei dieser Methode ist die Angst vor Konflikten. So ein Gespräch kann zu einem ernsthaften Streit und im schlimmsten Fall zu einem Bruch der Beziehung führen. Deswegen trauen sich viele nicht, eine derartige Unterredung zu beginnen.

Was dir in so einem Fall helfen kann, ist, das Gespräch vorher im Kopf zu visualisieren und dir vorzustellen, wie es sich abspielen könnte, wenn es gut läuft, aber auch, wenn es schlecht läuft. Du kannst das Gespräch auch im Rollenspiel mit einer Vertrauensperson üben und dich durch einen Freund ermutigen lassen.

Ernste Gespräche sind wichtig

Zu lernen, auch schwierige Gespräche zu führen und diese auszuhalten, ist eine Fähigkeit, die im Leben extrem wichtig und nützlich ist. Auch weil viele Menschen sich gar nicht darüber im Klaren sind, dass sie deinen Fortschritt, deine Zufriedenheit und dein Lebensglück einschränken.

Gewohnheiten

Psychologen schätzen, dass wir im Alltag zu
95 Prozent automatisch und gewohnheitsmäßig
denken und handeln. 95 Prozent unseres Seins
werden demnach von unseren Gewohnheiten
bestimmt, nicht von unserem Verstand. Man kann
also mit gutem Grund behaupten, dass unsere
Gewohnheiten die mächtigste Kraft in unserem
Leben sind.
Wenn du es schaffst, dir gute, glücklich machende
und förderliche Gewohnheiten anzutrainieren,
setzt du dein Glück und deinen Erfolg quasi
auf Autopilot.

Die Maschine

Die Maschine ist da sinnvoll, wo du dich dazu bringen willst, bestimmte, für dich gute Handlungen regelmäßig wie ein Uhrwerk zu tun. Beispielsweise zu meditieren, deine Wohnung aufzuräumen, beim ersten Weckerklingeln aufzustehen oder täglich Sport zu treiben. Die Maschine funktioniert auch gut für Tätigkeiten, die du eigentlich nicht so gerne tust, die du aber vernünftigerweise tun solltest.

Es gibt langweilige und eigentlich lästige Dinge, die tust du trotzdem. Jeden Tag. Ohne Kampf. Ohne große Selbstüberwindung. Du tust sie einfach. Wie ein Flugzeug auf Autopilot. Oder wie eine Maschine. Deswegen heißt diese Methode auch so.

Je mehr der guten Dinge in deinem Leben du automatisierst und zu fixen Routinen machst, desto einfacher wird es.

Wahrscheinlich putzt du jeden Tag wie eine Maschine deine Zähne, duschst oder wäschst dich. Wenn du ein Mann und kein Wildwuchs-Bartträger bist, rasierst du dich. Du machst dir morgens einen Kaffee oder Tee und wahrscheinlich isst du auch meistens die gleichen Dinge.

Unser Leben ist voll von Gewohnheiten. Also Dingen, die wir jeden Tag wieder und wieder tun. Durch ein geschicktes Vorgehen kannst du neue Gewohnheiten aufbauen, die dein Leben besser und schöner machen. Damit du die guten Dinge in deinem Leben automatisch und vor allem ohne Kampf und Selbstüberwindung tust. Zum Beispiel jeden Tag zehn Minuten Gymnastik, Yoga oder Qi Gong machen, zwanzig Seiten in einem Buch lesen, das dich weiterbringt, oder einen Freund kurz anrufen, um den Kontakt zu halten.

Ja, sogar größere Projekte und Vorhaben lassen sich durch Gewohnheiten organisieren, und zwar, indem du dich fragst, welche Dinge für dein Projekt wieder und wieder erledigt werden müssen, und diese Dinge dann zu einer Gewohnheit werden lässt.

Wenn du zum Beispiel die Beziehung zu deinem Lieblingsmenschen verbessern willst, kannst du diesem Menschen jeden Tag sagen: »Ich liebe dich« oder »du bist mir wirklich wichtig« oder du kannst dir jeden Tag überlegen, was du Nettes für deinen Lieblingsmenschen tun kannst. Und dann kannst du den ersten Schritt oder nächsten Schritt dazu planen.

Viele größere Projekte werden einfacher umsetzbar, wenn wir jeden Tag etwas dafür tun, denn so bleiben wir im Rhythmus und verlieren unser Vorhaben nie aus den Augen. Deswegen sind Gewohnheiten hier so nützlich. Also los, etabliere dir ein paar gute Gewohnheiten.

Und so geht es Schritt für Schritt

Schritt 1: Wähle dein Ziel

Wähle zuerst etwas, das du gerne zu einem festen Bestandteil in deinem Leben machen willst. Lass dich von den Listen möglicher Gewohnheiten ab Seite 122 inspirieren oder entscheide dich für etwas anderes, das dir wichtig ist. Es sollte eine Handlung sein, bei der du klar vor Augen hast, was konkret und im Detail getan werden muss. Es darf nichts sein, wo du noch überlegen musst, wie du es angehst oder wie die Regeln genau sind. Eine unklare Handlung wäre: Sport machen (was genau für Sport und für wie lange?), schreiben (woran schreiben? Wie lange? Wie viele Wörter?) oder meditieren (wie genau? Wie lange?). Eine klare Handlung wäre: »Für zwei Minuten auf meinen Atem konzentrieren und zu meinem Atem zurückkehren, wenn ich innerlich abschweife.«

Bitte schreibe sehr konkret auf, was du gerne ganz automatisch und regelmäßig, ohne Kampf und ohne Selbstüberwindung tun würdest und welche Regeln für deine Handlung gelten sollen.

Am besten ist es, wenn du dir etwas für jeden Tag ausdenkst. Weil du so schneller dahinkommst, dass dein Vorsatz ein Automatismus wird. Falls es etwas ist, das du nicht jeden Tag tun kannst oder willst, dann überlege dir für die restlichen Tage der Woche eine Ersatzhandlung, damit die Kette der täglichen Ausführung nicht abreißt. Zum Beispiel: »Wochentags melde ich mich jeden Tag bei einem Kunden und am Wochenende schreibe ich jeden Tag einem Freund oder einer Freundin eine positive Nachricht.« Am schnellsten wird nämlich das zur Gewohnheit, was wir täglich wiederholen.

Schritt 2: Wähle einen kleinen ersten Schritt
Wenn du eine Gewohnheit etablieren willst, darf die neue, automatische Handlung zuerst nicht schwierig sein. Sie sollte nicht zu lange dauern, nicht anstrengend sein und dich keine zu große Selbstüberwindung kosten. Fange lieber klein an und steigere dich dann, so wie in der Methode »Das Gewächshaus« auf Seite 76.

In diesem Schritt hier überprüfst du, ob deine geplante Gewohnheit realistisch ist oder ob du dich vielleicht damit überforderst. Frage dich dazu: »Kann ich mir vorstellen, dass ich diese Sache auch erledigen werde, wenn ich müde bin, wenn ich mich krank fühle, wenn ich lustlos und maulig bin oder wenn es mir nicht gut geht?«

Sei hier bitte ehrlich mit dir. Falls du nicht ganz klar und realistisch Ja dazu sagen kannst,

Je kleiner und einfacher dein erster Schritt ist, desto größer die Wahrscheinlichkeit, dass deine neue Gewohnheit überlebt.

dann definiere für deine neue Gewohnheit ein Minimum, also die kleinstmögliche Handlung, mit der du noch zufrieden sein kannst. Zum Beispiel: Ich mache mindestens 3 Liegestütze, aber gerne auch mehr, wenn ich Lust habe. Oder: Ich räume mindestens 1 Gegenstand im Wohnzimmer weg, aber gerne auch mehr, wenn ich es schaffe.

Schritt 3: Eine Gewohnheit hat immer einen Auslöser
Nachdem ich aufgestanden bin, gehe ich normalerweise ins Bad. Wenn ich im Bad bin, gehe ich normalerweise zur Toilette. Wenn ich morgens in die Küche komme, mache ich mir normalerweise einen Kaffee. Wenn ich ein Stück Kuchen sehe, bekomme ich normalerweise Appetit. Wenn ich Zimt rieche, denke ich normalerweise an Weihnachten.

Auch deine neue Gewohnheit braucht einen Auslöser. Also einen Ort, einen Zeitpunkt, eine Erinnerung und ein Signal in deinem Tagesablauf, damit du die Handlung verlässlich ausführst.

Finde deshalb einen Auslöser für deine neue Gewohnheit. Zum Beispiel: »Wenn ich sehe, dass die Spülmaschine fertig ist (Auslöser), sage ich mir: ›Wenn ich die Maschine jetzt ausräume, habe ich es hinter mir‹, und fang an.« Oder: »Nachdem ich mir morgens die Zähne geputzt habe (Auslöser), mache ich das Fenster auf und mache für eine Minute Hampelmänner vor dem offenen Fenster.« Oder: »Wenn ich mich morgens an meinen Schreibtisch setze (Auslöser), schreibe ich als Erstes drei Dinge auf, die ich heute erledigen werde.«

Ohne Auslöser keine Gewohnheit. So einfach ist das.

Also los, entscheide dich jetzt für den Auslöser, der deiner Gewohnheit ab jetzt vorangehen soll.

Schritt 4: Formuliere eine Absichtserklärung
In den Beispielen im vorangegangenen Schritt hast du schon eine solche Absichtserklärung gesehen. Sie hat das Format: »Wenn [Auslöser] tue ich [Handlung].«

Es ist wissenschaftlich gut untersucht, dass so eine konkrete Absichtserklärung, die an einen Auslöser gekoppelt ist, die Wahrscheinlichkeit erhöht, dass du es dann auch wirklich tust. Formuliere also deine Absichtserklärung, und zwar bitte schriftlich, und lies sie dir laut vor. Schreibe sie auf einen Zettel und trage ihn mit dir herum.

Schritt 5: Richte eine Erinnerung ein
Bitte etabliere auch eine oder mehrere Erinnerungen, damit du deine neue Gewohnheit verlässlich ausführst. Wie das geht, hast du ja schon im Kapitel »Die Erinnerung« auf Seite 188 erfahren.

Schritt 6: Starte eine Erfolgsmessung
Nimm ein Blatt Papier und zeichne dir selbst eine Art Kalender zum Abhaken, auf dem du notierst, ob und wann du deine neue Gewohnheit erledigt hast. Schreibe dazu auf dein Blatt, was genau du wann tun willst, und zeichne dann 30 Kästchen unter deinen Vorsatz. An jedem Tag, an dem du deine Gewohnheit erfolgreich ausgeführt hast, machst du einen Haken in einem der Kästchen. So misst du täglich deinen Erfolg. Aber erinnere dich an deine Erfolgsmessung, sonst rutscht dir die Sache durch die Finger.

Untersuchungen aus der Verhaltensforschung zeigen übrigens, dass es nicht dramatisch ist, wenn du die Gewohnheit mal einen Tag ausfallen lässt. Aber nur einen Tag. Sobald du zwei oder mehr Ausfälle in deinem Erfolgskalender hast, sabotierst du deine Gewohnheit.

Viele Menschen entwickeln den Ehrgeiz, dass ihr Erfolgskalender keine Lücken aufweist und die Kette der Tage der erfolgreichen Ausführung nicht abreißt.

Was du hier tun kannst, ist, dich motivieren zu lassen, indem du die Methode »Veröffentlichen« nutzt (Seite 171).

Schritt 7: Von nun an tue es jeden Tag.
Und belohne dich dafür

Von nun an gilt: Erinnere dich daran, es zu tun, und dann tu es. Sofort. Und nachdem du es getan hast, musst du dir selbst klarmachen, warum du es getan hast. Warum diese Sache gut für dich ist.

Nachdem du zum Beispiel meditiert hast, sagst du dir, dass dich das bewusster, glücklicher und entspannter macht. Oder nachdem du aufgeräumt hast, sagst du dir, dass du für Klarheit und Sauberkeit gesorgt hast und dass das gut für deine Seele ist. Denn jede Gewohnheit braucht eine Belohnung, damit sie langfristig stabil wird. Und diese Belohnung besteht in der Selbstbestätigung und in dem guten Gefühl, das damit einhergeht. Du kannst dich natürlich auch intensiver belohnen, indem du dich selbst noch mehr positiv bestärkst, so wie du es im Kapitel »Das Gewächshaus« (Seite 76) kennengelernt hast.

Wenn du lernst, dich selbst zu bestätigen, wieder und wieder, dann nährt das deine intrinsische Motivation und dein Selbstmitgefühl.

Wichtig ist: Du tust es und belohnst dich hinterher dafür. Und das wiederholst du jeden Tag, bis eine Gewohnheit daraus geworden ist. Bei kleinen, einfachen Dingen braucht das oft nur 30 Tage, bei herausfordernderen Beschäftigungen kann es bis zu sechs Monaten dauern.

Auf jeden Fall brauchst du ein bisschen Geduld, bis deine Gewohnheit stabil ist. Wiederhole die Sache, bis du merkst, dass du von allein daran denkst, noch bevor deine Erinnerung dir signalisiert, es zu tun. Und sobald du vor deiner Erinnerung daran denkst, lass die Erinnerung und die Selbstbestätigung weg und überprüfe anhand deiner Erfolgsmessung, ob du es auch ohne verlässlich tust. Wenn du die Sache 14 Tage hintereinander einfach so machst, automatisch und ohne große Überwindung, dann ist deine Gewohnheit stabil.

Häufige Stolperfallen

Gewohnheiten verlieren sich normalerweise, wenn der Auslöser wegfällt, weil unsere gewohnte Umgebung oder unser normaler Tagesablauf sich verändern. Wenn wir auf Dienstreise sind, im Urlaub oder wenn wir Verwandte besuchen. In diesem Fall können wir es in Kauf nehmen, dass wir unsere Gewohnheit nicht ausführen, weil wir ja bald wieder zurück sind in unserer Gewohnheitsumgebung.

Oder wir können, wenn wir vorausschauend sind, für den Tag nach der Unterbrechungszeit eine Erinnerung einrichten, damit unsere Gewohnheit ab dann weiter stabil läuft.

Eine weitere Stolperfalle beim Aufbau einer Gewohnheit ist fehlende Geduld. Wenn es

Auch unsere guten Gewohnheiten müssen gepflegt, gehegt und beschützt werden.

uns nicht schnell genug geht. Hier geben viele Menschen auf, bevor die Gewohnheit wirklich stabil geworden ist. Was hilft, ist, sich immer wieder daran zu erinnern:

Eine stabile Gewohnheit

Eine richtig stabile Gewohnheit aufzubauen, braucht oft bis zu einem halben Jahr. Ab da laufen dein Glück und dein Erfolg auf Autopilot. Deswegen ist deine Geduld hier gut investiert.

Die Sabotage

Diese Methode ist nützlich, um schlechte Gewohnheiten abzuschwächen oder sie komplett abzustellen. Dabei wird nicht auf Willenskraft und Selbstüberwindung gesetzt, sondern auf das Verständnis, wie Gewohnheiten ablaufen, und das kluge Stören von deren Wirkungsweise.

Wir tun Dinge, die nicht gut sind für uns und unsere Lieben. Wenn wir diese Dinge regelmäßig tun, sprechen wir von schlechten Gewohnheiten. So etwas wie rauchen, zu viel essen, zu viel trinken, unsere Kinder anschreien, jammern oder tratschen.

Viele dieser schlechten Gewohnheiten sind auch schlecht für unsere Umsetzungskraft, zum Beispiel Aufgaben aufzuschieben oder zu viel in den sozialen Medien zu stöbern und so die eigene Zeit zu verschwenden.

Das Interessante ist: Solche schlechten Gewohnheiten unterscheiden sich nicht groß von guten Gewohnheiten. Es gibt immer einen Auslöser, und wenn wir nicht gerade einen bewussten Moment haben, reagieren wir automatisch darauf, indem wir die an den Auslöser gekoppelte Handlung abspulen und die sich einstellende Belohnung genießen.

Wenn wir zum Beispiel Stress spüren (Auslöser) zünden wir uns eine Zigarette an (Handlung) und spüren die Entspannung (Belohnung). Oder wenn unsere Kinder laut sind und uns das stresst (Auslöser), brüllen wir einmal laut (Handlung), woraufhin sie leise sind und unser Stress nachlässt (Belohnung).

Aus dieser Abfolge lässt sich auch direkt ableiten, wie wir eine schlechte Gewohnheit loswerden können.

1. Wir können verhindern, dass die Auslöser für die Gewohn-heiten auftreten. Dann stirbt unsere Gewohnheit, weil sie nicht mehr ausgelöst wird.
2. Wir können die Handlung unmöglich machen.
3. Wir können uns die Belohnung vermiesen.
4. Oder wir können an den Auslöser durch viele bewusste Wiederholungen eine andere Handlung und eine andere Belohnung hängen, sodass der Auslöser dann eine bessere Sache triggert.

Um diese Methode umzusetzen, brauchst du die Einstellung eines Saboteurs. Du musst mit einer ebenso klugen wie zerstö-rerischen Einstellung an deine schlechte Gewohnheit herangehen. Denn es geht darum, den Auslöser, die Handlung oder die Be-lohnung in die Luft zu jagen.

Ein Beispiel: Wenn du auf dem Arbeitsweg an deiner Bäcke-rei vorbeikommst und den Kuchen in der Auslage siehst (Auslö-ser), gehst du normalerweise in die Bäckerei und kaufst dir ein Stück (Handlung) und dann isst du es auf dem Weg und hast ein wunderbares Gefühl (Belohnung). Hier könntest du:

1. Einen anderen Arbeitsweg nehmen und damit dem Auslöser ausweichen.
2. Die Bäckerei in die Luft sprengen und es dir damit unmöglich machen, die Handlung auszuführen. Na ja, vielleicht zu extrem. Aber du könntest dich in der Bäckerei einmal richtig danebenbenehmen, sodass du dich danach nicht mehr hineintraust. Oder du könntest der Bäckerin 100 Euro geben und sie verpflichten, dir nichts mehr zu verkaufen.
3. Oder du könntest dir jedes Mal beim Essen des Kuchens erzählen, dass dich das noch dicker macht, dass du dadurch ein unattraktiver Klops wirst, dass du deswegen zehn Jahre früher stirbst, dass du so deine Enkel nie kennenlernen

wirst und deinen Mann im Stich lässt und dass du ein unvernünftiger und dummer Mensch bist. Was den Genuss und damit die Belohnung ein bisschen kaputt macht.

4. Oder du könntest 30 Tage lang mit viel Bewusstheit in die Bäckerei (Auslöser) gehen und dir ein gesundes Dinkelbrötchen kaufen (bessere Handlung) und dir dann jeden Tag erzählen, was du für ein kluger, vernünftiger und gesundheitsbewusster Mensch du bist (Belohnung).

Jetzt kennst du die allgemeine Vorgehensweise, um schlechte Gewohnheiten loszuwerden.

Und so geht es Schritt für Schritt

Schritt 1: Wähle deine schlechte Gewohnheit
Zuerst überlegst du dir, welche schlechte Gewohnheit du in die Luft jagen willst. Zum Beispiel morgens als Erstes eine zu rauchen. Oder abends immer eine halbe Flasche Wein zu trinken. Oder im Büro als Erstes E-Mails zu lesen.

Schritt 2: Untersuche die schlechte Gewohnheit
Dann untersuchst du deine schlechte Gewohnheit und betrachtest den Auslöser, die Handlung und die Belohnung ganz genau, um Ansatzpunkte für deine Sabotage zu finden.

◇ **Auslöser:** Was sind die Auslöser deiner schlechten Gewohnheit? Was tust du immer direkt davor? Was fühlst du davor? Was siehst, hörst oder riechst du direkt, bevor du es tust. Was denkst du, bevor du es tust? Schreibe detailliert auf, was deine schlechte Gewohnheit auslöst.

◇ **Handlung:** Was genau tust du? Was sind die einzelnen Schritte deiner schlechten Gewohnheit? Überlege in Ruhe und schreibe sie dann genau auf.

◇ **Belohnung:** Mit was belohnt dich deine schlechte Gewohnheit? Was ist ihr Zweck? Was hast du davon? Inwiefern fühlst du dich besser durch sie? Was gibt sie dir?

Häufige Belohnungen sind Beruhigung, Trost, Entspannung, Ablenkung, ein Gefühl von Wärme, Geborgenheit oder Zugehörigkeit. Manchmal ist auch die Handlung an sich befriedigend und Belohnung genug, zum Beispiel beim Essen. Schreibe die Belohnung für deine schlechte Gewohnheit auf.

Schritt 3: Entwirf einen Plan

Schreibe auf einen Zettel: »Ich will nicht mehr [schlechte Gewohnheit]. Und so werde ich diese schlechte Gewohnheit los …« Den Plan ergänzt du dann in den nächsten Schritten.

Schritt 4: Prüfe, ob du ausweichen kannst

Überlege dir, ob es möglich ist, den Auslösern der schlechten Gewohnheit auszuweichen. oder ob du sie eliminieren kannst. Wenn du keine Süßigkeiten mehr kaufen willst, meide die entsprechenden Gänge im Supermarkt. Wenn du abends vor dem Fernseher immer Chips isst, dann gucke abends kein Fernsehen mehr. Wenn du immer anfängst zu essen, wenn du Stress und Druck spürst, belege einen Entspannungskurs und entstresse dein Leben.

Die Auslöser wegzubekommen, ist der einfachste Weg, um sich eine schlechte Gewohnheit abzugewöhnen. Deswegen ist diese Möglichkeit immer die erste Wahl. Schreibe auf deinen Plan, wie genau du die Auslöser deiner schlechten Gewohnheit sabotierst und ihnen ausweichen oder wie du sie eliminieren wirst.

Schritt 5: Schau, ob du die Handlung unmöglich machen kannst

Prüfe dann, ob du die Handlung deiner schlechten Gewohnheit unmöglich machen kannst. Betrachte die Bestandteile deiner schlechten Gewohnheit aus Schritt 2 und frage dich bei jedem Punkt: »Unter welchen Umständen wäre es absolut unmöglich, diesen Schritt der schlechten Gewohnheit auszuführen?« Oder: »Was würde es mir deutlich schwerer und unbequemer machen, diesen Schritt der schlechten Gewohnheit auszuführen?«

Wenn du abends vor dem Fernseher keine Chips mehr essen willst, kaufe keine Chips mehr ein und bitte auch deinen Partner, keine mehr zu kaufen. Wenn du keine Nägel kauen willst, trage Handschuhe oder tauche deine Finger in etwas, das bitter schmeckt. Oder lösche in einem hellen Moment deinen Facebook-Account, wenn du jeden Tag 4–5 Stunden davor verbringst.

Wenn dir Möglichkeiten einfallen, wie du deine schlechte Gewohnheit durch geschickte Sabotage unmöglich oder schwerer machen kannst, dann schreibe diese Möglichkeiten auf deinen Plan.

Schritt 6: Prüfe, ob du die Belohnung kaputt machen kannst

Bitte überlege, wie du dir die Belohnung deiner schlechten Gewohnheit madig machen kannst. Frage dich dazu: »Wie kann ich verhindern, dass mir meine schlechte Gewohnheit das gibt, was ich mir davon erhoffe?«

Mögliche Antworten könnten lauten: »Indem ich zum Beispiel statt der leckeren Vollmilchschokolade nur noch bittere Schokolade mit 80 Prozent Kakaoanteil kaufe. Oder indem ich meinen Fernseher in einen ungemütlichen und kalten Raum stelle, wo es nicht mehr so entspannend ist, Fernsehen zu schauen. Oder indem ich 20 gute und mich emotional bewegende Gründe aufschreibe, warum die schlechte Gewohnheit mir schadet, und mich dazu zwinge, mir diese Gründe nach dem Ausüben der schlechten Gewohnheit jedes Mal durchzulesen.«

Wenn dir Möglichkeiten einfallen, wie du deine schlechte Gewohnheit auf diese Art sabotieren kannst, dann schreibe auch diese Möglichkeiten bitte auf deinen Plan.

Schritt 7: Prüfe die Möglichkeit einer Neuverknüpfung

Überlege, ob du durch gezieltes Training eine neue und bessere Gewohnheit an den Auslöser heften kannst. Dazu kannst du zum Beispiel die Methode »Die Maschine« (Seite 205) nutzen. Frage dich konkret: »Was könnte ich nach [Auslöser] anstelle des selbstschädigenden Verhaltens tun?«

Wenn du jeden Morgen nach dem Aufstehen gleich eine Zigarette rauchst, könntest du stattdessen eine Tasse Kaffee trinken oder, noch besser, ein großes Glas Wasser. Oder statt bei Stress Nägel zu kauen, könntest du deine Hand auf deine Brust legen, 3-mal tief atmen und zu dir selbst sagen: »Ganz ruhig. Ganz ruhig. Du kannst das bewältigen.« Oder statt bei einem Gefühl von Traurigkeit die Schokolade rauszuholen, könntest du dir angewöhnen, dir deinen Kummer von der Seele zu schreiben und so das Gefühl von Trost zu bekommen.

Überlege also, ob du deine schlechte Gewohnheit nach dem Auslöser durch eine bessere Gewohnheit ersetzen kannst. Und ob du dir diese neue Gewohnheit mit der Maschine angewöhnen willst. Wenn ja, dann schreibe auch das auf deinen Plan.

Schritt 8: Nimm deinen Plan und setze ihn um

Erinnere dich systematisch an die Dinge, die du regelmäßig tun willst, um den Auslösern deiner schlechten Gewohnheit auszuweichen oder diese zu zerstören. Und dann tue es.

Erinnere dich daran, was du tun wirst, um deine schlechte Gewohnheit schwerer oder unmöglich zu machen. Und dann tue es.

Erinnere dich daran, was du tun willst, um dir die Belohnung deiner schlechten Gewohnheit zu vermiesen. Und dann tue es. Oder beginne dein Trainingsprogramm mit »Die Maschine« (Seite 205), um die alte schlechte Gewohnheit durch eine neue gute Gewohnheit zu ersetzen. Tue einfach alles, was notwendig ist. Und erinnere dich systematisch daran, damit dein Vorhaben nicht auf der Strecke bleibt.

Häufige Stolperfalle

Es gibt eine Sache, die viele Menschen davon abhält, ihre schlechten Gewohnheiten zu sabotieren. Und zwar, dass wir dafür teilweise ungewöhnliche oder sogar radikale Schritte gehen müssen. Vor solchen Schritten schrecken aber viele zurück, weil sie ihnen zu schräg, seltsam oder unnormal erscheinen. Und wer möchte schon schräg sein? Es widerspricht also dem Selbstbild vieler Menschen, außergewöhnliche Maßnahmen zu ergreifen. Wir müssten aus unserem Muster der Normalität ausbrechen und das schaffen viele nicht.

Diejenigen, denen es egal ist, was die anderen sagen und denken, und die über ihren eigenen Schatten springen können, sind hier klar im Vorteil.

Innere Einigkeit

Wenn wir eine Sache von ganzem Herzen wollen, wenn wir uns im Hinblick auf unser Ziel also zweifelsfrei sicher sind, herrscht in uns das gute Gefühl von innerer Einigkeit. In diesem Fall fällt es uns leicht, ein Vorhaben mit ganzer Kraft zu verfolgen.

Leider ist komplette innere Einigkeit selten. Fast immer gibt es die eine oder andere Gegenkraft in uns: die Angst vor Veränderung, die Unsicherheit, ob das gewählte Ziel uns wirklich glücklicher macht, oder einfach nur unsere gute alte Bequemlichkeit.

Zum Glück können wir aber lernen, öfter innere Einigkeit und Klarheit zu spüren. Hier folgen nun zwei Methoden, die dir dabei helfen.

Innere Widerstände finden und auflösen

Das kennen wir alle: Wir haben ein Ziel vor Augen, das wir enorm erstrebenswert finden, doch irgendwie gibt es da etwas, das uns davon abhält, das Ziel mit ganzer Kraft zu verfolgen ...

Wenn du merkst, dass dich bei deinem Vorhaben etwas blockiert oder dass du ständig etwas aufschiebst, hast du bestimmt gute Gründe dafür. Mit dieser Methode kannst du die üblichsten inneren Widerstände aufspüren und mit ihnen verhandeln, damit sie ihre Macht über dich verlieren und du zu mehr innerer Einigkeit und Klarheit gelangst.

Manchmal wirst du im Laufe dieses Prozesses aber auch merken, dass ein innerer Widerstand tatsächlich gut und sinnvoll ist. Dass er vielleicht sogar überzeugender ist als das Ziel selbst. In diesem Fall solltest du womöglich das ganze Vorhaben loslassen. Oder noch besser: dein Ziel so verändern, dass der innere Widerstand dadurch nicht mehr aktiviert wird.

Und so geht es Schritt für Schritt

Schritt 1: Finde versteckte innere Widerstände

Wenn du ein Vorhaben hast, mit dem innere Widerstände einhergehen, können diese offen oder in Verkleidung in Erscheinung treten. Für dich ist es wichtig, dass du verkleidete Widerstände erkennst, denn sonst kannst du dich ja nicht bewusst mit ihnen auseinandersetzen. Und das ist der Inhalt dieses ersten Schrittes.

Gehe die folgenden Beispiele durch und überlege, welche davon auf dich zutreffen. Sie alle deuten darauf hin, dass du innere Widerstände haben könntest.

Innere Widerstände gegen dein Vorhaben

◇ Du schiebst die Arbeit an deinem Vorhaben auf und erledigst stattdessen andere Dinge.

◇ Du unterbrichst dich während der Arbeit an deinem Vorhaben ständig selbst.

◇ Du wirst immer spontan müde und kraftlos, wenn du über dein Vorhaben nachdenkst oder daran arbeiten willst.

◇ Du spürst Anspannung im Nacken oder im Bauch, wenn du über dein Vorhaben redest, nachdenkst oder daran arbeitest.

◇ Du bekommst Bauchschmerzen, wenn du dich mit deinem Vorhaben beschäftigst.

◇ Du legst die Messlatte für den Erfolg deines Vorhabens so hoch an, dass du sie gar nicht erreichen kannst.

◇ Du beginnst unnötige Streitigkeiten mit Menschen, die an deinem Vorhaben beteiligt sind.

◇ Du beharrst auf unwichtigen, aber nur schwer erfüllbaren Kleinigkeiten, sodass es keinen Fortschritt in deinem Vorhaben geben kann.

◇ Du beschäftigst dich mit eigentlich unwichtigen Nebenkriegsschauplätzen, statt dich um die Dinge zu kümmern, die dein Vorhaben wirklich voranbringen.

Gehe die Liste bitte durch und prüfe, ob ein Punkt davon oder mehrere auf dich zutreffen. Wenn nicht, kannst du hier natürlich abbrechen. Wenn doch, kannst du davon ausgehen, dass innere Widerstände bei dir vorhanden sind. Grundsätzlich empfiehlt es sich, diese Liste auswendig zu lernen, damit du die Anzeichen für Widerstände gleich erkennen kannst, wenn sie bei dir auftreten.

Schritt 2: Innere Uneinigkeit aufspüren

Finde im nächsten Schritt heraus, was genau in dir die inneren Widerstände erzeugt, warum du also nicht voll und ganz hinter deinem Vorhaben stehst. Gehe dazu bitte die folgende Liste mit typischen Gründen für innere Uneinigkeit durch.

Gründe für innere Uneinigkeit

◇ Ich bin unsicher, ob das gewählte Ziel mich wirklich glücklicher und zufriedener machen wird.

◇ Ich muss für das Vorhaben meine Trägheit und Bequemlichkeit überwinden, und das ist anstrengend und setzt mich unter Druck.

◇ Ich möchte unangenehme und beängstigende Aufgaben auf dem Weg zum Ziel vermeiden. Ich spüre Angst vor Anstrengung oder Selbstüberwindung.

◇ Ich müsste etwas mir Wichtiges aufgeben, wenn ich an meinem Vorhaben arbeite oder mein Ziel erreiche, zum Beispiel Harmonie, meine Heimat, meine Ruhe, meine Leichtigkeit, meine Nähe zu [Person]…

◇ Die Arbeit an meinem Vorhaben kollidiert mit einem anderen mir wichtigen bewussten oder unbewussten Ziel (zum Beispiel kollidiert das Vorhaben abzunehmen oft mit dem Ziel, mich gut versorgt zu fühlen).

◇ Ich spüre Angst vor der anstehenden Veränderung durch mein Vorhaben.

◇ Ich spüre Furcht, auf dem Weg mit meinen Unzulänglichkeiten konfrontiert zu werden. Ich habe Angst vor dem Scheitern. Ich spüre Erfolgsdruck.

◇ Ich spüre die Angst vor den Konsequenzen, wenn ich mein Ziel erreicht habe.

◇ Wenn ich an meinem Vorhaben arbeite oder es erreiche, muss ich meinen sicheren Hafen verlassen oder meine Schutzmauern aufgeben. Ich habe Angst, ungeschützt zu sein.

◇ Ich spüre Angst vor dem Erfolg und vor meiner Kraft. 1

◇ Ich habe den Anspruch, dass alles perfekt wird, und weiß aber auch, dass es schwer ist, das zu erreichen. 1

◇ Ich spüre Angst, mir wichtige Menschen durch mein Tun zu verletzen oder vor den Kopf zu stoßen. 1

◇ Ich mache mir Sorgen, was andere über mich denken und sagen, wenn ich mein Vorhaben öffentlich mache oder gar mein Ziel erreiche. 1

◇ Ich spüre die Sorge, dass dann nicht genug Zeit für andere, mir liebgewordene Dinge mehr bleibt. 1

◇ Ich muss liebgewordene Gewohnheiten aufgeben und das will ich nicht. 1

◇ Ich habe das Gefühl, das Erreichen des Ziels gar nicht verdient zu haben. 1

Gehe bitte die Liste durch und frage dich jeweils: »Wie sehr trifft das auf mich zu, auf einer Skala von 1–10? Wobei 1 »gar nicht« und 10 »mehr geht nicht« bedeutet.

Diese Liste geht ans Eingemachte, denn unsere inneren Widerstände haben ihren Ursprung in unseren tiefsten Ängsten. Sich damit bewusst auseinanderzusetzen, kostet Überwindung. Doch es kann sich lohnen, denn oft bringt das Erkennen und Bearbeiten der inneren Uneinigkeit den Durchbruch, wenn du bei einem Vorhaben festhängst. Nicht selten reicht es sogar schon, den Knackpunkt zu erkennen, der dich ausbremst.

Sobald du den inneren Widerstand erkannt und auf die bewusste Ebene geholt hast, verliert er häufig seine Kraft. Einfach nur dadurch, dass du deinen Verstand und deine Vernunft darauf losgelassen hast. Innere Widerstände folgen nämlich oft einer eher irrationalen und kindlich-unvernünftigen Logik. Wenn wir dann mit Erwachsenen-Augen auf unsere Ängste schauen, verschwinden sie nicht selten von allein. Oder sie verlieren zumindest ihre Macht über uns, einfach indem wir uns sagen: »Ja, ich habe diesen inneren Widerstand oder diese innere

Uneinigkeit. Und ich werde sehr bewusst, achtsam und vernünftig damit umgehen. Ich werde damit klarkommen, mein Vorhaben weiterverfolgen und abschließen, weil Aufgeben für mich keine Option ist.«

Und solltest du den inneren Widerstand hier nicht finden, dann musst du vielleicht noch tiefer bohren. Dabei hilft dir dann die Methode »Der innere Dialog« (Seite 229).

Schritt 3: Den Widerstand untersuchen

Wenn der Widerstand durch das Bewusstmachen nicht verschwindet, kannst du ihn noch weiter untersuchen. Schreibe ihn dazu auf. Notiere dir ganz genau, welcher Zweifel oder welche Sorge es dir schwermacht, zum Beispiel:»Ich habe Angst, dass meine Freunde denken, dass ich sie verachte, wenn ich mein Studium beginne«, oder:»Ich mache mir Sorgen, dass mich meine Selbstständigkeit überfordern könnte. Dass ich nicht habe, was ich dafür brauche«.

Schreib deinen Widerstand bitte wirklich auf, denn im Prozess des Schreibens gibst du ihm eine größere Deutlichkeit und Klarheit. Nun kannst du ihn untersuchen, indem du ihn anhand verschiedener Fragen überprüfst. Durch das genauere Betrachten und Infragestellen wirst du den Widerstand nicht nur besser verstehen, sondern ihn auch relativieren. Und wenn alles gut läuft, findest du darüber hinaus auch Lösungen, wie du klug mit dem Konflikt zwischen deinem Vorhaben und dem Widerstand umgehst. Womöglich erkennst du aber auch, dass er durchaus Substanz hat und du dir eine Lösung überlegen musst, wie du ihm trotzdem gerecht werden kannst, wenn du dein Vorhaben erreichen willst.

Hier sind die Fragen, um bei diesem Thema weiterzukommen. Das Ganze funktioniert so, wie du es schon im Kapitel »Kopfklar« (Seite 153) kennengelernt hast, wo du auch deine innere Welt untersuchst. Wobei es hier mehr darum geht, konkrete Lösungen zu finden, um deinen inneren Widerstand aufzulösen.

Frage 1: Was will der innere Widerstand Gutes für mich?
Diese Frage solltest du für dich beantworten, um dich selbst in eine kooperative Stimmung zu versetzen. Es geht ja nicht darum, ihn einfach loszuwerden, sondern darum, ihn zu verstehen und eine gute Lösung dafür zu finden. Der Widerstand ist schließlich ein Teil von dir, so wie dein Finger oder dein Auge.

Frage dich also, was die positive Absicht deines Widerstands ist. Meist will er dich vor etwas beschützen. Vor Schmerz, Enttäuschung, Versagen, Ausgrenzung, Unsicherheit oder Konflikten. Finde seine guten Absichten und würdige sie. Erkenne an, dass er das Beste für dich will, wenn vielleicht auch auf eine etwas schräge und kindlich-naive Art.

Frage 2: Ist das wirklich so? Ist meine Sorge real? Sehen das alle Menschen so? Wie war das in der Vergangenheit? Könnte es auch ganz anders laufen?
Beispiel: »Ich habe Angst, dass meine Freunde denken, dass ich sie verachte, wenn ich ein Studium beginne.«

Ob das stimmt, kannst du nicht wissen, bis du sie fragst. Andere Menschen würden vielleicht sagen, dass es nicht deine Freunde sind, wenn sie dir deinen Erfolg nicht gönnen. Und vielleicht sind deine Freunde ja auch stolz auf dich.

Frage 3: Wie würde das ein kluger und weiser Freund bewerten, der es wirklich gut mit dir meint? Was würde dir so ein Freund sagen und raten?
Beispiel: »Ich mache mir Sorgen, dass mich meine geplante Selbstständigkeit überfordern könnte.«

Der weise Freund würde dir wahrscheinlich sagen, dass du jedes Thema bewältigen kannst, wenn du vorsichtig und Schritt für Schritt vorgehst, wenn du keine Angst vor Fehlschlägen hast, aus deinen Fehlern lernst und dranbleibst.

Frage 4: Was könntest du tun, um deinen lieben Widerstand zu beruhigen und ihn zufriedenzustellen?
Beispiel: »Ich frage mich, ob mein Umzug nach Berlin der richtige Schritt ist und ich dort wirklich glücklicher werde.«

Ok, und was, wenn du erst einmal testweise für drei Monate in Berlin bei einer Freundin wohnst, um ein Gefühl für die Stadt zu bekommen? Oder was, wenn du dir eine Frist von einem Jahr gibst und dann entscheidest, ob du wieder zurückgehst oder nicht? Was, wenn du dir den Weg zurück zu jedem Zeitpunkt offenhalten würdest?

Frage 5: Welche eine Sache müsste ich lernen, sodass der Widerstand nicht mehr wichtig wäre?
Beispiel: »Ich wünsche mir mehr Freunde. Aber dazu müsste ich mich öffnen und mich der Gefahr aussetzen, enttäuscht und verletzt zu werden.«

Vielleicht müsste ich lernen zu vertrauen und gleichzeitig üben, meine Verletzlichkeit auszuhalten. Ich könnte auch versuchen, ohne Menschen auszukommen. Wobei das schwieriger ist, weil das Bedürfnis nach Kontakt und Nähe eines unserer menschlichen Grundbedürfnisse ist, das wir nicht einfach ablegen können.

Auf jeden Fall gilt: Jeder innere Widerstand zeigt einen deiner Wachstums- und Entwicklungspfade auf. Er zeigt dir einen Weg, wie du dein Leben reicher, besser und erfüllter machen kannst.

Frage 6: Wie kann ich beides haben?
Ein innerer Widerstand entsteht oft, wenn ich sage: »Ich will A und ich will B. Dummerweise verhindern A und B sich aber gegenseitig.« Beispiel: Ich will in eine größere Stadt ziehen (A) und gleichzeitig will ich meine alten Freunde nicht verlieren (B).

Sehr oft ist es so, dass wir A und B gleichzeitig haben könnten, wenn wir uns erlauben würden, unseren Denkrahmen zu erweitern, zum Beispiel indem wir uns fragen: »Warum will ich A und warum will ich B? Und könnte ich die Gründe für A und die Gründe für B auch auf eine andere Art erreichen?«

»Ich will in eine größere Stadt ziehen, weil ich mich nach Abenteuer und mehr Kultur sehne« (Gründe für A). »Ich will den Kontakt zu meinen Freunden nicht verlieren, weil mir Loyalität und Beständigkeit wichtig sind und weil ich meine Freunde eben liebe« (Gründe für B).

Hier könntest du dir die Frage stellen: »Wie kann ich die Gründe für A und die Gründe für B gleichzeitig erfüllen, also wie kann ich mehr Abenteuer und Kultur erleben und gleichzeitig loyal und beständig sein und meine Freunde weiter lieben?«

Nun kannst du Ideen zu dieser Fragestellung entwickeln. Auch indem du andere Menschen fragst und in deine Problemlösung miteinbeziehst. Du wirst wahrscheinlich merken, dass du auch in der größeren Stadt deinen Freunden gegenüber weiterhin loyal sein kannst, indem du dich regelmäßig bei ihnen meldest, sie besuchst und sie zu dir einlädst.

Wenn wir unseren engen Denkrahmen verlassen, können wir auf neue Möglichkeiten kommen und der ursprüngliche Konflikt löst sich oft auf.

Schritt 4: Mache jetzt einen Plan
Durch die Beschäftigung mit deinem inneren Widerstand hast du wahrscheinlich einige Erkenntnisse gewonnen. Davon ausgehend ergibt sich womöglich ein gewisser Handlungsbedarf: Vielleicht traust du dich ja, das eine oder andere klärende Gespräch zu führen, um herauszufinden, ob andere Menschen dir dein Vorhaben wirklich übelnehmen oder dich dafür verurteilen. Vielleicht willst du auch eine Qualität oder eine Fähigkeit stärken, durch die du den Schutz deines inneren Widerstands dann nicht mehr brauchst. Vielleicht willst du Maßnahmen ergreifen, die sich aus der Erweiterung deines Denkrahmens ergeben haben. Vielleicht hast du aber auch erkannt, dass dein innerer

Widerstand real, fundiert und stark ist und dass du dein Vorhaben deswegen aufgeben willst. Auch das erfordert ja wahrscheinlich einige Schritte.

Wenn es also Dinge gibt, die jetzt getan werden müssen, entwickele bitte einen Plan, wie du sie umsetzen wirst.

Schritt 5: Stelle die Langfristigkeit sicher

Bitte notiere dir auch einen Termin in zwei bis drei Wochen im Kalender, an dem du überprüfst, ob der innere Widerstand, den du heute untersucht hast, immer noch Macht über dich hat oder ob er weg oder wenigstens schwächer geworden ist.

Wenn du an diesem Termin dann merkst, dass er verschwunden ist, kannst du die Korken knallen lassen. Wenn nicht, dann wiederhole diese Schritte hier noch einmal und untersuche den Widerstand erneut. So lange, bis er sich aufgelöst hat. Manchmal braucht es ein paar Durchläufe.

Häufige Stolperfallen

Innere Widerstände funktionieren meistens unbewusst, und sie möchten eigentlich lieber im Verborgenen bleiben. Also erwarte eine gewisse innere Unwilligkeit, dich mit deinen Widerständen zu beschäftigen. Es ist eben nicht einfach, sich den eigenen inneren Dämonen zu stellen.

Nur Mut

Sobald du einmal angefangen hast, dich mit deinen inneren Widerständen auseinanderzusetzen, wird es leichter. Und wenn du dann erst die innere Leichtigkeit spürst, die sich einstellt, wenn sich ein innerer Konflikt gelöst hat, macht die Beschäftigung damit schnell süchtig. Denn dieses Gefühl der Befreiung ist einfach großartig.

Der innere Dialog

In der vorangegangenen Methode »Innere Widerstände finden und auflösen« geht es in Schritt 2 darum, deinen Widerstand zu erkennen und zu benennen. Aber manchmal erkennen wir ihn nicht auf den ersten Blick. Du merkst zwar seine Stärke, aber ohne ihn mit dem Verstand zu fassen zu bekommen. In so einem Fall hilft dir diese Methode hier, mit der du einen Dialog mit deinen unbewussten Anteilen führen kannst. Sie gehört zu den Ansätzen, mit denen du wirklich neue und oft erstaunliche Erkenntnisse über dich und dein Innenleben gewinnen kannst, deswegen möchte ich sie dir besonders nahelegen.

Und so geht es Schritt für Schritt

Schritt 1: Bereite dich vor

Setz dich in Ruhe hin, an einem Ort, wo du für eine Weile ungestört bist. Besorge dir etwas zum Schreiben, Papier oder Textverarbeitung funktionieren beide.

Schritt 2: Finde die Startfrage

Formuliere schriftlich eine Frage. Wähle die Frage aus der folgenden Auswahl, die dir am geeignetsten erscheint:

◇ Warum bin ich blockiert?
◇ Wer in mir hält mich zurück?
◇ Warum stecke ich fest?
◇ Was ist denn hier eigentlich das Problem?
◇ Warum darf ich nicht an meinem Vorhaben arbeiten?

Oder wähle eine andere Frage, die dir passend erscheint, um deinem diffusen inneren Widerstand auf die Spur zu kommen. Wichtig ist, dass du die Frage bitte freundlich und höflich formulierst. Und dann schreibe deine Frage auf.

Schritt 3: Schreibe den folgenden Absatz unter deine Frage
»Ich weiß, dass in mir etwas gegen [mein Vorhaben] arbeitet. Eine Kraft oder ein versteckter Teil meiner Psyche, der nicht möchte, dass ich mein Ziel erreiche. Und ich weiß, dass dieser Teil nur mein Bestes will. Dass er mich wahrscheinlich nur beschützen will. Ich wende mich jetzt an diesen Teil in mir und möchte ein freundliches Gespräch beginnen, um ihn besser zu verstehen und vielleicht auch zu einer Einigung zu kommen, mit der wir alle leben können. Also bitte, innerer Teil, rede mit mir.«

Das klingt jetzt zugegebenermaßen etwas nach gespaltener Persönlichkeit. Aber jeder von uns hat sogenannte Teilpersönlichkeiten in sich, die ihre eigenen Ziele verfolgen. Das hat nichts Krankhaftes, sondern spiegelt nur wider, wie unsere Psyche eben funktioniert. Dieses Kommunizieren mit Teilen unserer Psyche ist etwas, das in der Psychotherapie und im Coaching seit Jahren sehr erfolgreich praktiziert wird. Also bitte keine Scheu deswegen.

Schritt 4: Lass dir ein Stichwort liefern
Schreibe bitte danach eine weitere Frage auf, und zwar: »Kannst du mir bitte ein Stichwort oder mehrere Stichwörter geben, um was es hier eigentlich geht?«

Lausche, nachdem du diese Frage aufgeschrieben hast, auf eine Antwort in deinem Kopf. Falls nicht sofort eine auftaucht, lass dich nicht entmutigen. Teilweise dauert es mehrere Minuten, bis sich eine Antwort in deinem Geist bildet. Wiederhole innerlich einfach die Frage, solange du auf die Antwort wartest. Mögliche Antworten wären zum Beispiel: Heimat, Wut, Eltern, keine Kompromisse mehr, Nichtsnutz, Kälte. Was hier an Antworten kommt, ist meist sehr individuell und bedeutet auch für jeden von uns etwas anderes.

Schreib dir jedenfalls die Antwort auf, sobald sie in dir auftaucht. Und begnüge dich bitte hier nicht mit der ersten, sondern frage weiter: »Gibt es noch weitere Stichwörter, die du mir geben kannst?«

Frage weiter und weiter und schreibe alles auf, was an Antworten in dir auftaucht. Bis wirklich keine mehr hochkommt. An diesem Punkt hast du normalerweise eine schöne Reihe von Stichwörtern.

Schritt 5: Frage nach und bohre tiefer
Jetzt beginnt der eigentliche Dialog. Du beginnst nun ein schriftliches Gespräch mit dir selbst und tust so, als wäre dieser innere Teil von dir eine eigene Person.

Ausgehend von deinem inneren Teil stellst du dir einfach Fragen. Du schreibst zum Beispiel: »Danke für deine Antwort. Aber was meinst du mit Nichtsnutz? Kannst du mir das genauer erläutern?« Und dann schreibst du die Antwort aus deinem Inneren wieder auf. Daraufhin stellst du weitere Fragen, wie zum Beispiel: »Wann genau …? Wo genau …? Wie genau …? Wovor genau …? Was meinst du genau damit? Und was passiert dann? Warum ist das wichtig für uns? Was könnte denn hier schlimmstenfalls passieren? Warum glaubst du, dass das so ist?«

Du kannst dir auch andere Fragen stellen. Nutze deine Intuition. Du willst dich ja besser verstehen. Also formuliere eine Frage, die dir gewinnbringend erscheint, und schreibe sie auf. Dann lausche auf die Antwort und schreibe auch diese auf. Wichtig dabei ist auch, dass du möglichst nur Fragen stellst und die Antworten deiner Psyche nicht bewertest.

Du schreibst also einen Dialog zwischen dir als freundlichem, wohlwollende, verständnisvolle, neugierigem Frager auf der einen Seite und dem inneren Teil von dir, der die Kraft hinter dem inneren Widerstand ist. Und das so lange, bis du anfängst, dich im Kreis zu drehen, und wirklich keine neuen Erkenntnisse mehr kommen. Dazu ein kurzes Beispiel:

So könnte ein innerer Dialog aussehen:
»A: Was meinst du genau mit Schutzwall?«
»B: Damit meine ich die schöne, hohe Mauer, die ich aufgerichtet habe, um dich zu schützen.«
»A: Wovor willst du mich denn schützen?«
»B: Es gibt nun mal nicht nur gute Menschen da draußen.«
»A: Und vor den bösen schützt du mich?«
»B: Ja.«
»A: Aber was könnte denn schlimmstenfalls passieren?«
»B: Dass sie uns wehtun.«
»A: Aber wie genau wehtun?«
»B: Ich will nicht mehr enttäuscht werden.«
»A: In welcher Hinsicht denn?«
»B: Ich will nicht mehr angelogen und betrogen werden, da habe ich lieber gar keinen Kontakt mehr zu Menschen, das ist sicherer. Lieber allein bleiben. Wir kommen auch so gut zurecht. Es gibt zu viele Idioten da draußen.«
Und so weiter.

Auf diese Weise tauchst du in ein Zwiegespräch mit dir selbst ein, in die Tiefen deiner unbewussten Kräfte. Das geht zugegebenermaßen oft ans Eingemachte. Aber wenn wir mit unseren inneren Widerständen umgehen wollen, ist das der richtige Weg.

Schritt 6: Finde eine Lösung
Wenn du deine inneren Widerstände besser verstanden hast, kannst du noch mal zum letzten Kapitel zurückblättern und die Methode »Innere Widerstände finden und auflösen« (Seite 220)

anwenden, um Lösungsmöglichkeiten zu erarbeiten, wie du mit deinem inneren Konflikt umgehen kannst.

Häufige Stolperfalle

Hier gibt es die gleiche Stolperfalle wie bei der Methode »Innere Widerstände finden und auflösen«. Es ist die Selbstüberwindung, die es kostet, die eigenen unbewussten Anteile an die Oberfläche zu holen. Um einen besseren Einstieg in diese Methode zu finden, würde ich dir empfehlen, nicht gleich mit deinem dunkelsten inneren Widerstand zu starten. Fange mit einem kleineren inneren Konflikt an. Zum Üben. Und um ein Gefühl für die Vorgehensweise zu bekommen.

Willenskraft

Biss. Entschlossenheit. Kampfgeist.
Sich durch unangenehme Aufgaben durchboxen.
Dinge auch dann erledigen, wenn wir lustlos,
müde oder kraftlos sind – wenn wir es schaffen,
diese Qualitäten in uns zu stärken, hilft uns das
natürlich enorm, unsere Vorhaben umzusetzen
und unsere Ziele zu erreichen.
Viele halten Willenskraft für etwas, das wir
haben oder nicht haben. Aber das stimmt nicht.
Wir können unsere Willenskraft trainieren und
steigern. Sodass wir im Alltag mehr davon zur
Verfügung haben.
Hier findest du vier Methoden, die dir dabei
helfen.

Der entschlossene Blick

Stell dir mal kurz jemanden vor, der sehr entschlossen und willensstark ist. Wie sieht so ein Mensch aus?

Ja, wir erkennen Entschlossenheit, wenn wir sie sehen. An der Körperhaltung. Und an einem fokussierten und leicht grimmigen Gesichtsausdruck. Hast du das vor Augen?

Genau diesen Ausdruck und diese Haltung werden wir jetzt trainieren. Sie sind nützlich, wenn du dir mehr Entschlossenheit, Biss und Durchsetzungskraft wünschst. Sie machen dich durchsetzungsstärker und aktivieren deine gesunde Grundaggressivität, was die Umsetzung deiner Ziele und Aufgaben angeht.

Das nächste Mal, wenn du das Gefühl hast, eine Portion Entschlossenheit und Willensstärke zu brauchen, dann erinnere dich an diese Methode und durchlaufe die folgenden Schritte. Das funktioniert natürlich nur, wenn du sie vorher oft genug trainiert hast.

Und so geht es Schritt für Schritt

Schritt 1: Einstimmen

Atme einmal tief ein. Sag währenddessen »ahhhhhh« und zähle innerlich bis 3 oder 4. Dann atme kurz und kraftvoll wieder aus. Wie bei einem Stoßseufzer. Sag »puh«, während du ausatmest. Das wiederhole bitte 2-mal.

Schritt 2: Den entschlossenen Blick üben

Konzentriere dich für vielleicht 10 Sekunden auf deinen Gesichtsausdruck. Wie ist er gerade? Wie schaust du in die Welt?

Wie sehen deine Augenbrauen aus? Welchen Zug hat dein Mund? Wie entspannt oder angespannt ist dein Kiefer? Nimm dir eventuell einen Spiegel, um dir deine Mimik anzuschauen. Oder mach ein Selfie.

Nun verändere deine Mimik ganz bewusst. Mach die Augen weit auf. Schaue wach. Schaue grimmig. Schaue entschlossen. Schaue konzentriert. Ziehe dazu die Augenbrauen zusammen. Mache die Augen ein bisschen schmaler. Spanne deinen Kiefer leicht an. Presse die Lippen ein bisschen aufeinander. Recke jetzt dein Kinn um 1 cm nach vorne. Bei alldem das Atmen nicht vergessen. Atme ein bisschen tiefer als sonst. Behalte diesen grimmigen und entschlossenen Gesichtsausdruck bei.

Schritt 3: Den Körper aufrichten

Als Nächstes richtest du deinen Körper auf. Mach dich gerade. So als ob jemand deinen Kopf in beide Hände nimmt und nach oben zieht. Mache auch deinen Rücken gerade. Ziehe den Bauch ein klein wenig ein. Bewege die Schultern nach unten und nach hinten, so als ob du dich bereit machen würdest, gleich zu kämpfen.

Stell dir vor, du würdest eine Haltung einnehmen, als ob du einen Gegner besiegen wolltest. So als ob es um etwas gehen würde. Tue zum Beispiel, als würdest du dich auf einen Boxkampf vorbereiten.

Nimm so Kontakt zu deiner Stärke und Entschlossenheit auf. Mit der Kraft in dir, die jedes Hindernis überwinden kann. Finde den Kontakt zu der Seite in dir, für die Aufgeben und Aufschieben keine Option ist.

Schritt 4: Dein Entschlossenheits-Mantra verinnerlichen

Jetzt sage dir selbst die folgenden Worte und versuche sie so gut wie möglich auch innerlich zu spüren:

»Entschlossenheit ist, wenn ich mich entschieden habe und wenn ich danach handele. Auf direktem Weg. Ich fange unverzüglich an. Ich tue es sofort. Ich sage Nein zu Ablenkungen von innen und von außen. Ich sage Nein zu Verzögerungen. Ich tue es einfach. Mit geradem Rücken. Mit entschlossenem Gesichtsausdruck. Ohne zu jammern. Ich tue, was getan werden muss. Zügig. Direkt. Mit Biss. Mit Entschlossenheit. Mit meiner ganzen Kraft. Mit meinem ganzen Einsatz.«

Lerne diese Worte ruhig auswendig. Als eine Art Mantra. Je öfter du sie dir sagst, in Verbindung mit einer entschlossenen Mimik und Körperhaltung, desto einfacher kannst du diese entschlossene Geisteshaltung im Alltag abrufen.

Durch diese Methode aktivierst du deine Entschlossenheit auf eine ganz biologische Art und Weise. Denn Körper und Geist sind untrennbar verbunden. Und du kannst durch deine Körperhaltung dein Seelenleben beeinflussen. Nutze das.

Häufige Stolperfalle

Wie immer gilt, dass du diese Sache trainieren musst. Nur zu wissen, wie es geht, bringt nichts. Wenn diese Entschlossenheit Teil von dir werden soll, heißt es, die Sache zu üben. Am besten für eine gewisse Zeit jeden Tag. Bis diese Methode normal und gewohnt für dich geworden ist.

Die Abhärtung – lerne, nicht gleich auszuweichen

Wir alle müssen manchmal Dinge tun, die unangenehm, anstrengend, überfordernd, langweilig oder schwierig sind. Sie dann trotzdem zu erledigen, erzeugt in uns psychisches, manchmal sogar körperliches Unbehagen. Also einen Zustand, den wir eigentlich zu vermeiden suchen. Deswegen schieben wir sie vor uns her. Wir wollen den Schmerz nicht fühlen, den die Aufgabe mit sich bringt.

Selbstüberwindung bedeutet, den Schmerz der Aufgabe in Kauf zu nehmen und es trotzdem zu tun. Selbst wenn es zuerst unangenehm ist. Willensstarke Menschen können das gut. Sie nehmen jetzt ein unangenehmes Gefühl in Kauf, um langfristig Vorteile zu erlangen. Weil sie wissen, dass sie sich hinterher gut fühlen werden. Denn eine Aufgabe zu erledigen, macht einen ja auch stolz und zufrieden. Oft fragen wir uns danach sogar, warum wir uns am Anfang so schwergetan haben.

Den Anfangsschmerz auszuhalten ist ein notwendiger Prozess, wenn wir Fortschritte machen wollen.

Selbstüberwindung ist also die Fähigkeit, mit einer gewissen Entschlossenheit unangenehme Gefühle zu akzeptieren. Und diese Fähigkeit kannst du trainieren. Genau das machen wir mit dieser Methode. Und nein, das ist kein Masochismus. Das ist kluge Abhärtung. Wie kalt zu duschen nach der Sauna, um die Abwehrkräfte zu stärken.

Wenn du zu oft Dinge aufschiebst oder Frustration nicht gut aushalten kannst, kann dir diese Methode weiterhelfen. Weil du hier lernst, dich gegen den typischen Aufgabenstress und die

Angst vor unbequemen Erledigungen abzuhärten. Ein Weg, um das zu erreichen, besteht darin, sich in kleinen Dosen freiwillig dem Unangenehmen auszusetzen. Damit du lernst, nicht jeder unangenehmen Aufgabe instinktiv auszuweichen.

Und so geht es Schritt für Schritt

Schritt 1: Eine unangenehme Empfindung wählen

Wähle jetzt eine Sache, die für dich körperlich leicht unangenehm ist und die du normalerweise vermeiden würdest. Auf einer Skala von 1–10 sollte deine unangenehme Sache so ungefähr eine 2 oder 3 haben (1 = neutral und 10 = schmerzhafter geht es nicht). Wähle also eine leicht unangenehme Sache. Zum Beispiel:

◇ kälter duschen als normal (nicht gleich eiskalt, nur ein bisschen kälter)
◇ mit dem Körper in eine Dehnung gehen, sodass es schon leicht unangenehm wird, und diese Dehnung 5 Sekunden aushalten
◇ dich selbst mit einer Nadel in den Finger piksen (nicht so, dass es blutet)
◇ einen Sprint hinlegen, bis du nicht mehr kannst
◇ eine Kraftübung mit der Hantel machen und 2 oder 3 Wiederholungen über den Punkt machen, an dem du aufhören möchtest
◇ einen langweiligen Text trotzdem aufmerksam lesen,
◇ eine wirklich ungeliebte Hausarbeit erledigen

Schritt 2: Härte dich ab

Jetzt geht es darum, dich gegen unangenehme Empfindungen abzuhärten, damit du lernst, sie auszuhalten. Denn diese Fähigkeit überträgt sich dann auch auf unangenehme Aufgaben.

Setz dich für sieben Tage hintereinander ein oder zwei Mal kurz deiner leicht unangenehmen Empfindung aus, die du in Schritt 1 ausgewählt hast. Denn so trainierst du deine Härte. So bringst du dir selbst bei, nicht gleich auszuweichen. Setze dich der unangenehmen Sache aus und sage dir selbst dabei:

»Ich kann unangenehme Dinge aushalten. Ich kann das. Ich bin stark. Ich kann mich selbst überwinden. Viele Dinge, die langfristig gut für mich sind, sind kurzfristig unangenehm, aber ich kann sie aushalten. Ich kann mich selbst überwinden.«

Härte dich also ab. Tue bewusst und gezielt leicht unangenehme Dinge, weil dich das stärker macht und dir mehr Willenskraft und mehr Biss verleiht.

Schritt 3: Steigere dich langsam

Nach sieben Tagen kannst du die leicht unangenehme Empfindung steigern. Mach das Wasser beim Duschen noch kälter. Pikse dich noch fester, vielleicht sogar so, dass es fast blutet. Halte die Dehnung noch 5 Sekunden länger. Mach deine Aufgabe noch ein bisschen unangenehmer, um dich noch mehr abzuhärten. Sie darf auf der Skala von 1–10 nun vielleicht bei 4 oder 5 liegen. Nicht zu unangenehm, aber schon unangenehmer als vorher. Damit du eine Steigerung erfährst.

Dann machst du sieben Tage mit dieser Steigerung weiter. Und sage dir auch weiter deinen Spruch: »Ich kann unangenehme Dinge aushalten. Ich kann das. Ich bin stark. Ich kann mich selbst überwinden. Viele Dinge, die langfristig gut für mich sind, sind kurzfristig unangenehm. Aber ich kann diese Dinge aushalten. Ich kann mich selbst überwinden.«

Mit der Zeit wirst du wahrscheinlich immer mehr das gute Gefühl bekommen, dass deine Angst vor Schmerzen nicht mehr deine Welt regiert. Was dir wiederum ein großes Gefühl von Freiheit gibt. Nach weiteren sieben Tagen kannst du dann dein Abhärtungstraining erst einmal wieder aufhören.

Wenn du in Zukunft bemerkst, dass du aufschiebst und zu oft den einfacheren, schmerzfreien und leichteren Weg gehst, dann kannst du dir selbst einen neuen Lauf deines Abhärtungstrainings verordnen. Um dir wieder selbst zu zeigen: Ich kann unangenehme Aufgaben aushalten, wenn sie wichtig für mich sind.

Häufige Stolperfalle

Dieses Training setzt eine gewisse Härte mit sich selbst voraus, denn es ist schon eine radikale Idee, sich selbst gezielt Schmerz zuzufügen, um sich abzuhärten. Allerdings tun wir das in vielen Bereichen unbewusst ganz automatisch. Wenn wir zum Beispiel mit dem Joggen beginnen, die ersten Male fürchterlich sind und wir mit großem Muskelkater nach Hause kommen. Auch da ist es also erst schmerzhaft, bevor es dann gut wird.

Der Unterschied hier ist nur, dass du die unangenehme Sache tust, um dich abzuhärten. Um dir selbst zu zeigen, dass du dich überwinden kannst. Dass du stark bist und nicht gleich jeder unangenehmen Sache ausweichst. Und glaube mir, diese Empfindung der eigenen inneren Stärke zu haben, das ist ein ganz wunderbares Gefühl.

Der Power-Fokus

Diese Methode ist hilfreich, wenn du ständig bei deinen Aufgaben unterbrochen wirst. Oder wenn du dich dabei selbst durch Impulshandlungen unterbrichst. Sie hilft dir auch, deine Aufgaben und Vorhaben schneller und in besserer Qualität zu erledigen. Gleichzeitig trainierst du durch diese Vorgehensweise deine Willenskraft.

Willenskraft drückt sich oft darin aus, dass du konzentriert und mit Fokus an einer Sache arbeitest, ohne dich durch andere ablenken zu lassen oder dich selbst abzulenken. Wenn du dir also vornimmst, eine Stunde an deinem Projekt zu arbeiten, und das dann auch durchziehst. Ohne dich zu unterbrechen. Ohne etwas anderes dazwischenzuschieben. Und ohne schnell zwischendurch deine Mails zu checken. Wenn du also diese eine Stunde wirklich, ausschließlich und ausnahmslos mit deinem Projekt verbringst. Wenn du das schaffst, bist du in unserer Ablenkungsgesellschaft den meisten Menschen weit voraus. Und das ist etwas, was du trainieren kannst. Indem du die folgende Methode wieder und wieder anwendest. Bis sie dir zur zweiten Natur geworden ist.

Und so geht es Schritt für Schritt

Schritt 1: Triff eine Entscheidung

Triff zuerst eine Entscheidung: »Ich werde für 15, 30, 45, 60 oder 90 Minuten ausschließlich an meinem Projekt arbeiten und werde mich dabei nicht ablenken lassen. Zum Beispiel werde ich 30 Minuten an einem Bericht zu schreiben. Oder 45 Minuten an meiner App programmieren. Oder 15 Minuten die Wohnung aufräumen.«

Triff eine wirkliche Entscheidung. Eine Entscheidung, die du ernst meinst. Also nicht, es nur zu versuchen. Sondern entscheide dich, alles Notwendige dafür zu tun, damit es so kommt, wie du es dir vorgenommen hast. Wenn du mit dieser Vorgehensweise anfängst, wähle nicht gleich 60 Minuten. Fang mit 15 oder 30 Minuten an. Den eigenen Fokus über eine längere Zeit zu halten, ist wirklich eine Übungssache. Wähle also bitte zuerst eine kürzere Zeiteinheit und arbeite dich langsam hoch, um die Grenzen deiner Konzentrationsfähigkeit zu erkunden und zu steigern.

Übrigens: Nach 90 Minuten ist auch bei den Geübteren unter uns die Konzentrationsfähigkeit irgendwann zu Ende. Dann brauchen wir eine Pause, um sie wieder aufzuladen.

Schritt 2: Liste die Störquellen auf

Schreibe bitte kurz und stichpunktartig deine typischen Ablenkungen von innen und von außen auf. Wer oder was stört normalerweise deine Konzentration und unterbricht deinen Arbeitsfluss? Typische Ablenkungen von außen sind die Kollegen oder Familienmitglieder, die etwas von dir wollen, das Telefon oder dein Smartphone, alles, was klingelt oder Ping macht, oder wenn ständig jemand an deinem Schreibtisch vorbeigeht, sodass du hochgucken musst.

Erweitere deine Liste dann noch um die Punkte, mit denen du dich normalerweise selbst ablenkst. Das sind meistens Impulse, die von innen kommen, etwa wenn wir schnell zwischendurch eine andere Aufgabe erledigen wollen, den Impuls haben, Neuigkeiten zu checken (E-Mails, Social Media, News) oder uns ein Bedürfnis zu erfüllen, also uns etwas zu essen/trinken zu holen, auf Klo zu gehen oder das Fenster auf oder zu zu machen. Solche Impulse oder Selbstablenkungen dienen oft dazu, den inneren Stress zu kompensieren. Wenn sie überhandnehmen, bringen sie unseren Arbeitsfluss komplett durcheinander, sodass wir nichts schaffen.

Mache nun eine schriftliche Liste mit allen inneren und äußeren Ablenkungen.

Schritt 3: Mache einen Plan

Überlege dir bitte, wie du deine typischen Ablenkungen von außen verhindern kannst. Was hier oft hilft, ist, sich einen anderen Ort für eine Aufgabe zu suchen. Einen freien Konferenzraum, den Keller oder ein Auto. Irgendwo, wo du nicht gestört wirst, wo es ruhig ist und wo dich wirklich nichts und niemand ablenkt.

Zusätzlich kannst du alle Signalquellen abstellen, also das Handy und das Telefon auf stumm schalten. Oder du setzt dir einen Kopfhörer auf, am besten einen, der Umgebungsgeräusche wegfiltert. Wenn du dann noch weißes Rauschen auf den Kopfhörer leitest (es gibt Apps dafür), dann hörst du nichts mehr von dem, was um dich herum passiert. Es gibt auch Menschen, die arbeiten hervorragend, wenn sie dabei laut Techno-Musik über den Kopfhörer hören. Oder klassische Musik. Erlaubt ist, was für dich funktioniert.

Mach dir daneben auch einen Plan dafür, wie du mit deinen Impulsen von innen umgehen willst, wenn sie auftreten. Also zum Beispiel:

◇ Wenn dir etwas einfällt, was du noch erledigen wolltest, mach dir eine kurze Notiz und arbeite dann konzentriert weiter.

◇ Wenn du Hunger oder Durst bekommst, atme 3-mal tief durch und arbeite dann konzentriert weiter. Essen und trinken kannst du auch nach deinem Zeitfenster.

◇ Wenn du den Impuls hast, deine sozialen Medien zu checken, ob es etwas Neues gibt, dann nimm einen tiefen Atemzug, registriere deinen Stress und sage dir, dass du nach deiner Arbeitsphase schaust, was es Neues gibt. Und dann arbeite konzentriert weiter.

Es ist wichtig, dir vorher einen Plan zu machen und eine Absicht zu formulieren, wie du mit inneren Störungen umgehen willst. Damit erhöhst du die Wahrscheinlichkeit, dass du dich überwinden kannst, weiter an deiner Aufgabe zu arbeiten, wenn sie auftreten.

Schritt 4: Tu es
Stelle dir einen Piepser auf deine 15 oder 30 Minuten und fange an, an deiner Aufgabe zu arbeiten. In deinem Zeitfenster sind vier Tätigkeiten erlaubt:

1. Etwas für die Aufgabe tun.
2. Über den nächsten Schritt der Aufgabe nachdenken.
3. Wichtige Ideen für später notieren.
4. Still stehen, nichts tun und einfach in die Gegend schauen, also Stille im Kopf einkehren lassen.

Ansonsten ist keine andere Tätigkeit erlaubt. Keine. Bis dein Zeitfenster zu Ende ist.

Wenn du merkst, dass du irgendwie doch abgedriftet bist oder dass ein Impuls deine Aufmerksamkeit entführt hat, dann registriere das bitte. Ohne mit dir zu schimpfen oder dich über dich aufzuregen. Nur registrieren und dann zu deiner Aufgabe zurückkehren.

Arbeite so an deiner Aufgabe, bis der Piepser dir signalisiert, dass dein Zeitfenster vorbei ist. Dann mach eine Pause, bei der du am besten etwas anderes tust, als was du vorher getan hast. Wenn du 45 Minuten konzentriert an einem Konzept gearbeitet hast, dann machst du vielleicht 15 Minuten Sport oder isst etwas. Wenn du dagegen 45 Minuten konzentriert deine Wohnung aufgeräumt hast, kannst du auch für 15 Minuten im Internet surfen oder deine sozialen Medien checken. Wichtig ist nur, dass sich körperliche Arbeit und Kopfarbeit abwechseln.

Durch diese Methode kannst du nicht nur deine Produktivität drastisch erhöhen, weil du in deinen kurzen Konzentrationsphasen viel mehr schaffst als in Zeiten, wo du ständig unterbrochen wirst, es steigert auch grundsätzlich deine Willenskraft. Weil du durch das gezielte und achtsame Unterbinden deiner inneren Impulse deine Impulskontrolle trainierst. Du wirst also besser darin, Impulsen zu widerstehen. In dieser Methode musst du deine Willenskraft einsetzen und je mehr und je öfter du sie einsetzt, desto größer wird sie.

Willenskraft ist keine Charaktereigenschaft, sondern eine innere Ressource, die sich durch Training vergrößert.

Häufige Stolperfallen

Wir wünschen uns, unbegrenzt konzentriert an unseren Aufgaben arbeiten zu können. Aber dieses konzentrierte Arbeiten verbraucht unsere tägliche Ladung Willenskraft und Konzentrationsfähigkeit. Daher ist es sinnvoll, die Zeitfenster nach hinten hin immer kürzer zu machen. Starte am Morgen mit 60 Minuten und am Abend kannst du froh sein, wenn du noch 30 Minuten konzentriertes Arbeiten schaffst.

Unsere Leistungsfähigkeit hat Grenzen. Deswegen ist es wichtig, hier keine übersteigerten und unrealistischen Erwartungen an sich selbst zu haben. Nutze diese Methode, um deinen Fokus zu stärken, aber sei dir nicht böse, wenn du irgendwann nicht mehr kannst. Und vergiss nicht: Wir alle haben auch eine bestimmte Tagesform. An manchen Tagen wird es eher schwer gehen und an anderen flutscht alles nur so. Es ist wichtig, das zu akzeptieren, sonst bist du ständig von dir selbst enttäuscht.

Wenn du das berücksichtigst, hilft dir »Der Power-Fokus«, deine Aufgaben deutlich schneller zu erledigen.

Der nächste Schritt

Nun kennst du viele, viele Methoden, um
die Zutaten für deine Umsetzungskraft zu
produzieren. Um Klarheit zu schaffen oder
um Gewohnheiten zu erzeugen. Du kannst
dir jetzt also einen schönen Werkzeugkasten
zusammenstellen, um deine Umsetzungskraft zu
schützen und zu stärken.
Aber du kennst das ja: Es nur zu wissen, nützt in
der Wirklichkeit erstaunlich wenig. Deswegen ist
es nun an dir, deine Kraft in die Welt zu bringen.
Jeden Tag ein bisschen. Um dein Leben besser
zu machen. Und je mehr dieser Methoden du
regelmäßig anwendest, desto mehr wirst du über
deine Umsetzungskraft staunen.

Vergiss das Prinzip Hoffnung

Dieses Buch neigt sich nun dem Ende zu. Jetzt stellt sich die Frage: Wie geht es weiter?

Du hattest das Buch ja wahrscheinlich in die Hand genommen, weil du wissen wolltest: »Wie kann ich meine Vorsätze und meine Ziele systematischer und mit mehr Kraft verfolgen? Wie kann ich neue Verhaltensweisen dauerhaft in mein Leben bringen? Und wie lerne ich, eine Sache auch wirklich durchzuziehen?«

Die einen sagen, das kann ich nicht. Oder das dauert mir zu lange. Andere sagen, das übe ich jetzt. Das sind übrigens auch die, die am Ende ankommen.

Die Antwort in diesem Buch, das weißt du jetzt, lautet: Das gelingt dir, indem du klug, systematisch und achtsam vorgehst. Indem du mehr über deine Ziele und deine Vorhaben nachdenkst und indem du auf Grundlage dieses Nachdenkens die Dinge anders angehst als zuvor.

Normalerweise nehmen wir uns etwas vor und ab da setzen wir auf das Prinzip Hoffnung: »Ich habe mir das vorgenommen und weil ich so motiviert bin, werde ich das schon durchziehen«, »Ich habe mir das vorgenommen und irgendwie wird es schon in meinen Alltag reinpassen. Es muss einfach«, »Ich habe mir das vorgenommen und ich werde schon von allein daran denken, meinen Vorsatz regelmäßig umzusetzen.« Das nennt sich Wunschdenken.

Die Realität ist: Unsere Motivation verschwindet. Unsere Willenskraft lässt uns im Stich. Unser Alltag frisst unser Vorhaben auf. Wir können uns nicht regelmäßig aufraffen und die Sache geht unter. Wir vergessen sie einfach. Und haben dann ein schlechtes Gewissen.

Trotzdem verhalten wir uns bei jedem neuen Ziel und jedem neuen Vorhaben wieder so, als würde es reichen, sich am Anfang etwas fest vorzunehmen und anschließend könnten wir den Vorsatz seinem Schicksal überlassen.

Meine Hoffnung als Autor dieses Buches ist, dass ich dir diesen Zahn gezogen habe. Dass du von nun an weißt: Wenn ich mir etwas vornehme, dann ist das erst der Anfang der Reise. Dann muss ich wieder und wieder dafür sorgen, dass ich an der Sache dranbleibe, sonst ist dieses Vorhaben eine reine Verschwendung meiner Lebenszeit.

Und mehr noch: Ich muss nicht nur an meinem Ziel direkt arbeiten und das tun, was dafür getan werden muss, sondern ich muss auch etwas für meine Umsetzungsstärke tun, sonst gewinnen meine Bequemlichkeit, meine bestehenden Gewohnheiten und mein voller Alltag auf kurz oder lang wieder die Oberhand.

Ich muss etwas dafür tun, dass ich an der Sache dranbleibe, und zwar, indem ich mich wieder und wieder erinnere. Indem ich mein Vorankommen wieder und wieder reflektiere. Und indem ich so lange Dinge ändere, bis ich wie ein Uhrwerk wieder und wieder und wieder und wieder an meinem Vorhaben arbeite. Bis es geschafft ist. Bis ich stolz auf mich bin. Bis ich in dieser bestimmten Hinsicht ein anderer Mensch geworden bin.

Du kennst nun die acht Zutaten einer guten Umsetzungskraft, also die Bereiche, in denen du etwas ändern kannst, damit du dich konsequent auf dein Ziel zubewegst und es dann irgendwann auch erreichst. Du weißt, du musst nicht bei jedem Vorhaben alle diese Zutaten einsetzen. Aber wenn du nichts davon einsetzt, wirst du sehr wahrscheinlich nicht da ankommen, wo du hinwillst. Mach dir das immer wieder klar.

Schau in deine Vergangenheit. Wenn es dir so geht wie den meisten von uns, wirst du da viele Vorhaben finden, die auf dem Weg versandet sind. Weil du auf das Prinzip Hoffnung gesetzt hast. Weil du gedacht hast, das würde schon werden.

Die Absichtserklärung

Wenn du dir in Zukunft etwas vornimmst, denkst du vermutlich eher: »Das wird etwas werden. Aber nur, wenn ich ausgiebig über mein Vorhaben nachdenke. Wenn ich etwas dafür tue, dass ich an der Sache dranbleibe. Wenn ich wie ein Uhrwerk für mein Ziel arbeite. Indem ich wieder und wieder die richtigen Zutaten in den Kessel meiner Umsetzungskraft werfe.« Der nächste Schritt ist dann, dass du hier eine klare Absichtserklärung formulierst:

> »Wenn ich das nächste Mal ein neues Vorhaben beginne, wenn ich einen Vorsatz fasse, wenn ich mir ein Ziel setze – dann werde ich gleich von Anfang an darüber nachdenken, wie ich die Sache auch durchhalten kann. Dafür werde ich dieses Buch hier zurate ziehen und mir einen konkreten Plan machen, was ich tun werde, um mein Vorhaben durchzuziehen. Dafür mir konkrete Methoden raussuchen und anwenden, die mich bei Erreichen meines Ziels unterstützen. Wieder und wieder und wieder.«

Formuliere bitte diese klare Absicht. Damit erhöhst du die Wahrscheinlichkeit stark, dass es mit deinem nächsten Vorhaben richtig gut läuft.

Und genau das wünsche ich dir: Dass du von nun an immer meisterlicher in der Umsetzung deiner Vorhaben wirst. Und dass du dranbleibst an dem, was du dir vorgenommen hast. Dass du deine Ziele, deine Träume und deine Wünsche mit Kraft und Energie verfolgst und dann auch erreichst. Dass du dir selbst mehr vertraust, weil du weißt: Wenn ich etwas will, kann ich es erreichen.

Ich wünsche dir, dass du deinen Weg immer mehr in die für dich richtige Richtung lenken kannst. Hin zu mehr Gesundheit, Erfüllung, Lebensglück und Erfolg.

Wir haben ja nur dieses eine Leben, deswegen ist es so unendlich wichtig, dass wir es nutzen und das Beste aus den Stärken und Talenten machen, die wir mitbekommen haben. Und dass wir uns ein Dasein aufbauen, das richtig gut zu uns passt.

Um unser Leben wirklich zu nutzen, brauchen wir vor allem eines: Umsetzungskraft. Wir müssen lernen, unsere Zeit und unsere Schaffenskraft systematisch auf unsere Ziele und Vorhaben zu lenken – damit die Dinge entstehen, die wir in der Welt sehen möchten.

Wenn ich mit meinem Buch ein klein wenig zum Erstarken deiner Umsetzungskraft beitragen konnte, würde mich das sehr, sehr glücklich machen.

Denn das ist das, was man Erfolg nennt:

1. Ich entscheide mich für etwas.

2. Ich bringe mich dazu, alles Notwendige zu tun, um es zu erreichen. Wieder und wieder und wieder. Bis ich es erreicht habe.

3. Ich genieße, was ich erreicht habe. Ich bin stolz auf mich. Und ich freue mich an meiner Kraft – an meiner Umsetzungskraft.

Danke

Ich wünschte, ich hätte die Ideen für alle diese Methoden und Werkzeuge selbst gehabt. Aber ich stehe hier natürlich auf den Schultern von Giganten.

Insbesondere ist meine Arbeit inspiriert durch die folgenden Menschen: B. J. Fogg, Kerry Patterson, Joseph Grenny, Kelly McGonigal, James Clear, Charles Duhigg, Leo Babauta, Angela Duckworth, Chip und Dan Heath, Roy Baumeister und Robert Maurer.

Auch dieses Buch wäre natürlich nicht möglich gewesen, wenn ich nicht jede Menge Unterstützung bekommen hätte.

Ganz zuerst möchte ich natürlich meiner Frau Silke danken, ohne die ich nichts in meinem Leben auf die Reihe bekommen würde.

Dank an meine liebe Lektorin Anne Nordmann, die mein Buch lesbar und klar gemacht hat. Und auch an meine Agentin Rosi Kern, die so wunderbar dafür sorgt, dass ich mich allein ums Schreiben kümmern kann. Dank auch an Herrn Brendli von GU. Und überhaupt an Gräfe und Unzer, weil sie an mich und dieses Buch geglaubt haben.

Und nicht zuletzt möchte ich all den Teilnehmerinnen und Teilnehmern meiner Online-Seminare danken, die mir geholfen haben, die Ideen in diesem Buch weiterzuentwickeln und zu verfeinern.

Bücher und Adressen

Lars Amend: *Why not? Inspirationen für ein Leben ohne Wenn und Aber,* GU

Stephen Guise: *Viel besser als gute Vorsätze. Wie Sie mit Mini-Gewohnheiten Maxi-Erfolge erleben,* VAK

Susanne Hofmeister: *Wo stehe ich und wo geht's jetzt hin? Wie Sie den roten Faden im Leben finden,* GU

Robert Maurer: *Kleine Schritte, die Ihr Leben verändern. KAIZEN für die persönliche Entwicklung,* VAK

Kerry Patterson u. a.: *Die Kunst, alles zu verändern.* Linde

Christiane Schlüter: *Der innere Jakobsweg. Aufbrüche wagen, eigene Wege gehen, neue Ziele finden,* GU

Wenn du noch mehr zum Thema möchtest

So ein Buch hat nur eine bestimmte Anzahl an Seiten, doch zum Thema Umsetzungsstärke und Willenskraft gibt es noch so viel mehr zu sagen.

Deswegen habe ich für Zusatzmaterialien zu diesem Buch eine eigene Seite im Internet eingerichtet. Dort kannst du dich kurz registrieren und dann neue Methoden, Poster, Formulare und vieles mehr zu den Themen dieses Buches bekommen. Einfach deinen Lieblingsbrowser aufmachen und zur folgenden Seite gehen:

www.zeitzuleben.de/willenskraft

MEHR ENERGIE,
MEHR WOHLBEFINDEN!

IMPRESSUM

© 2019 GRÄFE UND UNZER
VERLAG GmbH, München

Alle Rechte vorbehalten. Nachdruck, auch auszugsweise, sowie Verbreitung durch Bild, Funk, Fernsehen und Internet, durch fotomechanische Wiedergabe, Tonträger und Datenverarbeitungssysteme jeder Art nur mit schriftlicher Genehmigung des Verlages.

Projektleitung: Reinhard Brendli

Lektorat: Anne Nordmann

Umschlaggestaltung und Layout: independent Medien-Design, Horst Moser, München

Coverfoto: Getty Images

Syndication: www.seasons.agency

Herstellung: Markus Plötz

Satz: Uhl + Massopust, Aalen

Repro: Repro Ludwig, Zell am See

Druck + Bindung: C. H. Beck, Nördlingen

ISBN 978-3-8338-6961-7

1. Auflage 2019

LIEBE LESERINNEN UND LESER,

wir wollen Ihnen mit diesem Buch Informationen und Anregungen geben, um Ihnen das Leben zu erleichtern oder Sie zu inspirieren, Neues auszuprobieren. Wir achten bei der Erstellung unserer Bücher auf Aktualität und stellen höchste Ansprüche an Inhalt und Gestaltung. Alle Anleitungen und Rezepte werden von unseren Autoren, jeweils Experten auf ihren Gebieten, gewissenhaft erstellt und von unseren Redakteuren/innen mit größter Sorgfalt ausgewählt und geprüft.

Haben wir Ihre Erwartungen erfüllt? Sind Sie mit diesem Buch und seinen Inhalten zufrieden? Haben Sie weitere Fragen zu diesem Thema? Wir freuen uns auf Ihre Rückmeldung, auf Lob, Kritik und Anregungen, damit wir für Sie immer besser werden können. Und wir freuen uns, wenn Sie diesen Titel weiterempfehlen, in Ihrem Freundeskreis oder bei Ihrem online-Kauf.

Sollten wir Ihre Erwartungen so gar nicht erfüllt haben, tauschen wir Ihnen Ihr Buch jederzeit gegen ein gleichwertiges zum gleichen oder ähnlichen Thema um.

KONTAKT
GRÄFE UND UNZER VERLAG
Leserservice
Postfach 86 03 13
81630 München
E-Mail: leserservice@graefe-und-unzer.de
Telefon: 00800 / 72 37 33 33*
Telefax: 00800 / 50 12 05 44*
Mo-Do: 9.00-17.00 Uhr
Fr: 9.00-16.00 Uhr (*gebührenfrei in D,A,CH)

GRÄFE
UND
UNZER

Ein Unternehmen der
GANSKE VERLAGSGRUPPE

www.facebook.com/gu.verlag